许英男 著

创新教育文库

主编／杨钋

当运动成为必答题

体育中考政策研究

WHEN EXERCISE BECOMES
A COMPULSORY REQUIREMENT:
A STUDY ON PHYSICAL EDUCATION POLICIES
IN THE SECONDARY SCHOOL ENTRANCE EXAMINATION

社会科学文献出版社
SOCIAL SCIENCES ACADEMIC PRESS (CHINA)

"创新教育文库"编委会

为了教育的创新

周虽旧邦，其命维新。

《诗经·大雅·文王》

创新是高质量教育发展的立足点和目标。党的二十大报告提出，必须坚持科技是第一生产力、人才是第一资源、创新是第一动力，深入实施科教兴国战略、人才强国战略、创新驱动发展战略。创新是社会发展的驱动力，教育领域的创新是全社会创新的新动能来源。

教育创新的社会价值高，形式多元。在我国当前的语境中，教育创新是教育供给侧改革的驱动力，可以不断开辟发展新领域、新赛道，不断塑造发展新动能、新优势。根据开放式创新理论，网络共生创新包含内部合作、消费者合作、价值网络合作、开放式合作和生态合作等五个层次，支持丰富、复杂和多元化的教育创新。教育创新的核心在于价值的创造，既可以采用持续创新的方式，以教育领域已经得到业界认可的方式来创新教育服务供给方式；又可以采用颠覆创新的方式，引入新的教育产品或服务以创造新的教育需求。

当前社会缺乏普遍认可的教育创新。过去数十年来，国际组织、政府和非政府组织积极支持教育领域创新，拉美国家的"新学校运动"、我国农村地区的"一村一幼"等获得了多项国际大奖。然而，为何具有巨大社会和公共价值的教育创新并不多见？这可能与教育创新的理念、策略和支持方式有关，这三者分别对应颠覆式创新理论缔造者克里斯坦森提出的创新三要素——价值观、流程和资源。

首先，教育创新的价值观需要获得社会认可。国家公共教育体系的目标是满足社会的基本公共教育服务需求。20世纪以来，学校教育承载了越来越多的社会职能，从提供公共教育，到提高国家和地区的竞争力，再到消除贫困、促进社会公平和实现可持续发展。教育创新只有能够帮助学校和其他教育组织有效地承担新社会职能的创新，才有机会获得社会层面的认知合法性。

其次，教育创新需要符合公认的具有规制合法性的教育流程。与其他组织不同，公共教育体系内部存在行业垄断，新的供给和消费模式很难在较高的行业壁垒下出现。在教育领域中，创新可以在产业链的各个环节以及在学校、教育系统和社会等层面出现，但大多数创新出现在公共教育供给尚未全面覆盖的群体、地区和服务领域之中。

最后，教育创新需要资源的支持。创新需要新观点、新客户、新供给者和新资源的支持。除了采用新观点来思考公共教育服务需要解决的问题，教育创新还需要获得用于解决问题的资源，既包括教师、设备设施、经费等有形资源，也包括课程、信息、声誉等无形资源。成功的教育创新能够充分调动政府与社会资源。

更多教育创新的出现需要学术研究的支持。近年来，创新理论被广泛应用于指导教育领域的创新以及对教育创新的研究。教育经济学、教育管理学、教育学原理、教育技术等领域的博士研究生已经对我国丰富的教育创新实践进行了大量研究。"创新教育文库"收录的优秀博士学位论文敏锐地识别出教育领域的创新性组织、创新性学习方式和教育组织的创新性功能，并综合应用组织学、管理学、经济学和教育学等多学科理论，对教育创新的价值观、流程和资源进行了分析。这些研究虽然来自教育研究领域，但它们不约而同地与开放式创新理论进行了对话，凸显了通过实践共同体进行创新的重要性和巨大潜力，拓展了教育创新研究的新方向。

教育创新研究的推进离不开学术共同体的发展，具有集合影响力的文库可以有效促进学术共同体的形成。我国不同历史时期出版了不少具有创新性的教育文库，如民国时期的"新中学文库"和"国民教育文库"。这些文库激发了社会对教育历史和实践中创新的关注，形成了有价值的系列研究成果。"创新教育文库"旨在继承和发扬文库在知识创新和知识共享方面的优势，以发掘和推荐对教育领域的创新性组织、创新性学习方式和教育组织的创新性功能的研究为己任，致力于支持我国教育创新研究和教育事业的高质量创新发展。

编委会倾力谋划，经学界通人擘画，终以此文库呈现于读者面前。文库草创，难免有不成熟之处，诚盼专家学者和广大读者共襄助之。

杨　钋

北京大学教育学院教育经济与管理系主任

2023 年 6 月于燕园

摘　要

　　"教育乃立国之本，强国之基"，实现青少年德智体美劳全面发展是建设教育强国的核心要旨，也是办好人民满意的教育的根本要求。然而，当下作为提升青少年体育素养主阵地的学校体育仍是教育事业发展的薄弱环节，亟待全面加强和改进。教育评价事关教育发展方向，有什么样的评价指挥棒，就有什么样的办学导向。体育中考实施 40 多年来已经成为我国教育评价体系中不可或缺的重要组成部分，其在提升青少年体质健康，促进全面育人理念形成等方面发挥了巨大的推动作用。2020 年，中共中央、国务院印发的《深化新时代教育评价改革总体方案》提出，要强化体育评价，改进体育中考的测试内容、方式和计分办法，形成激励学生加强体育锻炼的长效机制。体育中考在新时代教育改革和人才培养进程中的重要性由此可见一斑。据此，在政策学、教育学学科交叉的视角下开展针对体育中考政策执行与评估的研究，不仅有助于丰富学校体育的研究论域，而且有助于在实践层面探析体育中考政策执行过程中存在的普遍问题及其背后的深层原因，从而为教育部门明晰政策效果、提高政策质量、增强政策效能提供一定的决策依据。

　　本书采用文献研究、调查、案例分析、数理统计等方法，按照"回溯历史—检视现实—评价水平—提出策略"的逻辑主线，运用教育学、政策学等相关理论，紧扣体育中考政策执行展开了深入的研究。首先，通过全面梳理和分析国家出台的有关体育中考、学校体育的政策文件，在历史的回溯中，归纳出政策演进主线与特征，进而对新时代背景下体育中考的价值意蕴和目标索引进行了审思与明辨。其次，在对 85 个地区考试方案内容进行全面分析，以及对多个地区进行实地调查后发现：①体育分值在中考总分中比重整体较低；②内容设置仍然偏重基本运动技能，对专项运动技能和体育与健康知识涉及不足；③各地区评价方式、项目设置、评分标准区别较大；④目标群体对政策的认知与认可程度较高，但不同地区间存在差异；⑤各地区已基本具备可供政策执行的资源和环境；⑥体育中考在基层执行场域存在照搬式执行、残缺式执行和观望式执行的问题。

在政策执行过程模型的支撑下，本书从政策自身、政策主体与执行机制、目标群体、执行资源和政策环境五个维度对影响体育中考政策执行的因素进行了全面探析。①政策方案的科学性和合理性欠缺消解了多元政策目标的实现，政策体系的全面性、系统性不足掣肘政策推进的持续动力。②政策主体间的上下互动、协同不畅，利益缺乏统筹与整合；政策执行监督主体缺乏独立性和权威性，评价和激励机制缺失导致政策推动乏力，转换断档。③目标群体的短视与认知偏差造成了行为选择趋向功利。④体育教师数量配备不足且城乡分配不均衡、场地资源短缺且结构不合理、专项经费缺乏且区域差异大等因素也是造成改革推进缓慢的重要原因。除此之外，体育中考政策执行还受政治环境、教育环境和社会文化环境的影响。

本书采用德尔菲法构建了包含 4 个一级指标、12 个二级指标、44 个三级指标的我国体育中考政策执行评估指标体系。运用综合评价的方法对 J 省 S 市体育中考政策执行情况进行了实证评估。评估结果显示，S 市在政策方案维度的得分较低，政策效果和执行机制维度表现一般，执行保障维度水平较高，整体得分为 61.5。通过对影响体育中考政策执行因素的分析，结合实证评估的结果可知优化我国体育中考政策执行应从四个方面入手：①确立提升学生体育素养的目标导向，优化体育中考政策自身效能，改革终结性评价方案，优化考试模块配置，因地制宜地推广多元发展性评价的应用；②高位推动完善政策顶层设计，构建体育中考政策体系，提高政策系统性和清晰度，健全教育部门的上下联动机制，加强政策主体间的协作；③加强体育中考政策的宣传和引导，寻求目标群体形成政策认同，建立政策参与和表达机制，营造良好的政策舆论环境；④加大对体育中考政策的资源投入，配齐、配强体育教师，加强学校体育场地、器材配备，建立体育中考专项经费，普及和优化信息化测试设备，全面改善政策执行环境。

目 录

序　一

　　青少年不仅是建设教育强国、体育强国、健康中国的惠及对象，更是实现第二个百年奋斗目标的担当主体。党的二十大报告指出，要全面加强青少年体育工作，培养德智体美劳全面发展的社会主义建设者和接班人。近年来，在党和国家的持续关注和重视下，青少年体质健康问题开始呈现稳中向好的态势，但体质健康各项指标发展不平衡的现象依然突出，如耐力素质持续下降、近视率居高不下、肥胖率不断上升等。教育评价事关教育发展方向，有什么样的评价"指挥棒"，就有什么样的办学导向。如何在今后一个阶段找到促进青少年体质健康乃至体育素养全面提升的"突破口"，将深化教育评价改革的效果落到实处，是当下亟待解决的关键问题。许英男博士的《当运动成为必答题：体育中考政策研究》拓展了有关体育中考研究的崭新视角，契合了当下深化教育评价改革的现实需要。其收集了全国范围内数十个地区的体育中考方案，全面梳理体育中考的演进历程，分析、研究了各地区在执行体育中考政策过程中的共性问题及其影响因素，有针对性地提出了我国体育中考改革的理念、方法和路径，特别是选取、确定了较为科学、合理的体育中考政策执行评估指标体系，为促进、提升、优化改革各地的体育中考方案，进一步提高广大青少年身心健康提供了一定的理论决策和实践指导参考。

　　许英男博士曾多次参与教育部体卫艺司组织的体育中考改革论证会，并且作为主要成员参与了体卫艺司有关体育中考改革的专项课题。

他曾在中学工作多年，对体育中考问题有着较为全面的认识和见解。博士在读期间他展现了勤于思考、敏于行动的良好品质，通过大量的实地调查和资料搜集最终完成了本书的撰写，实属不易。该书是第一部将我国体育中考政策执行分析理论与实践路径优化相结合的专著，研究视角和研究成果具有一定的创新性。愿这本书的出版能为体育中考理论研究和实践探索做出更多贡献。

王家宏

（苏州大学原校长助理，国家体育总局

高端体育智库首席专家，教授）

序 二

我国教育评价制度改革不断深化,如《深化新时代教育评价改革总体方案》等文件的出台,强调了体育教育评价的重要性,为体育教育评价研究提供了广阔空间和契机。体育教育评价研究能够为整个教育改革提供新思路和新方法;研究体育教育评价的改革可以推动建立更科学合理的教育评价体系等,从而带动整个教育领域的改革发展,提高教育质量。

近年来,体育中考改革成为我国学校体育领域乃至教育领域备受关注的重要议题。作为衡量学校体育工作开展水平的一面"镜子",以及升学评价体系的重要一环,这项政策不仅关乎千万青少年的健康成长,更映射出教育改革深水区的复杂挑战。《当运动成为必答题:体育中考政策研究》一书,凝聚了许英男博士多年深耕学校体育领域的思考与实践,以扎实的调研为基础,系统梳理政策演进脉络,客观剖析现实困境,为推进体育中考科学化、规范化提供了有价值的参考。

该书的学术价值,首先体现在对体育中考发展历程的系统性梳理。通过查阅40余年来的政策文件、地方实施方案及学术文献,作者清晰勾勒出体育中考从地方试点到全国推行的历史轨迹,进而证明了体育中考的演变始终与国家教育改革同频共振:20世纪80年代的政策萌芽期对应着"增强学生体质"的迫切需求,21世纪初的快速发展期呼应素质教育的全面推进,新时代的政策深化期则与"健康中国""体教融合"等国家战略紧密衔接。这种基于历史维度的分析,有助于读者理解政策背后的社会动因与教育逻辑，也为评估当前改革方向提供了历史坐标系。

面对政策执行中普遍存在的现实问题，该书展现出严谨的问题意识与务实的学术态度。许英男博士历时两年对数十个城市进行了深入的调研，通过问卷调查、实地观察、深度访谈等方式，收集了教育行政部门、学校教师、学生、家长等多方主体的真实反馈。书中揭示的问题具有典型意义。例如，体育中考在政策设计层面存在测试标准单一性与学生个体差异性的矛盾；执行过程中暴露城乡资源配置失衡、教师专业能力不足等短板；社会认知层面仍受"应试导向"与"分数至上"观念的掣肘。这些基于实证的发现，为精准识别政策堵点提供了可靠依据。

在理论建构方面，该书的创新性体现在政策执行评估指标体系的科学化探索。研究综合运用德尔菲法、层次分析法等研究方法，构建了涵盖政策方案、执行机制、执行保障、政策效果四个维度的政策执行评估指标体系。该体系不仅设置了可量化的评价指标，还创新性地引入动态调整机制，使评估工具既保持学术严谨性又具备实践操作性。在实践验证中，这套评估指标体系成功诊断出当地体育中考政策执行中的薄弱环节，验证了其作为决策辅助工具的有效性。这种将学术研究转化为政策工具的尝试，体现了教育实证研究的现实价值。

该书的对策建议部分彰显了研究的建设性导向。作者没有停留在现象批判层面，而是基于问题归因提出了系统的改革路径。例如，针对测试项目单一化问题，建议建立"基本运动技能+专项运动技能+体育与健康知识"的模块化考评体系；针对城乡资源差异，提出建立跨区域师资流动机制与配置专项资金；针对社会认知偏差，倡导构建家校社协同的宣传引导机制。这些建议既有对国际经验的合理借鉴，也充分考虑了我国教育实际，体现了政策研究的本土化意识。尤为值得肯定的是，该书特别强调过程性评价与发展性评价的结合，为破解"应试体育"顽疾提供了新思路。

作为学校体育领域的研究者，我深切感受到该书的独特贡献。其一，研究填补了体育中考政策系统性研究的空白。既往研究多聚焦某地区个案分析或单一问题探讨，而该书通过全国范围的样本调研与历时性分析，首次构建了全景式的研究框架。其二，研究方法体现多学科交叉优势。政策文本分析、量化模型构建、质性研究方法的有机结合，既保证了研究的科学性，也增强了研究结论的解释力。其三，学术成果的实践转化意识突出。该书附录收录的调查问卷、访谈提纲、评估工具等资料，为后续研究者提供了可参考的方法模板。

当然，任何研究都有其边界与局限。体育中考改革涉及教育公平、社会观念、资源配置等复杂议题，其完善必然是一个渐进的过程。该书提出的优化策略仍需在实践中持续检验，评估指标体系也需随政策发展动态更新。毋庸置疑，这项研究为政策制定者、教育工作者和学术界提供了重要的思想资源与实践参照。

当前，我国教育正经历从"规模发展"向"质量提升"的关键转型。体育中考作为教育评价改革的试验田，其政策设计与执行效果直接影响"五育并举"育人目标的实现。期待该书的出版，能够推动社会各界更理性地审视体育教育的价值，更务实地探讨考试制度的优化路径，让广大青少年真正体会到体育的本真意义——享受乐趣、增强体质、健全人格、锤炼意志，为培养身心健康的时代新人做出应有贡献。

钱俊伟

（北京大学体育教育学院教授）

2025 年 4 月于燕园

绪　论

一　研究背景

2020年10月13日，中共中央、国务院印发了《深化新时代教育评价改革总体方案》，提出要改进中考体育测试内容、方式和计分办法，形成激励学生加强体育锻炼的有效机制。[①] 10月15日，中共中央办公厅、国务院办公厅又在印发的《关于全面加强和改进新时代学校体育工作的意见》中指出，要科学确定并逐步提高中考体育分值。[②] 上述两份文件的发布，表明了党中央、国务院进一步推进学校体育工作深化改革的决心，明确了体育中考在新时代教育深化改革中的重要地位，指明了体育中考改革的方向。

我国体育中考制度自1979年崇明中学首创体育加试制度肇始，历经40余载，已发展成为基础教育阶段的重要制度安排。在"健康第一"的教育理念指引下，该制度通过"国家—省—市（县）"垂直治理体系，形成了涵盖政策设计、政策执行、监督保障等的较为完整的制度框架。特别是地方教育行政部门作为核心政策执行主体，通过多元化考试内容创新、弹性化组织形式探索等政策实践在一定程度上提

---

① 《中共中央、国务院印发〈深化新时代教育评价改革总体方案〉》，www.gov.cn。

② 《中共中央办公厅 国务院办公厅印发〈关于全面加强和改进新时代学校体育工作的意见〉和〈关于全面加强和改进新时代学校美育工作的意见〉》，www.gov.cn。

升了体育与健康的课程地位，扭转了学生体质健康水平下降的趋势。然而值得注意的是，这一制度始终伴随价值争议与执行偏差。具体表现为：第一，社会层面存在"应试体育"异化现象，部分学校出现"考什么教什么"的功利化倾向。第二，执行层面存在区域性制度变形，如部分地区出现"全优考"，个别地区甚至出现违规使用兴奋剂的恶性事件。第三，评估层面存在监测机制缺位。这些实践困境不仅消解了"增强学生体质"的核心政策目标，更对教育公平和社会信任造成冲击，印证了格雷汉姆·艾利森（Graham Allison）关于"政策执行决定90%实施效果"的经典论断。基于政策执行理论视角审视，当前困境的根源在于政策传导中的"效能衰减"：一方面，地方政府存在选择性执行倾向，至今仍有许多地区未全面落实过程性考核要求；另一方面，配套保障体系存在结构性缺陷，包括监督机制不健全、执行评估标准缺失等问题。因此，在建设教育强国的新时代背景下，构建体育中考政策执行评估指标体系，形成"监测—反馈—改进"的政策闭环，将成为破解体育中考制度困境的关键路径。这不仅关系到学校体育改革的深化，更承载着培养德智体美劳全面发展的时代新人的战略使命。

二　研究目的及研究意义

（一）研究目的

　　本书聚焦我国体育中考政策执行机制，研究对象涵盖中央至地方的政策文本体系。基于我国"统一领导、分级管理"的教育行政体制特征，研究以中央颁布的纲领性文件（如"条例""意见"）为政策源头，同时纳入省级实施方案及市级操作细则，构建"中央顶层设计—地方执行转化"的复合分析对象集群。考虑到政策演进的时代特征，将研究时段锚定1979年体育中考制度发端至2021年"双减"政策实施前的关键变革期，完整覆盖政策生命周期的萌芽、试点与推广阶段。

基于上述研究对象时空范围的界定，本书着力从以下 6 个方面展开研究：①通过政策语义分析厘清体育中考政策执行评估的核心概念；②运用历史制度主义方法，解构 40 多年间政策文本的价值取向演变轨迹，重点解析“体教融合”战略下的目标重构逻辑；③采用混合研究方法，结合 31 个省（区、市）的政策文本量化分析与东中西部 6 个省（区、市）的实地调研，揭示央地政策执行的梯度差异特征；④基于史密斯模型系统诊断政策执行中的制度性障碍，识别基层政策失真的关键梗阻点；⑤构建体育中考政策执行评估指标体系并予以验证；⑥提出政策升级路径，形成兼顾国家意志与地方特色的改进方案集群，推动国家意志与地方实践的有机统一。

（二）研究意义

1. 理论意义

本书在理论建构与方法论层面实现了一定创新，通过引入政策执行过程的动态分析框架，系统解构体育中考政策从文本设计到基层实践的转化机制，弥补了传统学校体育研究偏重制度描述而忽视执行效能的学术短板。在理论创新层面，研究融合教育政策学与公共管理学的分析范式，构建包含政策文本质量、执行主体互动、资源配置效率、目标群体响应的四维分析框架，为解读学校体育政策执行阻滞现象提供新的理论工具。在方法论层面，创新性地设计定性与定量相结合的混合评估体系，将德尔菲法、层次分析法与案例实证研究有机整合，在一定程度上丰富了教育政策评估研究的内涵，为构建具有中国特色的学校体育政策评估标准提供实证支撑。这种跨学科的研究进路，既深化了对体育中考政策执行复杂性的理论认知，也通过开发可量化的评估工具推动学术研究向政策实践转化，对于完善新时代学校体育治理体系具有显著的理论价值与实践指导意义。

2.实践意义

本书从政策制定到落实的全过程出发，除对体育中考政策演进历程和当下中央、地方政策文件进行全面的梳理与分析之外，还对政策执行的现状进行了实证调查研究。通过对多个省、市教育部门负责人以及教师、学生、家长进行深度访谈了解体育中考政策执行中面临的现实问题，研究基于较强的政策实践依据，有助于有针对性地提出政策改进的策略和建议。同时，通过建立体育中考政策执行评估指标体系，可以直观、高效地对地方体育中考政策执行的过程和效果进行评价。因此，本书的研究结果不仅可以帮助政策制定部门更好地分析影响体育中考政策执行的因素，提高政策的科学性和民主性，改进执行的机制，而且有助于基层执行部门合理地配置政策执行的资源，有针对性地解决政策执行中的难题，进而促进政策理念和目标的充分落实。

三 相关理论视角和概念界定

（一）理论视角

对体育中考政策执行的研究本身就是一个跨学科的研究，涉及政策学、教育学、管理学、统计学等多学科知识。无论采用何种学科、理论和方法，研究都可能因其侧重面不同而出现一定的局限。从研究的角度来看，本书在借鉴和有效运用公共政策执行理论的基础上，以系统论为指导，以政策执行理论和利益相关者等多学科交叉理论为支撑，力求从多个理论视角构建我国体育中考政策执行和评估的理论框架。

1.系统论

（1）系统论概述

系统论诞生于20世纪30年代，其创始人为美籍奥地利生物学家贝塔朗菲。从学科属性来看，它是建立在哲学和具体学科之间的一门横断学科，强调从系统的角度对所研究事物和对象之间的联系、相互作用以及内在规律进行揭示。① 对于系统的概念，贝塔朗菲认为，系统是处于一定相互联系中的与环境发生联系的各组成成分的总称。钱学森则提出："系统是由相互作用和相互依赖的若干组成部分结合成具有特定功能的有机整体，并且这个系统本身又是它们从属的更大系统的组成部分。"② 尽管两者由于不同的学术背景对系统所下的定义有所区别，但一般意义上来说具有两个以上因素组合并且具有特定结构功能的整体就可以被认为是一个系统。通常来讲，系统可以分为自然系统和人工系统，而对于人工系统来说又可以进一步分为三部分：①人们对自然物进行加工而获得的系统；②在一定社会历史条件下，人们所组成的社会系统；③人们对自然与社会进行认识而建立的科学理论系统。

关于系统论对实践的指导，霍尔提出了"三维结构"来试图为大多数系统工程面临的问题提供一种共通性的思路、方法和程序（见图0-1）。按照霍尔的观点，任何系统工程都可以被分为系统分析、系统模拟、系统设计、系统管理等主要环节。从一定意义上来说，霍尔的"三维结构"为系统理论与实践间搭建起了一座"桥梁"，帮助系统理论实现了从抽象到实践的过渡。系统科学的提出对人类科学思维方式的影响是深刻的，其极大地促进了科学技术的进步。经过数十年的发展，其逐渐成为促进人类社会发展的基础性学科，在社会生产、社会管理以及社会生活的各个方面都可被视为一种不可或缺的工具，具有不可或缺的重要作用。

（2）系统论对体育中考政策执行研究的启示

系统科学的应用已经被扩展到人类社会生活的各个方面，但在教育政策研究领域其应用的起步较晚、范围较小，尤其是在具体教育政策研究方面其应用仍有拓展和挖掘的空间。因此，将系统论引入体育中考政策执行研究领域具有一定的理论和实践意义。

---

① 〔美〕冯·贝塔朗菲：《一般系统论：基础、发展和应用》，林康义等译，清华大学出版社，1987。
② 冯国瑞：《系统论、信息论、控制论与马克思主义认识论》，北京大学出版社，1991。

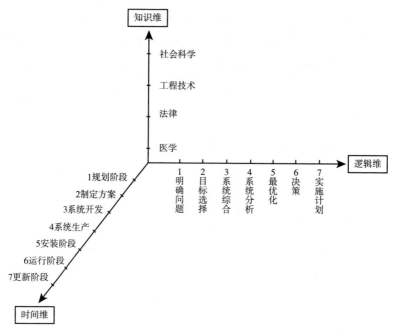

图 0-1 霍尔的"三维结构"

体育中考作为教育系统中的一种实践活动，不可避免地会产生各种矛盾与冲突，为了有效协调与解决这些矛盾与冲突，可以将体育中考本身作为一种系统，以系统论为指导，对其执行过程进行剖析与透视，从而使各级教育部门更为清晰地看到政策执行过程中内外相互制约、相互影响的因素和变量。从整体层面对政策执行的整个过程进行观察，从而对其中的矛盾与冲突做出合理的协调。如，在政策制定环节，要促进学生专项运动技能的掌握是否应先制定运动技能评价标准，再如省内实施统一的考试项目是否应先考虑城乡之间运动场地、体育教师的配备是否均衡，还有提高考试信息化水平是否应明确信息化设施建设经费的来源。总之，系统论在体育中考政策执行研究中的应用不仅可以使教育管理部门"居高临下"地对政策执行过程以及影响政策执行过程的因素进行全面考察，而且能在实施层面按照"时间维""逻辑维"全面而综合地设计和推进具体工作，实事求是找到政策执行的最佳方式，获得最佳的政策效果。

2. 政策执行理论

（1）政策执行理论概述

政策执行是一个完整政策过程中作用于客观世界的实践环节，它关系到政策如何在价值和事实维度上客观呈现。国内外学者有关政策执行理论的成果也林林总总，而其中比较有代表性的有行动理论学派、组织理论学派、因果理论学派、管理理论学派、系统理论学派、交易理论学派、博弈理论学派等（见表 0-1）。

表 0-1　有关政策执行理论的分类

序号	理论名称	主要观点
1	行动理论	将政策执行视为对某一项公共政策所要采取的广泛行为
2	组织理论	强调组织在政策中的核心地位，认为只有了解组织是怎样工作的，才能理解所要执行的政策以及它在执行过程中如何被调整和塑造
3	因果理论	将政策看作一种假设，将政策执行看作引导人们达到目的的"地图"，关心政策中的因果关系
4	管理理论	强调政策执行是一种管理过程
5	系统理论	将政策执行理解为政策系统与环境进行物质、能量和信息交换的过程
6	交易理论	认为政策执行是一个政治上讨价还价的过程
7	博弈理论	在冲突和竞争的情况下，每一个参加者都力求获得最大收益而将损失降至最低限度

资料来源：张国庆主编《公共政策分析》，复旦大学出版社，2004。

以上 7 种理论虽具有一定的代表性，但尚未有一种理论能统摄整个政策执行研究。因为具体政策面临的执行环境与场域存在差异，所以研究者多是从自己的研究对象出发，立足于不同的视角，选择相适配的理论开展研究。体育中考政策执行是以体育中考政策目标为导向，地方教育部门按照中央的要求负责具体贯彻和实施，是不同主体的行为活动过程，依赖于各级教育主管部门的组织、领导与实施。因此，本书选择行动理论和组织理论作为开展研究的视角，旨在通过对我国体育中考政策执行现状的调查，探寻体育中考政策执行过程中面临的问题和影响执行效果的因素，以期为后续的体育中考改革提供理论参照。

"行动理论"起源于苏联时期俄罗斯心理学领域的文化历史学派。因此，"行动理论"又被称为"文化历史行动理论"（Cultural-historical Activity Theory），该理论主张突破二元论争辩思维，以辩证的视角看待人类行动。人类行动的概念范畴随之被放宽至"个人或集体在做某件事"。不同的行动系统还可以相互联系，一个行动系统的变化能够改变另一个行动系统的结果。目前，"行动理论"已被广泛应用于组织模式以及新兴产业等社会科学领域的系统性分析。行动理论学派认为政策执行是在目标的确立与适应于实现这些目标的行动之间的一种相互作用过程。[1] 美国学者史密斯（T. B. Smith）在其《政策执行过程》一文中提出了分析影响政策执行的因素及其生态关系的理论模型，该模型被称为"史密斯模型"。该模型揭示了影响政策执行的四个主要变量为理想化的政策、执行机关、目标群体、环境因素。与此同时，新制度主义是分析教育政策执行的主要理论选择之一。我国学者邓旭在其学术著作中多次强调教育政策执行受正式制度确立的合法性和非正式制度确立的合理性的双重制约。而两者的统一一直以来是教育政策执行过程中最基本的要求和重要的判别标准。传统的制度分析仅着眼于正式制度对行为的强制性规约作用，而邓旭经过分析论证认为，社会转型期教育政策的执行绝不能无视非正式制度中的价值理念对执行主体的支配作用，恰恰是政策的规范及规范背后隐含的社会的、公共的价值理念，决定着教育政策执行的有效性程度。[2]

（2）政策执行理论对体育中考政策执行研究的启示

我国教育政策的执行者主要是各级政府中的教育行政部门，执行路径通常呈现出自上而下的特征。[3] 中央政府凭借自身权威地位以"高位推动"、"上令下行"和"层层加压"的方式来确保政策的具体落地。

---

① 张国庆主编《公共政策分析》，复旦大学出版社，2004。
② 刘惠：《教育政策执行研究：内容、理论及发展趋势——基于文献综述的分析》，《教育科学研究》2015 年第 6 期。
③ 邓凡：《教育政策执行的网络模式研究》，《教育学术月刊》2012 年第 1 期。

这种自上而下的执行方式依托于专业科层组织，与政策学中相关理论模型存在较高的契合度，为本书研究的开展提供了较为清晰的分析框架，而政策执行的新制度主义则为本书研究提供了将新时代学校体育发展理念融入体育中考改革的创新视角。新制度主义的引入一方面有助于探析政策执行过程中正式制度和非正式制度给政策主体、目标群体行为带来的影响；另一方面有助于帮助本书找到构建政策执行评估指标体系的价值维度，并且从正式制度和非正式制度两个层面提出改进体育中考政策执行的策略。

3.利益相关者理论

（1）利益相关者理论概述

利益相关者理论（Stakeholder Theory）源自西方学者对企业股东利益最大化经营目标的反思。这一概念自 20 世纪 60 年代由美国斯坦福研究院提出后，已成为管理学和经济学等领域中被广为接受的观念。[1] 最早正式使用"利益相关者"一词的经济学家是安索夫（Ansoff），他于 1965 年提出，"要制定理想的企业目标，必须综合平衡考虑企业的诸多利益相关者之间相互冲突的索求权，包括管理人员、工人、股东、供应商以及顾客"。利益相关者理论形成一个独特的理论分支则得益于伦曼（Rhenman）和安索夫的开创性研究，后经弗里曼（Freeman）、布莱尔（Blair）、康纳森（Donaldsom）、米切尔（Mitchell）等学者的共同努力，利益相关者理论逐渐形成了比较完善的理论框架。[2] 弗里曼对于广义的利益相关者做了如下陈述：利益相关者是能够影响企业目标实现，或者在企业实现目标过程中能够被影响的任何个人和群体。[3]

---

① 蔡炯、田翠香、冯文红：《利益相关者理论在我国应用研究综述》，《财会通讯：综合（下）》2009 年第 12 期。

② 王龙：《利益相关者理论视域下中国高考制度的演进》，南京师范大学，博士学位论文，2016。

③ Freeman, R. E., *Strategic Management：A Stakeholder Approach*, Cambridge University Press, 2010：53.

在弗里曼之后，米切尔和伍德（Wood）对 30 多种利益相关者的定义进行了归纳和分析，其中卡罗尔（Carroll）对于狭义利益相关者所下的定义为：利益相关者在企业中投入资产，构成一种或多种形式的"股份"，通过这些"股份"，他们也许能影响企业的活动，或受企业活动的影响。如果将利益相关者概念做广义和狭义之分，那么广义概念以描述为主，强调现实生活中最终受到影响的那些个人或群体；狭义概念则注重规范性原则，强调的是少数具有合法性的个人或群体。①

按照不同研究领域学者对利益相关者理论的不同理解，及该理论发展的研究内容和理论深度，大多数学者在利用利益相关者理论分析某一问题时主要分为四个步骤：一是界定利益概念。不同研究背景的学者对其的定义各不相同，不同研究主题的需要对其的定义也各不相同，但是概念的界定必须符合利益相关者基本理论。二是明确利益诉求。在利益相关者群体中不同利益群体的利益诉求各不相同，他们之间存在一定的共同利益，也存在利益冲突。三是厘清利益关系。不同利益群体之间的利益关系错综复杂，只有在厘清各群体之间的关系后才可能更好地协调利益相关者之间的利益冲突。四是满足利益需求。研究概念界定、利益诉求、利益关系的目的就是要满足各利益群体的利益诉求，特别是各利益群体的核心利益诉求，这也是利益相关者理论的研究价值所在。②

在教育政策研究领域，越来越多的学者开始利用利益相关者理论对教育现象和政策进行解构。李北群在《论教育政策的利益分析：必要性、框架及应用》一文中指出教育政策作为公共政策领域的拓展，与利益必然有着密不可分的联系。教育政策以政府的权威为保障对公共教

---

① 倪华强：《政策执行与利益相关者的行动策略》，上海大学，博士学位论文，2019。
② 邱林：《利益博弈视域下我国校园足球政策执行研究》，北京体育大学，博士学位论文，2015。

育利益有十分重要的调节作用。而公共教育利益是教育政策的核心要素，那么在教育政策中必然存在利益相关者，即在一项教育政策中与其利益有关的个人或组织。如在教育政策制定过程中，其利益主体主要有行政官员、专家智囊、立法与司法人员、政府机关、利益集团及其代言人；而在教育政策执行过程中，其利益主体主要有教育政策制定者、教育政策执行者、目标群体等，他们共同影响着教育政策执行的基本过程。①

（2）利益相关者理论对体育中考政策研究的启示

近年来，"强调公民参与逐渐成为国际公共管理的共同趋势"。瑞典学者 Ve-Dung 所提出的政策评估的利益相关者模式正符合了这一趋势。该模式倡导从利益相关者角度出发对政策的合理性以及影响进行评价，强调要倾听被政策影响和可以影响政策的社会成员的意见，最大限度地回应公民诉求，使得政策制定更加科学、民主，顺应了行政民主的政府管理新趋势。由于在该模式下各利益相关者都可以表达各自的需求、利益，并且能具体以不同利益相关者的视角来审视政策的实施效果，因此，该模式相较于其他模式更有利于利益相关者的参与，形成政策互动与政策回应，进而可以"使政策更加顺民心、合民意"②。体育中考政策作为我国一项基本教育政策，从本质上来说也是对公共教育利益的一种权威性分配。将利益相关者理论引入本书研究中，不仅有利于发现不同主体的利益诉求和利益冲突，同时也提供了一个更广阔的视角来检视体育中考政策的理论与实践，有助于进一步分析在不同利益驱动下相关主体的行为方式，为政策的修正找到利益平衡点，从而提高政策品质和执行的质量。

---

① 李北群：《论教育政策的利益分析：必要性、框架及应用》，《江苏社会科学》2008 年第 6 期。

② 张磊：《〈国家学生体质健康标准〉执行 15 年来的评估：多维障碍与多角度破解——基于政策评估的利益相关者模式》，《天津体育学院学报》2021 年第 5 期。

（二）概念界定

1. 体育中考

中考既是检测义务教育阶段教育成果的综合评价机制，也是高中选拔学生的基本途径，同时还是连接初中教育阶段与高中教育阶段的关键环节。中考招生的数量与质量直接关系到我国基础教育发展的方向和高中教育发展的基础。[①] 中考的诞生与重点中学建设的历程紧密相关。改革开放之初，我国教育事业发展极不平衡，几乎所有普通高中都面临师资、办学经费和教学设备短缺的困境。面对人才供给严重不足的形势，中央决定从建设重点高中入手来恢复教育事业的秩序，加快人才培养的速度。教育部分别在 1978 年、1980 年和 1983 年连续出台了有关建设重点中学的意见，中考在这一时期主要承担的是为重点高中选拔人才的任务，在命名上也多以普通高级中学招生入学考试为主。进入 20 世纪 90 年代，随着经济发展水平提升，教育投入经费增加，1995~2015 年，我国初中毛入学率从 78.4% 提升至超过 100%。[②] 在初中教育全面普及的情况下，2016 年出台《教育部关于进一步推进高中阶段学校考试招生制度改革的指导意见》（以下简称《意见》），《意见》明确指出，"初中学业水平考试主要衡量学生达到国家规定学习要求的程度，考试成绩是学生毕业和升学的基本依据"。有关考试实施主体《意见》指明："初中学业水平考试由省级教育行政部门制订统一要求，一般由地市组织实施。"[③]《意见》标志着初中学业水平考试制度的正式确立。

体育中考作为初中学业水平考查的一部分，其概念的界定也应被置

---

① 郑程月：《我国考试招生政策演进研究（1977-2017）》，天津师范大学，博士学位论文，2018。

② 陈静漪、宗晓华：《农村义务教育财政体制改革与发展——改革开放四十年回顾与展望》，《教育经济评论》2018 年第 6 期。

③ 《教育部关于进一步推进高中阶段学校考试招生制度改革的指导意见》，www.gov.cn。

于上位概念的范畴之内。基于此，本书研究所涉及的体育中考即初中体育与健康课程学业水平考试，该考试衡量全体学生在整个义务教育阶段结束前体质健康发展、体育运动技能和体育与健康知识掌握等方面的发展水平，检验其体育与健康课程的学习效果，是为学生毕业和升学提供依据的综合性评价。在实施主体上由省级教育行政部门统一领导，地市级教育行政部门负责具体组织实施。由于体育中考通过长时间的实施已经成为一个约定俗成的概念被全社会广泛接受，具有较为明确的指向性，因此，出于行文便利性的考虑，本书以体育中考来代替初中体育与健康课程学业水平考试。

2. 体育中考政策

对体育中考政策的概念进行界定首先要厘清其在政策学研究范畴的具体位置以及类属。从"政策"一词看，《辞海》中关于"政策"的表述是："国家、政党在特定历史阶段为实现发展目标和任务而规定的行动准则。"《现代汉语词典》中"政策"的定义是：国家政权机关根据历史条件和实际情况，为实现政治、经济、文化上的目的而制定的措施和办法的总称。我国学者莫勇波倡导从公共政策的主体、公共政策的目的和公共政策的体现形式来把握公共政策的定义，他指出公共政策是国家及地方的权威机构为了解决特定的社会问题、促进公共利益和社会进步而制定的相关规定或公共指导准则，这些相关规定或公共指导准则往往以法律法规、路线方针、谋略策略、法令、决策、办法、方法、规章制度的形式体现出来。[1] 如前所述，体育中考一方面为高中阶段学校选拔学生提供依据，另一方面对初中学校体育工作起着引导作用。体育中考政策所具备的双重功能主要源于其兼具招生政策和学校体育政策的双重属性，这也就决定了体育中考政策从概念上来说不单单指具体的考试方案。因此，本书将体育中考政策界定为国家及各级地方政府为了实施体育中考，所颁布的一系列法律、法规、条例、意见、工作方案、规

---

① 莫勇波主编《公共政策学》，格致出版社，2013。

章制度所形成的政策体系的总称。

3. 体育中考政策执行

关于公共政策执行的概念，西方学界有两种主流观点：一种观点认为公共政策执行是一系列活动和行为[1]；另一种观点将公共政策看作一种过程[2]。国内学者在消化吸收西方政策执行经典理论的基础上提出，公共政策执行是政策执行者通过建立组织机构，运用各种政策资源，采取解释、宣传、试验、实施、协调与监控等方式，将政策观念形态的内容转化为实际效果，进而实现既定政策目标的活动过程。[3] 显然，国内学者对政策执行所下的定义与我国的具体国情更为契合，体现了体育中考政策执行过程中组织性、系统性等特征。买佳、金光辉、董国永认为体育中考政策是由教育部、国家体育总局共同制定，由各省、自治区、直辖市、市（县）的教育部门以及学校、体育教师、家长、学生协同实施的一种综合性质的体育考试。[4] 其论述虽然较为全面，但对执行主体表述不够清晰，概念边界局限性也较强，忽略了体育中考政策执行主要是由地方教育行政部门负责组织实施的特征。结合前人提出的政策执行和体育中考政策概念，本书按照定义 = 属 + 种差的方法，将体育中考政策执行界定为：地方教育部门按照国家要求，在学生整个义务教育阶段结束前，以考试的形式衡量辖区内所有初中学生基本运动技能、专项体育运动技能以及体育与健康知识发展水平所采取的一系列政策行为，包括制定政策、组织实施、监督保障等具体政策活动。

4. 体育中考政策执行评估

通过对既有文献研究可知，专家学者对政策评估的内涵和外延侧重

---

① Charles O. Jones, *An Introduction to the Study of Public Policy*, California: Brooks Coles Publishing Company, 2005: 166.

② 陈振明主编《政策科学》，中国人民大学出版社，1998。

③ 莫勇波主编《公共政策学》，格致出版社，2013。

④ 买佳、金光辉、董国永：《利益相关者视角下体育中考执行现状及实施对策》，《体育学刊》2020 年第 3 期。

点有所不同，但对有关政策评估的环节设计、方法选取和作用有相对一致的意见，这为进行体育中考政策执行效果评估提供了一定依据。借助前人的研究框架，本书将体育中考政策执行评估的概念界定为：在全面把握新时代学校体育价值导向的基础上，依据特定的评估标准、程序及方法，对地方体育中考在政策方案、执行机制、执行保障以及政策效果等维度进行价值分析和判断。其中主要包括四个部分：第一，对政策本身的评估，即政策本身的权威性和合理性。第二，对体育中考政策执行机制的评估，即地方教育部门采取的政策宣传和主体行为。第三，对体育中考政策执行保障水平的评估，包括经费保障，师资保障，场地、器材保障，安全保障以及监督保障。第四，对体育中考政策效果的评估，即体育中考利益相关者的认可与重视、学生体育素养提升以及对学校体育工作促进的作用。

第一章　我国体育中考的演进历程与现状

第一节　我国体育中考的发展历程回顾

一　我国体育中考实施的背景分析

任何一项政策的实施都与其所处的社会背景息息相关，所有政策的制定和执行都依托于一定的政治制度和经济社会文化环境，体育中考政策也不例外。政治制度和经济社会文化环境共同构成的"精神内核"贯穿于政策执行的整个过程，影响着目标群体对政策的认同以及执行效果。

1. 教育思想拨乱反正，学科地位重新确立

"文革"不仅给学校体育的具体工作层面带来了冲击，更重要的是破坏了新中国成立以来逐渐形成的学校体育理念、规章制度，导致学校体育领域的相关研究陷入停滞，学科地位被冷落。1978 年 12 月，党的十一届三中全会顺利召开，重新确立了解放思想、实事求是的思想路线，指出"实践是检验真理的唯一标准"是党的思想路线的根本原则。教育思想上的拨乱反正是学校体育工作恢复的前提和先导。1978 年 4 月，邓小平同志在全国教育工作会议上的讲话中指出，我们的学校是为社会主义建设培养人才的地方，培养人才是有标准的。这就是毛泽东同志说的，应该使受教育者在德育、智育、体育几方面都得到发展，成为

有社会主义觉悟、有文化的劳动者。邓小平同志的讲话使国家的教育方针重新得到明确，学校体育应有的重要地位也得以恢复。随后在 1978 年 4 月 14 日，教育部、国家体委、卫生部在联合下发的《关于加强学校体育、卫生工作的通知》中明确提出，要提高对学校体育、卫生工作的认识，全面落实党的教育方针；各级教育行政部门和学校要像抓德育、智育那样抓好体育、卫生工作。该通知下发以后，全国范围内大、中、小学的体育课、早操、课间操、课外体育活动得到恢复。1979 年 12 月，时任教育部部长蒋南翔在答记者问时谈道："要建立正常的体育教学秩序。身体好是学校三大根本要求之一，是根本要求，不是普通要求。"这些文件和领导的讲话对学校体育工作的重要性进行了深入的阐述，对教育思想的拨乱反正具有重要意义。[1]

2. 政策体系初具雏形，保障机制得到完善

教育思想的拨乱反正是学校体育恢复和发展的前提。在 1978 年全国教育工作会议结束后，一系列有关学校体育的政策密集发布。这些文件既明确了学校体育在学校教育中的地位，又对学校体育开展的形式、时间、内容做出了具体的要求[2]（见表 1-1）。

表 1-1　1978~1983 年学校体育领域的相关政策文件

名称	发布时间	发布主体	内容概要
《关于加强学校体育、卫生工作的通知》	1978 年 4 月	教育部、国家体委、卫生部	(1)全面落实党的教育方针,要像抓德育、智育那样抓好体育;(2)学校党组织要有负责同志分管体育、卫生工作;(3)中、小学每周两课时的体育课要认真上好;(4)全面恢复"两操"、课外体育活动,每天平均保证 1 小时的体育锻炼

① 李晋裕：《学校体育史》，海南出版社，2000。
② 谢业琪：《更精确些，更严密些——对〈关于进一步建立、健全"体质、健康卡片"，进行全国学生体质、健康调查研究的实施方案〉形态测试项目的几点商榷意见》，《沈阳体育学院学报》1985 年第 2 期。

续表

名称	发布时间	发布主体	内容概要
《全日制中学暂行工作条例(试行草案)》	1978年9月	教育部	体育卫生工作的主要目的是：使学生自觉锻炼身体，讲究卫生，促进身体正常发育和技能发展，增强体质，培养勇敢顽强团结友爱，遵守革命纪律的道德品质
《全日制小学暂行工作条例(试行草案)》	1978年9月	教育部	(1)小学阶段是儿童少年长身体的重要时期，必须教育学生养成良好生活习惯和锻炼身体的习惯，增强体质；(2)要上好体育课，坚持课间操，使学生懂得一些锻炼身体的知识和方法；(3)要根据体育教学内容，因人、因时、因地制宜，开展多种多样的群众性体育活动；(4)学生的体育活动(包括体育课、课间操和课外锻炼)每天要有一小时
《全日制重点高等学校暂行工作条例(试行草案)》	1978年10月	教育部	(1)体育教育的目的是使学生具有健康的体魄；(2)体育课应使学生学习必需的知识和技能，掌握锻炼身体的科学方法，增强体质，以利学习
《关于贯彻全国学校体育、卫生工作经验交流会议纪要精神的联合通知》	1979年9月	教育部、国家体委、卫生部、共青团中央	(1)必须进一步提高对学校体育、卫生工作的认识；(2)切实加强学校体育、卫生工作的组织领导；(3)从实际出发，积极开展学校体育、卫生活动；(4)为搞好学校体育、卫生工作努力创造条件
《关于保证中、小学生每天有一小时体育活动的通知》	1982年6月	教育部	(1)中、小学每天坚持"两操"；每周上好两节体育课；凡没有体育课的当天，都要安排一次课外体育活动，要保证学生课间十分钟到室外休息或活动。(2)各级教育部门要经常检查、督促、通报这项要求的贯彻执行情况，不断提高学校体育工作的质量和学生的健康水平
《国家体育锻炼标准》	1982年8月	国家体委	明确了本标准的目的、实施对象、组织领导、场地和器材以及原则要求
《关于进一步建立、健全"体质、健康卡片"，进行全国学生体质、健康调查研究的实施方案》	1983年8月	教育部、国家体委、卫生部、国家民委	(1)建立、健全各级各类学校的体质、健康卡片；(2)建立体质、健康调查观测点，加强科学管理，统一体检、体测内容、指标和方法要求；(3)为长期系统连续地观察我国各地区学生生长发育规律建立基础；(4)为进一步开展以体质研究为中心的学校体育、卫生科研工作提供资料

注：表中涉及的部委均为当时的名称。

1979 年 5 月，教育部、国家体委、卫生部、共青团中央联合在江苏扬州召开了全国学校体育、卫生工作经验交流会，又称"扬州会议"。"扬州会议"在中国学校体育发展史上具有重要意义，是新中国成立以来规模最大的学校体育卫生工作会议。参会代表来自 29 个省（区、市），共计 311 人。"扬州会议"的召开标志着"文革"以后，学校体育工作在思想认识、教学研究、实施管理等方面的全面拨乱反正。该会议不仅为今后学校体育卫生工作奠定了思想基础，而且明确了后续工作开展的保障措施。其次，会议根据学校体育工作面临的新形势和新情况，对学校体育工作的任务、教学、课外体育训练、师资队伍、经费、领导管理等做出了全面而系统的规定，为学校体育制度化管理奠定了初步基础。

"扬州会议"的成功举办对改革开放后学校体育工作质量的整体提升具有重要作用。从 20 世纪 90 年代初的学生体质健康监测和评定结果来看，全国中小学生除了耐力素质有所下降外，其他身体素质下降的趋势已经基本得到遏制；全国城乡学生达到《国家体育锻炼标准》的人数比 1978 年有一定幅度的增长；除西部及部分民族地区，农村学校体育工作已基本达到经济欠发达地区的水平；农村大多数学校配备了体育师资，教师学历合格率达到 85% 以上；各大行政区体育师资和主管干部培训班得到常态化配备和开办。[①]

二 我国中考制度的恢复与重建

新中国成立以后，为了尽快恢复社会生活秩序，满足国家建设对人才以及提高国民科学文化素养的需要，中央人民政府于 1951 年出台了《关于改革学制的决定》。该决定指出，初级中学"毕业后，得经过考试升入高级中学或其他同等的中等专业学校；高级中学，招收初级中学毕业生或具有同等学力者，入学年龄以十五足岁为标准；毕业后，得经

---

① 曲宗湖：《"扬州会议"的回忆与思考》，《中国学校体育》2019 年第 6 期。

过考试升入各种高等学校"①。该决定的出台标志着我国中考政策的正式确立。

1954年，教育部联合高教部共同出台了《关于一九五四年全国中等学校招生工作的指示》，其中特别提到，要加强对招生工作的领导，统一部署，仍以省、市为单位统一领导进行。另可根据地区具体情况，采取同一地区的学校联合招生或由各校单独进行招生的形式。此时除中等技术学校考试科目外，各类中学考试科目均由各省、市招生委员会自行决定。此外，1955年《教育部关于中学和师范学校招生工作的规定》进一步对考试科目、考试目的、各科命题及录取标准等进行了全面说明。② 中考政策在这一时期得到逐步完善与发展。

"文革"时期，历经十多年形成的国家基本教育制度受到巨大冲击，中考工作也未能幸免。

1977年，刚刚恢复党内外职务的邓小平同志即着手对教育领域进行拨乱反正，并在当年破除重重阻力和困难恢复了中断十多年的高考。随着高考制度的恢复，各地也在参考《教育部关于1977年高等学校招生工作的意见》内容和精神的基础上逐渐恢复了高等中学招生入学考试。这一时期全国教育秩序得到了一定恢复，但仍然面临师资短缺、教育经费投入不足的严峻形势。针对当时的情况，教育部在1978年、1980年接连下发了《关于办好一批重点中小学的试行方案》《全日制中学暂行工作条例（试行草案）》《关于分期分批办好重点中学的决定》，上述文件明确了在当时条件下推进重点中学建设的重要意义，使一些中学得到了较多的政策倾斜，在短时间内提高了办学和人才培养的质量，推动了特殊时期教育事业的发展。然而，这种举措在一定程度上造成全社会陷入对文化课成绩的过度追求，忽视了学生在体育、德育方面的发展，削弱了教

---

① 郑程月：《我国考试招生政策演进研究（1977-2017）》，天津师范大学，博士学位论文，2018。

② 郑程月：《我国考试招生政策演进研究（1977-2017）》，天津师范大学，博士学位论文，2018。

育的综合育人功能。同时，由于重点中学的招生数量有限，中考在恢复之初就充满了竞争性。

三 我国体育中考演进阶段划分

体育中考政策从创立伊始至今，考试形式、内容及组织方式历经多次变化。纵观改革开放以后我国基础教育改革的成果与中考改革的历程，结合体育中考政策演进的时代背景、国家层面有关体育中考的标志性政策以及地方的具体实践，本书将我国体育中考政策演进历程分为以下四个阶段。

1. 体育中考的启动探索阶段（1978~1991年）

随着"文革"的结束，政治上的拨乱反正，党和国家领导人认识到要尽快恢复国家秩序，促进经济与社会的发展首先要从科学、教育领域入手。1978年初，邓小平同志接连在全国科学大会和教育工作会议上发表讲话，确立了改革开放初期我国科学和人才培养的指导思想和方针。他在全国教育工作会议上的讲话中特别提出大中学校招生和各部门招工用人要德智体全面考核，择优录取。

1978年，时任上海市崇明县教育局副局长兼崇明中学校长陈朝宗出于对学生体质健康问题的忧虑，提出在招生考试时进行体育加试。经县教育局同意后，该校在1979年的招生考试后对初一、高一新生进行了体育加试。1980年，在崇明县教育局的部署下，成立了全县统一的体育加试小组，对体育加试的内容和组织方式进行了一定的改良，并在全县范围内实施。通过实行体育加试，崇明中学的各项体育工作蒸蒸日上，学生体质健康情况得到极大改善，学校各项竞赛活动开展得有声有色。同时，实施体育加试在全县范围内带动了学校对学校体育工作的重视和家长对学生体育锻炼的重视，营造了人人锻炼的新风尚。[1]

---

[1] 倪振良：《崇明中学招生加试体育》，《人民教育》1981年第4期；教育部体育司调查组：《关于上海市崇明中学在录取新生时实行体育加试的调查报告》，《中国学校体育》1981年第1期。

崇明中学实施体育加试所取得的成效立即引起了教育主管部门的关注，教育部在 1981 年专门派出工作组对崇明中学所实施的体育加试进行了调研，最终形成了调查报告。报告肯定了体育加试在促进学生体质健康、提升学校体育工作质量、提高社会体育意识等方面所取得的成绩，认为崇明中学的体育加试从原则到实践都是可行的，是一项可以逐步完善的招生办法。① 随后教育部在 1981 年、1982 年召开的两次学校体育工作会议上专门对体育加试工作进行了总结和宣传，到 1982 年全国有 24 个省、市在重点中学的招生考试中组织实施体育加试。

1988 年，时任中共中央政治局委员、国务委员兼国家教委主任李铁映同志在一次座谈会中谈道："学校对待体育课要像对待数理化课程一样重视。高考录取时体育至少要成为一项重要的考核内容。"② 李铁映同志的重要讲话坚定了地方实施体育加试工作的信心。1990 年 3 月，国家教委颁布了《学校体育工作条例》，该条例第九条明确指出体育课是学生毕业、升学考试科目。1990 年 5 月，国家教委体卫司在河南周口召开了中等学校招生体育考试座谈会。全面总结了自 20 世纪 80 年代初起在辽宁、河南、广东、浙江等地区实施中考体育的经验，认为体育中考对全面加强学校体育工作有重要的推动作用，各地教育行政主管部门将学校体育列入了教育综合改革计划，学校体育组织管理机构得到了健全，体育场地、器材和师资队伍建设加快了步伐，具有重要的现实意义。此次座谈会要求各地结合本地实际情况，落实好中等学校招生体育考试试点工作，及时总结经验，逐步完善考试办法。③ 这一时期体育中考更多的是以重点中学体育加试的面貌出现，面向的并非全体初中

---

① 教育部体育司调查组：《关于上海市崇明中学在录取新生时实行体育加试的调查报告》，《中国学校体育》1981 年第 1 期。

② 《李铁映强调应全面加强学校体育工作像对数理化一样重视体育课》，《体育教学与训练》1989 年第 1 期。

③ 本刊记者：《要抓好中学招生体育考试的试点工作——国家教委印发〈中等学校招生体育考试座谈会纪要〉》，《学校体育》1990 年第 6 期。

学生。

2.体育中考政策的完善与推广阶段（1992~1998年）

体育中考经过部分省、市十多年的探索后，在实施层面积累了丰富的经验，于是国家教委开始在全国层面部署体育中考的具体相关工作。1992年，国家教委在发布的《关于初中毕业生升学考试体育试点工作的意见》中确定了北京、天津、辽宁等9个省、直辖市为体育中考试点地区，鼓励其他地区教育行政部门根据本地实际情况进行尝试。同时，该意见明确了体育考试成绩要计入中考总分，考试内容要依据国家教委颁发的《体育教学大纲》来设置。1993年，国家教委体育卫生与艺术教育司出台的《初中毕业生升学考试体育试点工作方案》对考试项目、评分标准与计分办法做出了具体的规定。一是考试项目。应依据《九年义务教育体育教学大纲》的基本要求和本地实际情况，设置不超过3项能反映主要教学内容和便于测量的考试项目。二是评分标准。依据《九年义务教育体育教学大纲》和《国家体育锻炼标准》的要求，标准不宜过高。三是计分办法。成绩应以30分为起点，计入中考总分。截至1993年，全国共有26个省、自治区和直辖市进行了体育中考工作的试点。

随着实施体育中考的省、自治区、直辖市增多，体育中考在基层政策执行层面出现了一些"异化"现象。如，学校体育教学"功利化"特征明显，考什么就教什么，考什么就练什么，降低了学生对体育课堂的兴趣和参与的积极性。针对这种情况，国家教委体育卫生与艺术教育司在1995年下发的《全国继续试行初中毕业生升学考试体育工作方案》中对之前的工作方案进行了细化，同时，也明确要求各地教育行政部门要处理好"考试体育"与体育教学的关系，要搞好体育课教学，提高教学质量，认真完成《九年义务教育体育教学大纲》规定的内容，绝不允许考什么就练什么的应试体育教学。时任国家教委副主任的柳斌主任谈到升学体育考试时也说道，加快完善相应的制度建设，要完善考试方法，要有灵活的余地，要让学生有选择考试项目的余地，考试要着眼于促进学生坚持锻炼，不断提高身体素质。①

经过近 20 年的摸索、推广、总结，国家教委于 1997 年 11 月发布了《初中毕业生升学体育考试工作实施方案》。在实施步骤上要求已试行体育中考满两年的地区从 1998 年开始全面实施"体育考试"，未进行试点的地区从 1998 年开始按照该方案的要求组织试行，所有地区从 2000 年开始全面实施体育中考。该方案特别指出，在评分标准设置上要体现体育中考是水平性考试的性质，以只要学生认真上好体育课、积极参加体育锻炼就能取得较好成绩为基点，以促进青少年生长发育，提高学生体质健康水平为目的。② 截至 1998 年全国共有 30 个省、自治区、直辖市开始实施体育中考。

3. 体育中考政策的改革酝酿阶段（1999~2007 年）

在全国普遍开始实施体育中考后，一些问题和矛盾也逐渐凸显，具体表现在以下两方面。一是体育教学应试化。各地初中体育教学普遍存在考什么就教什么、练什么的现象，日常体育教学基本被体育考试项目主导，严重挫伤了学生学习体育课程的积极性。二是考试项目单一化。囿于当时的科技和社会经济发展水平，国家教委在体育中考试点推广时期下发的有关工作方案中指出，在项目设置上要坚持易操作、可量化的原则。而田径项目自身的特点使得各地在项目设置上多围绕跑、跳、投等基本运动技能，忽视了对《九年义务教育全日制初级中学体育教学大纲（试用）》中有关体操、武术、球类等重点内容的教学，偏离了初中体育课程的教学目标、任务以及教学原则。同时，在执行层面，一些基层教育行政部门对国家实施体育中考政策的意义和功能认识不够，执行态度不够积极，造成考试项目、评分标准多年不变，反过来又进一步加剧了体育教学功利化。

---

① 《全国继续试行初中毕业生升学考试体育工作方案》，《中国学校体育》1995 年 2 期。
② 《初中毕业生升学体育考试工作实施方案》，《中国学校体育》1998 年第 1 期。

针对当时的情况，教育部在 2000 年印发的《关于 2000 年初中毕业、升学考试改革的指导意见》中进一步明确了体育考试的目的，强调应着重考核学生是否具有健康的体质、良好的锻炼习惯、一定的锻炼技能。考核项目的设置应给学生留有选择余地，评分标准要合理，鼓励地方积极探索体育考试的改革。同时，还首次提出在改革初中毕业、升学考试的管理制度时应逐步建立对初中毕业、升学考试工作的评估制度。① 该文件发布后，一些地区对体育中考进行了改革与创新。常州市教育主管部门对该意见及时响应，从 2000 年起对当地体育中考方案进行了大刀阔斧的改革。从功能导向上，实现了从"选拔性"到"水平性"和"导向性"的转变，明确了举办体育中考的目的是提升学生体质健康、促进运动技能的掌握和激发体育参与的积极性，将原来的"跑、跳、投"三项考试项目改为球类技能项目、身体机能（肺活量/身体质量指数）、基本体能和平时成绩相结合的评分方法，将"自主性""过程性"元素融入考试方案的设计。学生对球类技能项目、身体机能项目和基本体能项目有了自主选择的余地。同时，初中三年的体育成绩也按照一定的比例计入体育中考成绩。

值得注意的是，这一时期有些地区出现了体育中考中断的情况，这是因为 2003 年我国发生了非典型肺炎疫情，一些地区出于疫情防控的需要暂停了体育中考，但在疫情过后并未及时恢复，而且连续中断多年。在访谈中有位专家谈道，造成这种局面的原因是当时监督机制和考试方案不完善，各地体育中考出现了一些负面新闻。社会上甚至教育系统内部反对体育中考的声音越发强烈，阻碍了体育中考政策的贯彻实施。

4. 体育中考政策的创新与深化改革阶段（2007 年至今）

2007 年 5 月，中共中央、国务院重磅发布了《中共中央 国务院关

---

① 《关于印发〈关于 2000 年初中毕业、升学考试改革的指导意见〉的通知》，www.gov.cn。

于加强青少年体育增强青少年体质的意见》，该意见对学校体育的价值、功能、课程、评价、保障、宣传等多个方面提出了明确的要求和具体的推进路径。关于体育中考，该意见指出加快建立符合素质教育要求的考试评价制度，发挥其对增强青少年体质的积极导向作用。全面组织实施初中毕业升学体育考试，并逐步加大体育成绩在学生综合素质评价和中考成绩中的分量。这是国家最高党政机关的公开发文中首次提及体育中考，是对体育中考政策价值的肯定，坚定了各级教育主管部门继续实施体育中考的信心。

同年8月，教育部办公厅在下发的《关于在部分地区开展初中毕业升学体育考试试点工作的通知》中确定了唐山、锦州、常州、郑州等7个城市作为试点城市。关于试点城市工作的内容和目标，教育部强调：一是将体育中考与《国家学生体质健康标准》测试项目和要求有机结合；二是将学生初一、初二年级体测成绩和学生平时体育课成绩按照一定比例计入体育中考总成绩，力求促进学生在整个初中阶段都能积极参与体育锻炼。

上述两份文件的发布正式拉开了体育中考改革的序幕，各地纷纷推出当地体育中考改革方案。具体表现在：一是提升体育中考分值，增大了体育成绩在中考总成绩中的比重。在已经实施体育中考的地区中有10个地区体育中考分值为30分，有4个地区分值为50分，个别分值达到60分和100分①；二是部分地区尝试通过推行"学分制"模式增强对体育课程教学的导向作用。这些地区以《国家学生体质健康标准》为基础，将初中各阶段体育课学习评价和体质健康标准融入体育中考成绩，引导体育教师安排多样化的教学内容，从而培养学生长期锻炼的习惯。

2012年，国务院办公厅转发了教育部、国家发展和改革委员会、

① 刘海元、李小伟：《初中毕业升学体育考试：30年迎来可喜新局面》，《体育教学》2009年第5期。

财政部、国家体育总局《关于进一步加强学校体育工作的若干意见》，该意见特别强调要建立健全针对学校体育的监测评价机制，提出将学生日常参与体育活动的情况、体育运动能力以及体质健康状况等作为重要评价内容。2016 年，国务院办公厅在下发的《关于强化学校体育促进学生身心健康全面发展的意见》中指出，体育课程考核要突出过程管理，从学生出勤、课堂表现、健康知识、运动技能、体质健康、课外锻炼、参与活动情况等方面进行全面评价。中小学要把学生参加体育活动情况、学生体质健康状况和运动技能等级纳入初中、高中学业水平考试，纳入学生综合素质评价体系。2020 年 10 月，中共中央、国务院接连出台了《深化新时代教育评价改革总体方案》和《关于全面加强和改进新时代学校体育工作的意见》两份文件。针对学校体育评价改革，两份文件同时提出要建立日常参与、体质监测和专项运动技能测试相结合的考查机制，将达到国家学生体质健康标准作为教育教学考核的重要内容，改进体育中考测试内容、方式和计分办法。两份文件发布后，一些地区紧扣中央宏观政策的目的和要求，制定了一些具有特色的体育中考方案。如，山东、河南、云南、湖南等地区不仅提高了体育中考的分值，而且在考试方案上进行了多种创新。

第二节　我国体育中考演进的主要特征

一　政策权威：从地方自主上升到国家制度

在我国，中央政策的类型主要包括法律、法规、条例、决定、意见、领导人讲话等。① 对中央层面体育中考政策进行梳理的目的在于明确体育中考的政策目标及其所蕴含的政策价值功能，从而为后续调查体

① 尚虎平、韩清颖：《我国政府独特绩效产生的原因及其价值——面向 2007~2017 年间我国 172 个政府独特绩效案例的探索》，《政治学研究》2019 年第 3 期。

育中考政策执行的效果、分析影响其执行的因素、建立体育中考政策执行评估指标体系提供依据和维度。

1978~2021 年，国家层面出台的有关体育中考的政策文件共有 26 件，其中关于体育中考的专门性政策 11 件（见表 1-2）。从政策内容来看，既有对方向上的宏观引导也有对组织方式、考试内容和保障机制的具体要求。从政策形式来看，既有法律、法规、意见、通知、领导人讲话等，也有细化的工作方案。从政策的发布主体来看，行政级别不断提升。从教育部单一发文到中共中央、国务院联合发文。从这些政策的内容和实际效果来看，对体育中考影响最大的是《学校体育工作条例》。该条例提出"体育课是学生毕业、升学考试科目"，以条例的形式发布表明其具有一定的法律效力，中央其他各部委须从经费、人员安排上认真地落实。随着政策层级提高，体育中考从法理上被赋予了充分的权威性和严肃性，为体育中考在基层的贯彻实施提供了最为重要的权威资源。

表 1-2　国家层面有关体育中考政策发布情况

序号	名称	发布时间	发布单位或人员	类型	有关体育中考内容
1	《邓小平在全国教育工作会议上的讲话》	1978 年 4 月	中共中央副主席	领导人讲话	大中学校招生和各部门招工用人要德智体全面考核，择优录取
2	国家教委主任李铁映在同国家体委和国家教委的负责同志座谈时发表的讲话	1988 年 12 月	国务委员、国家教委主任	领导人讲话	高考录取时体育至少要成为一个重要的考核内容，推动了体育中考工作
3	《学校体育工作条例》	1990 年 3 月	国家教委	条例	体育课是学生毕业、升学考试科目
4	《初中毕业升学考试体育试点工作的意见》	1992 年 8 月	国家教委	意见	肯定了体育中考的作用，确定了 9 个试点省市，鼓励各省、自治区、直辖市根据当地情况，以县（区）为单位组织进行体育中考工作

续表

序号	名称	发布时间	发布单位或人员	类型	有关体育中考内容
5	《初中毕业生升学考试体育试点工作方案》	1993年4月	国家教委	方案	确定了考试分值,以及考试内容、评分标准(《九年义务教育体育教学大纲》《国家体育锻炼标准》)、考试项数、经费来源
6	《全国继续试行初中毕业生升学考试体育工作方案》	1995年2月	国家教委	方案	首次提出适当可设几项供学生自己选择的项目;杜绝考什么练什么;探索在农村地区开展体育考试的办法和经验总结,不具备考试条件的地区可以暂缓实施
7	《全民健身计划实施纲要》	1995年6月	国务院	纲要	继续搞好升学考试的试点,不断总结完善,逐步推开
8	《中华人民共和国体育法》	1995年8月	全国人大	法律	学校必须开设体育课,并将体育课列为考核学生学业成绩的科目
9	《初中毕业生升学体育考试工作实施方案》	1997年11月	教育部	方案	由区、县组织实施;每次考试项目不超过3项,必须给学生以选择的余地。明确了体育考试是水平考试的性质,以只要学生认真上好体育课、积极参加体育锻炼就能取得较好的成绩为基点,以促进青少年生长发育,提高学生体质健康水平为目的;分值为30~45分;要完善体检制度
10	《关于初中毕业、升学考试改革的指导意见》	1999年4月	教育部	意见	体育考试分数为中考总分的5%,积极试行将体育课成绩和平时参加体育锻炼情况计入体育考试总分,折合分数建议占体育考试成绩总分的40%~60%,具体分值由地方教育行政部门确定。农村初中体育学科的考试一般在乡、镇范围内组织
11	《教育部办公厅关于做好2001年初中学生毕业升学体育考试工作的通知》	2001年3月	教育部办公厅	通知	积极推进将体育课成绩和平时参加体育锻炼情况计入体育考试总分;高度重视体育考试中的安全问题,提高安全防范意识;农村地区可采取送考下乡等措施;完善体检制度,考场配备医护人员
12	《教育部办公厅关于认真做好2002年初中学生毕业升学体育考试工作的通知》	2001年12月	教育部办公厅	通知	进一步明确体育考试的作用和意义;积极推进体育考试内容和方法改革,适应素质教育要求,要积极进行将体育课成绩和平时参加体育锻炼情况计入体育考试总分的改革;高度重视体育考试中的安全问题,加强安全保障措施,提高安全防范意识;农村体育考试一般在乡、镇范围内组织

续表

序号	名称	发布时间	发布单位或人员	类型	有关体育中考内容
13	《教育部关于认真做好 2004 年初中毕业升学体育考试工作的通知》	2004 年2 月	教育部	通知	把初中毕业升学体育考试工作作为加强学校体育工作的重要任务之一,切实加强领导,严格管理,认真组织实施;要积极推行将初中学生平时的体育课成绩和参加体育锻炼情况按一定比例计入体育考试总分的做法;要积极开展《学生体质健康标准》测评与体育考试相结合的研究和实践;体育考试项目及内容应以《体育与健康》课程标准的要求为基本依据;考试项目由学生自主选择;完善体检和监督机制
14	《教育部办公厅关于做好初中毕业升学体育考试安全工作的通知》	2005 年3 月	教育部办公厅	通知	健全各项安全保障工作制度,落实安全责任制;要根据体育考试的特点,有针对性地对学生进行运动强度掌握、自我保护等知识的教育和指导;认真做好学生考前的体检工作,尤其是对心肺功能的检查,建立学生健康档案;考场要设立医疗救护点,配备必要的医疗救护设备,并与当地医疗救护机构保持联系;农村地区要结合实际合理设置考场
15	《教育部 国家体育总局关于进一步加强学校体育工作,切实提高学生健康素质的意见》	2006 年12 月	教育部、国家体育总局	意见	改革、完善学生毕业、升学体育考试制度。认真总结各地已有的成功经验,按照实施素质教育的要求,深化体育考试内容和形式的改革。在学生的综合素质评价中,要将学生日常体育成绩、体质健康状况、参与体育活动的表现作为重要评价内容。认真组织实施初中毕业升学体育考试工作,体育考试成绩要按一定比例计入中考成绩总分
16	《中共中央 国务院关于加强青少年体育增强青少年体质的意见》	2007 年5 月	中共中央、国务院	意见	全面组织实施初中毕业升学体育考试,并逐步加大体育成绩在学生综合素质评价和中考成绩中的分量

续表

序号	名称	发布时间	发布单位或人员	类型	有关体育中考内容
17	《教育部办公厅关于在部分地区开展初中毕业升学体育考试改革试点工作的通知》	2007年8月	教育部办公厅	通知	一是将初中毕业升学体育考试内容与《国家学生体质健康标准》测试项目和要求有机结合，充分发挥《国家学生体质健康标准》激励和促进学生参加体育锻炼的作用。二是将初一、初二年级学生所测的《国家学生体质健康标准》成绩和学生平时体育课成绩按一定比例计入初中毕业升学体育考试成绩
18	《关于做好2008年初中毕业升学体育考试工作的通知》	2008年3月	教育部体卫艺司	通知	地方各级教育行政部门要加强对初中毕业升学体育考试工作的组织领导，制定切实可行的考试方案，使初中毕业升学体育考试真正成为贯彻中央7号文件，加强学校体育工作、促进青少年积极参加体育锻炼的有效措施和制度保障；牢固树立"安全第一"的指导思想，认真做好学生考前体检工作，加强考试设备安全检查和管理
19	《关于进一步加强学校体育工作的若干意见》	2012年10月	教育部、国家发改委、财政部、国家体育总局	意见	要把学生体质健康水平作为学生综合素质评价的重要指标，将学生日常参加体育活动情况、体育运动能力以及体质健康状况等作为重要评价内容。因地制宜组织实施好初中毕业升学体育考试
20	《中共中央关于全面深化改革若干重大问题的决定》	2013年11月	中共中央	决定	强化体育课和课外锻炼，促进青少年身心健康、体魄强健；推进考试招生制度改革，探索招生和考试相对分离、学生考试多次选择、学校依法自主招生、专业机构组织实施、政府宏观管理、社会参与监督的运行机制，从根本上解决一考定终身的弊端
21	刘延东在全国学校体育工作座谈会上的讲话	2014年7月	国务院副总理	讲话	加大初中升学体育考试分值，逐步实现与其他科目同分值
22	《国务院办公厅关于强化学校体育促进学生身心健康全面发展的意见》	2016年5月	国务院办公厅	意见	完善考试评价办法。构建课内外相结合、各学段相衔接的学校体育考核评价体系，完善和规范体育运动项目考核和学业水平考试，发挥体育考试的导向作用。体育课程考核要突出过程管理，从学生出勤、课堂表现、健康知识、运动技能、体质健康、课外锻炼、参与活动情况等方面进行全面评价

续表

序号	名称	发布时间	发布单位或人员	类型	有关体育中考内容
23	《教育部关于进一步推进高中阶段学校考试招生制度改革的指导意见》	2016年9月	教育部	意见	将体育科目纳入录取计分科目，科学确定考试分值或等级要求，引导学生加强体育锻炼
24	《深化新时代教育评价改革总体方案》	2020年10月	中共中央、国务院	方案	强化体育评价。建立日常参与、体质监测和专项运动技能测试相结合的考查机制，将达到国家学生体质健康标准要求作为教育教学考核的重要内容，引导学生养成良好锻炼习惯和健康生活方式，锤炼坚强意志，培养合作精神。中小学校要客观记录学生日常体育参与情况和体质健康监测结果，定期向家长反馈。改进中考体育测试内容、方式和计分办法，形成激励学生加强体育锻炼的有效机制
25	《关于全面加强和改进新时代学校体育工作的意见》	2020年10月	中共中央办公厅、国务院办公厅	意见	推进学校体育评价改革。建立日常参与、体质监测和专项运动技能测试相结合的考查机制，将达到国家学生体质健康标准要求作为教育教学考核的重要内容。将体育科目纳入初、高中学业水平考试范围。改进中考体育测试内容、方式和计分办法，科学确定并逐步提高分值
26	《教育部新闻通气会：介绍义务教育学校作业管理、中小学生体质健康管理工作有关情况》	2021年4月	教育部体卫艺司司长	讲话	体育中考的目标只有一个，即让学生养成良好的锻炼习惯，掌握体育课上教授的健康知识、基本运动技能和专项运动技能

除了中央从顶层出台指引性和方向性政策，各省级教育行政部门在体育中考政策执行过程中的角色也开始发生转变，从原来虚化的执行开始转变为着手进行总体的制度设计。省级层面出台的体育中考方案越来

越具体，要求越来越细。尤其是 2020 年《关于全面加强和改进新时代学校体育工作的意见》发布之后，云南、河南、黑龙江、陕西等地区开始将政策制定权收归省里，在全省实施统一的内容、统一的标准，明确了体育中考"省考"的地位，提高了政策权威性（见表 1-3）。

表 1-3　部分省、自治区、直辖市省级体育中考方案内容概要

省、自治区、直辖市	政策名称	发布年份	核心内容
北京	《北京市义务教育体育与健康考核评价方案》	2021 年	(1)考试模式:必考加选考 (2)必考项目:1000 米（男）/800 米（女）跑 (3)考试分值:70 分(过程性考核 40 分,现场考试 30 分) (4)特殊条款:考试模式采用分类选;过程性考核分值分配至小学四年级、六年级和八年级
安徽	《2018 年初中学业水平体育与健康学科考试工作方案》	2018 年	(1)考试模式:必考加选考 (2)必考项目:1000 米（男）/800 米（女）跑(选考项目由市确定) (3)考试分值:60 分
河南	《关于切实做好 2021 年初中毕业升学体育考试工作的通知》	2021 年	(1)考试模式:必考加抽考加选考 (2)必考项目:1000 米（男）/800 米（女）跑(选考项目由市确定) (3)考试分值:100 分(七年级:15 分,八年级:15 分,九年级现场考试:70 分)
陕西	《陕西省初中学业水平体育与健康考试工作方案》	2021 年	(1)考试模式:选考(11 选 4) (2)考试分值:60 分(平时考核 15 分,统一考试 45 分) (3)特殊条款:出台《陕西省初中学业水平考试方法说明》
甘肃	《甘肃省教育厅关于进一步做好全省初中学生毕业升学体育考试工作的通知》	2015 年	(1)考试模式:必考加选考 (2)必考项目:1000 米（男）/800 米（女）跑,引体向上（男）/仰卧起坐（女）,足球运球;选考项目:立定跳远,50 米跑,掷实心球,跳绳,篮球运球,排球垫球(6 选 2) (3)特殊条款:残免考生要参加体育与健康知识考试

续表

省、自治区、直辖市	政策名称	发布年份	核心内容
山东	《山东省初中体育科目学业水平考试指导意见》	2017 年	(1)考试分值:不低于中考总分的 10% (2)考试内容:运动参与,体质健康测试,运动技能测试 (3)特殊条款:运动竞赛加分
福建	《福建省初中毕业升学体育与健康考试实施方案（试行）》	2018 年	(1)考试模式:体育与健康基本知识考试,身体素质与运动技能测试 (2)考试分值:40 分 (3)考试项目:省教育厅确定所有项目,抽考由市教育局组织 (4)特殊条款:理论考试由省统一命题
黑龙江	《关于初中学业水平考试（中考）"体育与健康"科目考试指导意见》	2021 年	(1)考试模式:必考加选考 (2)考试分值:不低于中考总分的 10%,现场分数不低于体育考试总分的 70% (3)考试项目:省统一确定 11 个项目
江西	《关于认真做好 2021 年初中毕业生升学体育考试工作的通知》	2021 年	(1)考试模式:必考加选考 (2)考试分值:60 分(必考 25 分,选考 35 分) (3)考试项目:必考项目 1000 米(男)/800 米(女)跑;选考项目由各设区市教育部门确定
海南	《2021 年海南省初中毕业生体育考试工作方案》	2021 年	(1)考试模式:必考 (2)考试分值:50 分。2024 年起为 60 分 (3)考试项目:坐位体前屈;1000 米(男)/800 米(女)跑 (4)特殊条款:明确改革推进的时间;等级制
云南	《云南省初中学生体育考试方案》	2020 年	(1)考试模式:必考加选考 (2)考试分值:100 分 (3)考试项目:省统一确定所有项目 (4)特殊条款:将实施主体下沉至学校,增加考试次数
宁夏	《宁夏回族自治区初中体育与健康学业水平考试方案》	2021 年	(1)考试模式:必考加选考加专项运动技能 (2)考试分值:50 分 (3)考试项目:省确定部分项目,鼓励各地市教育行政部门在专项运动技能测试中增加项目 (4)特殊条款:明确经费来源

二　政策体系：从零散分割发展为系统完善

体育中考实施以来，从中央到地方都十分重视政策体系的建设。体育中考政策体系在中央和地方的"上、下"双向流动中逐步完善。在体育中考启动探索阶段，基层教育部门不仅没有实施考试的依据，而且缺乏制定考试方案的准则，仅有《国家体育锻炼标准》可供参考借鉴。随着《学校体育工作条例》的实施，我国学校体育工作正式上升到法律、法规高度，后续出台的《中华人民共和国未成年人保护法》《中华人民共和国教育法》《中华人民共和国体育法》都对学校体育的重要地位进行了明确。在这个过程中，国家对学校体育的教学大纲和教材也进行了修订与完善，特别是在进入 21 世纪后启动了课程标准和学生体质健康标准的研制和实施。这些政策不仅为实施体育中考提供了法理依据，也为基层教育部门在进行体育中考制度建构时提供了支撑。体育中考随着学校体育重要性的提升开始受到中央和地方的重视。教育部在 1992~2007 年连续多年出台有关体育中考的专门性政策以指导地方组织实施。

时至今日，体育中考已经形成了从学校体育宏观政策到学校体育具体政策，再到地方体育中考具体政策三个层次相互联系和支撑的政策体系。第一个层次为中央政府及部委颁布的学校体育宏观政策，如《学校体育工作条例》《中共中央 国务院关于加强青少年体育增强青少年体质的意见》《深化新时代教育评价改革总体方案》等。第二个层次为学校体育具体政策，通常由教育部负责制定和发布，有较为明确的目标指向，多为解决学校体育工作领域中具体问题的要求和办法。如《国家学生体质健康标准》《义务教育体育与健康课程标准（2022 年版）》《初中体育器材设施配备标准》。第三个层次为地方体育中考具体政策，主要是工作方案、实施方案以及组成方案等不同政策单元。如，《2021 年海南省初中毕业生体育考试工作方案》《云南省初中学生体育考试方案》《吉林市初中体育与健康学科学业水平考试过程性评价考核办法》等（见图 1-1）。

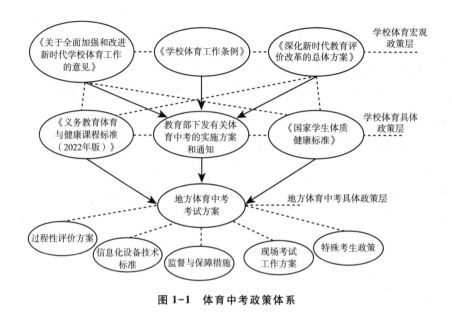

图 1-1　体育中考政策体系

在体育中考政策体系中各政策单元在纵向上呈现出指导和支撑关系。上层政策单元对下层政策单元起着指导作用，决定下层政策单元的结构和内容，下层政策单元体现上层政策单元的理念和意图，并对上层政策单元发挥着支撑作用。譬如，《学校体育工作条例》是体育中考进行制度建构的起点，没有《学校体育工作条例》，体育中考就不可能上升为一项基本的教育制度。再如，没有《国务院办公厅关于强化学校体育促进学生身心健康全面发展的意见》，教育部就不会有相关文件的跟进，地方教育行政部门也就不会落实中央的要求和相关精神，体育中考制度就不可能通过不断的实践获得相应的经验而逐步完善。体育中考政策体系的横向结构是指政策体系中同一层政策单元之间的相互关系，即它们在横向维度能否相互协调、配合和相互支持，对政策目标的达成具有重要影响。譬如，要实施体育中考就必须先解决师资和场地、器材问题。2007 年，《中共中央 国务院关于加强青少年体育增强青少年体质的意见》正式要求全面实施体育中考，2008 年教育部就出台了《国家学校体育卫生条件试行基本标准》，明确了中小学体育师资、场地、器材的建设要求，有效保证了学生接受的学校体育教育起点公平，为体育中考在全国普遍实施提供了先决条件。再如，推进体育中考的一个核心关键点是为基层教育部门提供权威、可操作的评价标准，《国家学生体质健康标准》的出台很好地解决了基层教育部门评价体育中考政策的问题。

除此之外，有关体育中考的法律法规也在逐步完善。除了前文所提的《学校体育工作条例》，1995 年颁布的《中华人民共和国教育法》也明确提出，教育、体育、卫生行政部门和学校及其他教育机构应当完善体育、卫生保健设施，保护学生的身心健康。这进一步表明了体育是我国青少年受教育权的基本组成部分，与德育、智育发展同等重要。在实施体育中考初期，考试信息化发展水平较低，有些地区在考试组织过程中出现一些舞弊情况。相关法律法规的不健全造成体育中考实施初期存在的违法、违纪行为的处理缺乏明确的法律依据。2004 年，教育部出台的《国家教育考试违规处理办法》对适用的考试范围进行了明确，即普通和成人高等学校招生考试、全国硕士研究生招生考试、高等教育自学考试等，由国务院教育行政部门确定实施，由经批准的教育考试机构承办，在全国范围内统一举行的教育考试。然而，从相关表述中不难发现中考在这一时期并不属于国家考试，因此，该法规对中考出现的违法、违纪行为缺乏适用。在 2011 年 12 月第 41 次教育部部长办公会议上通过了《教育部关于修改〈国家教育考试违规处理办法〉的决定》，该决定对该法规的适用范围进一步做了明确，即"本办法所称国家教育考试是指普通和成人高等学校招生考试、全国硕士研究生招生考试、高等教育自学考试等，由国务院教育行政部门确定实施，由经批准的实施教育考试的机构承办，面向社会公开、统一举行，其结果作为招收学历教育学生或者取得国家承认学历、学位证书依据的测试活动"。同时期各地开始逐渐将普通高中招生考试和初中毕业考试两考合一，即推行初中学业水平考试，而初中学业水平考试合格与否决定学生是否能获得初中毕业证书，因此，这标志着体育中考正式被纳入国家考试范畴，受

《国家教育考试违规处理办法》的保护。至此，体育中考法律保障方面的空白得以弥补。

三　政策目标：从改善体质转变为提升素养

政策目标就是有关公共组织特别是政府为了解决有关政策问题而采取的行动所要达到的目的、指标和效果。[①] 政策目标是对政策价值取向实质性内容的深化，决定政策方案和内容的选择。

改革开放以来，我国学生体质健康始终是党和国家关注的重点问题。教育部和基层教育部门在推行体育中考时也始终将体质健康作为评价的主要维度。教育部在第三次、第四次全国学生体质健康调研中发现，耐力素质下降和肥胖率上升逐渐成为困扰我国青少年体质健康的突出问题。[②] 因此，教育部在 20 世纪 90 年代下发的体育中考相关文件中多次强调在体育中考项目设置上要以促进青少年生长发育、提高青少年体质健康水平为主要目的。1999 年，随着《中共中央 国务院关于深化教育改革全面推进素质教育的决定》的发布，学校体育"健康第一"的指导思想正式得到确立。该决定指出要"切实加强体育工作，使学生掌握基本的运动技能，养成坚持锻炼身体的良好习惯"。同年，教育部在下发的《关于初中毕业、升学考试改革的指导意见》中指出，要试行将体育课成绩和平时参加体育锻炼情况计入体育考试总分，折合分数占体育考试成绩总分的 40%～60%。体育中考政策目标开始朝着多元化转变，国家希望通过体育中考政策评价的改革促进学校体育教育教学质量的提升，使评价结果更加科学、全面，更能体现素质教育的内涵。

进入 21 世纪，各地在体育中考政策的实施过程中将"衔接课程"

---

① 宁骚：《公共政策学》（第三版），高等教育出版社，2018。
② 邓书读：《1995 年全国学生体质健康调研结果》，《中国学校卫生》1996 年第 3 期；杨贵仁：《2000 年全国学生体质健康状况调研结果》，《中国学校卫生》2002 年第 1 期。

作为制度建构的重要原则和导向，推动体育中考在目标定位上的多元化尝试。2016 年，《国务院办公厅关于强化学校体育促进学生身心健康全面发展的意见》首次在国家层面明确提出了将全面提高学生的体育素养作为未来我国学校体育工作的基本原则之一。有关体育中考，该意见指出各地要把学生参加体育活动情况、学生体质健康状况和运动技能等级纳入初中学业水平考试，纳入学生综合素质评价体系。在该意见的宏观引导下，各地开始积极进行政策创新。考试项目从原来对学生体能的测试转变为对学生专项运动技能、学习态度、体育参与的综合评价。2021 年 4 月，教育部体卫艺司负责人在教育部新闻通气会上进一步明确了体育中考的目标，即让学生养成良好的体育锻炼习惯，掌握体育课上教授的体育健康知识、基本运动技能和专项运动技能①（见图 1-2）。时至今日，有关体育中考的政策目标在理论和实践层面仍存在不少争议，但与实施初期的政策相比，无疑有了较大的创新和超越，也更加全面。

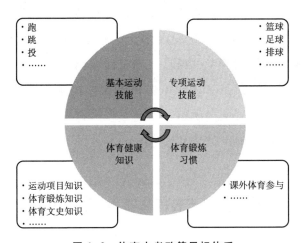

图 1-2　体育中考政策目标体系

---

① 中华人民共和国中央人民政府：《介绍义务教育学校作业管理、中小学生体质健康管理工作有关情况》，www.moe.gov.cn。

四　组织形式：从刻板单一发展到复合多样

体育中考源于基层教育部门的一次政策创新，虽然在实施过程中出现过一些问题和曲折，但正是在中央的支持和基层教育部门的坚持下才得以不断完善，形成了多样的形态。

从组织实施形式来看，体育中考在早期实行"一考定终身"的形式。这种形式虽然通过标准化的制度设计最大限度确保了考试公平，但这无疑加剧了学校、学生和家长的应试焦虑，同时考试过程也较易受到天气因素和学生身体状态的影响。为了解决这一问题，部分地区实行了一些针对性的举措。例如，西宁和杭州允许学生根据自身情况参加两次体育中考，体现了政策的人性化，考试次数的增加有效地缓解了学生和家长的焦虑情绪。从考试模式来看，从最初的由教育部门统一指定考试项目的必考模式发展为过程性、必考、选考、抽考的多样组合模式。考试模式变化使体育中考的综合育人功能得到了进一步释放。从项目设置来看，地方教育部门不断进行多样化的努力，除了《国家学生体质健康标准》中规定的内容，还从发展学生兴趣的角度出发增设了多种球类、武术、体操、游泳等考试项目。部分地区结合本地风土人情设置了一些特色考试项目，赋予了体育中考传承民族传统文化的功能。例如，广西南宁体育中考设置的抛绣球，河南焦作体育中考设置的陈氏太极拳三十八式，东北部分地区设置的滑冰。

第三节　新时代我国体育中考的价值意蕴

一　促进五育协同育人，实现人的全面发展

2018 年，习近平同志在全国教育大会上从党和国家发展全局的高度提出，新时代教育改革就是为了培养德智体美劳全面发展的社会主义建设者和接班人。这一表述呈现了一代又一代中国共产党领导人，对马

克思人的全面发展学说中国化努力的重要成果。"五育并举"的根本目的就是促进青少年全面和谐发展。然而，现实来看，陈旧片面的育人理念仍然广泛存在于教育场景之中，具体表现为只强调语、数、外主科的学习，偏废体、音、美等副科素养的培养，"阴阳课表"盛行。① 在这种情况下，体育中考实际上是一种"地位考试"②。教育部第八次全国学生体质与健康调研结果显示，初三学生在校每天锻炼 1 小时的比例为 42.7%，而高一学生仅有 30.6%③，学生能在初三阶段获得相对稳定的体育锻炼时间与体育中考的制度性约束密不可分。因此，体育中考在一定意义上是国家在国民教育体系内部主动进行的一种变革，带动育人理念、课程体系转变，以外力促进学校、教师、家长、学生乃至全社会重视学生体质健康和体育锻炼，补足长久以来教育体系中的短板，从而为青少年全面发展提供更多可能。

二 提升学生体质健康，释放正向引导作用

"教育评价事关教育发展的方向，有什么样的评价指挥棒，就有什么样的办学导向。"④ 习近平总书记曾明确指出要"扭转不科学的教育评价导向"。高考恢复以来，我国青少年体质健康状况始终未能好转的重要原因之一就是片面、不科学的升学评价制度。学校、家长、学生普遍将教育目标锚定在中考、高考，造成了体育教师"被生病"、学生体育活动时间被剥夺等种种怪象。自 2008 年全面实施体育中考以来，体育中考对青少年体质健康的政策效应逐渐凸显，弥补了教育评价体系中

① 聂永成：《新制度主义社会学视域下的中小学"阴阳课表"现象治理》，《教育科学》2019 年第 4 期。

② 毛振明、邱丽玲、杜晓红：《中国学校体育改革与发展若干重大问题解析——从当下学校体育改革 5 组"热词"说起》，《上海体育学院学报》2021 年第 4 期。

③ 中华人民共和国教育部：《第八次全国学生体质与健康调研有关情况介绍》，www.moe.gov.cn。

④ 《中共中央 国务院印发〈深化新时代教育评价改革总体方案〉》，www.moe.gov.cn。

的短板。教育部第八次全国学生体质与健康调研结果显示，2019 年全国 6~22 岁学生体质健康达标优良率为 23.8%。13~15 岁、16~18 岁、19~22 岁三个组别的优良率分别上升了 5.1 个、1.8 个和 0.2 个百分点，初中生上升幅度最大。初三学生体质健康优良率为 29.2%，高于高一学生的 22.6%。教育部体卫艺司前负责人谈到学生体质健康水平提高的原因时也指出，体育中考的强化增加了中学生体育活动时间。随着体育中考分值提高，中学生尤其是初三学生体育活动时间显著增加。从具体地市层面来看，体育中考改善学生体质健康的政策效果更为明显和具体。一段时间以来，学生体质健康下降最严重的方面就是心肺耐力和肌肉力量，面对这种情况，山东省潍坊市在制定体育中考政策时，将耐久跑和引体向上/仰卧起坐列为必考加分项目，经过 5 年的实施，全市男生引体向上平均成绩增加了 1.5 分，男、女生耐久跑成绩均达到《国家学生体质健康标准》优秀级别。[①] 无独有偶，河南省是最早一批开始实施体育中考并从未中断的地区，在一项针对河南省 21785 名中学生体质健康状况的调查中，初三男、女生（15 岁）的成绩优良率均高于其他年龄组。[②] 由此可见，体育中考对促进青少年体质健康的作用毋庸置疑，理应被坚持和完善。

三 树立正确教育观念，推动理念"移风易俗"

新中国成立后，随着高考、中考制度的恢复，人民对优质教育的需求与日俱增，但教育资源特别是优质教育资源供给不足和不均衡的情况仍然长期未得到改善。源自高考的压力被层层传递到中小学，全社会陷入对升学率的片面追求，学生体质健康下降、近视率攀升的问题始终得不到根本性扭转。毛泽东同志在一百年前就曾谈

---

① 俞文东、刘德鑫：《中考体育的价值思考与区域实践——以山东省潍坊市体育中考为例》，《中国学校体育》2021 年第 5 期。

② 黄生垒、娄晓民、王晓琳等：《河南省中学生身体素质现况及影响因素分析》，《中国学校卫生》2019 年第 9 期。

道："体育一道，配德育与智育，而德育皆寄于体，无体是无德也。"
"体育于吾人实占第一之位置，体强壮而后学问道德之进修勇而收效
远。"① 然而，现实来看，伟人的远见卓识并未形成全社会的普遍共
识，云南体育中考 100 分一经推出，即在全国引起广泛的讨论甚至争
论。正是由于这项举措对人们产生了强烈的冲击。坚决实施体育中考
就是在向全社会表明，体育也是衡量人才的一把标尺，体育在强健青
少年体魄，健全其人格、锤炼其意志中的重要作用理应被彰显和
重视。

四　改进学校体育工作，助推教育高质量发展

体育中考的实施不仅会对教师、学生、家长的行为产生影响，在一
定程度上也改变了基层教育部门的行为。具体来讲，学校体育获得了更
多的资源，学校体育工作的水平得到了提升。首先，体育中考的实施有
利于补齐教师队伍配备不足的短板。从初中阶段的课时设置来看，体育
课时仅排在语文、数学科目之后。然而，2018 年《中国教育统计年鉴》
数据显示，我国初中体育教师数量在所有科目教师数量中仅排第六。随
着体育中考分值的增加，体育学科地位的提升，基层教育部门和学校
将体育教师岗位挪作他用的现象得到一定程度的遏制，有利于体育教
师岗位"专岗专用"。其次，体育中考的实施有利于提升体育教师的专
业素养。例如，云南体育中考方案包含 8 个专项技能项目并且配套了
相应的评价体系，大大超出了传统初中体育教学对教师能力的要求。
这些改变有利于从外向内推动体育教师在教学理念、教学方法、教学
管理、教学评价等方面的创新与变革。最后，体育中考有利于学校体
育硬件设施的完善。"无米难为炊"，学校体育的高质量发展离不开场
地、器材设施的高水平供给。然而，现实中学校体育经费被挪用的现

---

① 中共中央文献研究室、中共湖南省委《毛泽东早期文稿》编辑组编《毛泽东早
期文稿》，湖南人民出版社，2008。

象仍然普遍存在。① 通过实施体育中考，地方教育部门从组织体育中考的严肃性、公平性出发必须尽可能确保每个学生接受学校体育教育的过程性公平，这也对学校体育场地、器材建设提出了刚性要求，因此不仅能有效保证学校体育经费的专款专用，而且能倒逼基层政府加大对学校体育场地、器材建设的投入力度，确保区域之间、城乡之间学校体育软硬件的均衡配置。例如，四川省绵阳市体育中考设置有乒乓球、羽毛球项目，而这些项目考核需要发球机送球，当地教育部门为了保证城乡之间体育教育公平，专门拨付经费为乡镇学校增添了相关设备，促进了域内学校体育硬件条件的整体提升。河南省郑州市经开区从 2018 年开始先后投入近百万元为辖区内 11 所学校购置了体育信息化测试设备，这些设备不但服务于体育中考，还应用于日常的体质测试，构建了学生体质健康数据库，有效提升了学校体育教学的信息化水平。

第四节　我国体育中考政策执行的现状

一　政策方案实施情况——基于对85个城市考试方案的内容分析

政策文本是公共政策存在的物质载体，也是一种重要的文献资料。政策文本不仅能记录政策主体调控和管理行为的"印迹"，为观察政策过程提供一扇"窗口"，同时还能作为政策执行和绩效评估的重要依据。② 地方体育中考方案位于体育中考政策体系的最底层，直接作用于政策的目标群体，对目标群体行为产生的影响最为直接。因此，对地方体育中考政策文本进行分析有助于把握政策实施的现状，以便对其进行归类，进而确定调查的目标。基于此，笔者搜集了 31 个省级行政区

---

① 王阳、樊莲香：《"条块关系"视角下我国学校体育政策执行问题研究》，《广州体育学院学报》2019 年第 4 期。

② 任弢、黄萃、苏竣：《公共政策文本研究的路径与发展趋势》，《中国行政管理》2017 年第 5 期。

（含 4 个直辖市）共 85 个城市（除直辖市外每省随机抽取 3 个城市）的体育中考方案，从评价方式、考试模式、考试模块、分值设置、项目设置、评分标准几个维度对 85 个城市体育中考政策文本内容进行了归类和分析。

　　本书按照省域范围内考试方案实施情况将 31 个省级行政区的体育中考分为三类：一体化模式、指导模式和自主模式（见表 1-4）。第一类一体化模式是指省内所有城市使用统一考试方案，例如云南省、福建省。第二类指导模式是指省级教育部门仅制定部分政策内容并要求地市执行。例如，安徽省要求辖区各市将 1000 米（男）/800 米（女）跑列为必考项目。第三类自主模式是指省教育厅对各地市体育中考不做具体要求，方案的制定和考试的实施完全由地方教育部门负责，例如江苏省、浙江省等。

表 1-4　本书所搜集考试方案城市

执行模式	省、自治区、直辖市	城市（除直辖市）
一体化模式	北京市、上海市、天津市、重庆市、云南省、陕西省、福建省、西藏自治区、海南省、贵州省、黑龙江省	在后续统计中按每省（市）包含 3 个样本计入
指导模式	河南省、安徽省、广西壮族自治区、青海省、江西省、宁夏回族自治区、河北省	郑州、焦作、商丘、合肥、芜湖、滁州、南宁、柳州、北海、西宁、海东市、海西州、南昌、赣州、宜春、银川、吴忠、石嘴山、石家庄、衡水、邢台
自主模式	江苏省、浙江省、广东省、内蒙古自治区、新疆维吾尔自治区、山东省、湖北省、吉林省、四川省、湖南省、山西省、辽宁省、甘肃省	南京、苏州、连云港、杭州、宁波、台州、广州、深圳、肇庆、呼和浩特、包头、通辽、乌鲁木齐、巴音郭楞蒙古自治州、石河子市、青岛、济南、聊城、武汉、荆州、宜昌、长春、吉林、延边朝鲜族自治州、成都、绵阳、攀枝花、长沙、郴州、衡阳、太原、大同、长治、沈阳、大连、营口、兰州、甘南藏族自治州、嘉峪关

1.我国体育中考的评价方式

　　通过对上述城市体育中考方案的汇总和分析发现，从考试是否包含过程性评价模块可将我国体育中考评价方式总体分为一元终结性评价和多元发展性评价两种类型（见表 1-5）。

一元终结性评价是指学生完成初中阶段体育与健康课程的学习，在规定的时间参加由所在市、区（县）教育主管部门统一组织的学业水平考试，并获得相应考试分数的评价方式。"一元"体现为负责对学生进行评价的主体是由考试组织部门指定的考试工作人员以及统一的评价体系。"终结性"体现为考试举行于初中毕业前，在一个时间点对学生学习效果的测评。

多元发展性评价是指学生在进行初中阶段体育与健康课程学习的过程中，分阶段接受市、区（县）教育主管部门统一组织或学校和体育教师自行组织的测评，并获得相应分数的评价方式。"多元"体现为评价主体和评价体系多元。评价主体既包含市、区（县）一级教育主管部门指定的考试工作人员，也涵盖学校体育教师以及家长。评价体系的多元表现为不同学校、不同体育教师采用的评价内容和评分标准会有一定的差异。"发展性"体现在该种评价方式侧重于分阶段对学生的学习情况进行考查，以多次考核为手段力求学生体育素养全程性、多维度的提升。

表 1-5　体育中考评价方式分类

评价类型	考试组织形式	评价主体	评价标准内容组成
一元终结性评价	市、区(县)教育主管部门在相对确定的时间统一组织	考试工作人员	2014 版《国家学生体质健康标准》2007 版《国家学生体质健康标准》，省标准，市标准
多元发展性评价	市、区(县)教育主管部门统一组织；学校和体育教师自行组织	考试工作人员；体育教师、家长	2014 版《国家学生体质健康标准》2007 版《国家学生体质健康标准》，省标准，市标准，体育与健康学期成绩，日常参与体育活动态度及表现

此外，在搜集到的体育中考方案中，云南省体育中考方案最为特别。云南省体育中考采取了多元发展性评价方式，与其他地区的不同之处在于：一是由学校负责组织考试，教育部门不再组织统一的考试，学

生在校内完成所有体育中考项目测试；二是考试评价的主体由本校体育教师担任；三是测试次数多。学生初中 3 年 6 个学期都安排有相应的考试。其中基础体能类测试中的 1000 米（男）/800 米（女）跑和 200 米游泳由学校统一组织测试，每学期不少于 3 次。除 1000 米（男）/800 米（女）跑、200 米游泳之外的考试项目，由学校按预约的方式组织学生测试，学生可自由选择测试时间。

2. 我国体育中考的模式

结合具体的考试内容和项目设置，笔者发现体育中考模式是由具体的考试模块决定的，考试模块主要可分为以下四种。

（1）过程性模块——体育中考方案中所包含的针对学生初中各阶段体育与健康学习过程的评价。评价主体主要为任课体育教师，考核项目多由体育课成绩、《国家学生体质健康标准》测试结果以及课外体育活动参与情况等组成（见表 1-6）。在所有样本城市中共有 41 个城市的考试方案包括过程性模块。

表 1-6　我国部分城市体育中考过程性模块考核项目及分值

城市	过程性模块考核 项目及分值	过程性 考核总分值	体育中考 总分值	过程性 模块权重
北京	（1）四年级、六年级、八年级《国家学生体质健康标准》考核 30 分 （2）体育与健康知识考核 10 分	40	70	0.57
天津	（1）体育课考核，每学期 1.5 分，5 学期共 7.5 分 （2）每天锻炼 1 小时，每学期 0.5 分，5 学期共 2.5 分 （3）《国家学生体质健康标准》考核，2 年共 8 分	18	40	0.45
上海	（1）《体育与健康》课程考核，每年 2 分，共 6 分 （2）《国家学生体质健康标准》考核，每年 3 分，共 9 分	15	30	0.50
石家庄	体育课过程表现，七年级、八年级各 2 分，九年级 4 分	8	30	0.27
广州	（1）体育课成绩，每年 5 分，2 年共 10 分 （2）《国家学生体质健康标准》考核 4 分 （3）体育运动技能测试 6 分	20	60	0.33

续表

城市	过程性模块考核 项目及分值	过程性 考核总分值	体育中考 总分值	过程性 模块权重
武汉	《国家学生体质健康标准》考核，每年5分	15	30	0.50
郑州	体育课过程表现，七年级、八年级各2分，九年级4分	8	70	0.11
哈尔滨	体育课考核、平时锻炼情况	15	40	0.38
济南	(1)运动参与(体育课出勤、课间操和阳光体育活动、社团活动和体育竞赛)情况，每年3分，共9分 (2)《国家学生体质健康标准》考核，每年3分，共9分 (3)运动技能，每年4分，共12分	20.8 (折算后)	50	0.42
贵阳	(1)学习态度每学期0.4分，5学期共2分 (2)《国家学生体质健康标准》考核，每年1分，共3分 (3)体育学科学期考试每学期1分，5学期共5分	10	50	0.20
昆明	(1)跑步，每学期0.6分，5学期共3分 (2)体育课测评每学期0.4分，5学期共2分 (3)体育考勤量化，每学期0.6分，5学期共3分 (4)学生体质数据评价，每年1分，共3分	10 (折算后)	50	0.20
西安	(1)体育课成绩，每年3分，共9分 (2)《国家学生体质健康标准》考核，每年2分，共6分	15	60	0.25

资料来源：甄志平、李晗冉等：《我国不同地区中考体育的项目设置与评价机制研究》，《中国考试》2021年第6期。

（2）必考模块——初中毕业生参加初中学业体育与健康水平考试必须参加的考试项目，主要包括基本运动技能项目、专项运动技能项目和体育健康知识。

（3）选考模块——体育中考中设置的让学生根据自己的运动兴趣和爱好可选择的考试项目库，主要由基本运动技能项目、专项运动技能项目组成。

（4）抽考模块——教育主管部门在预设的体育中考项目库内以公开抽签的方式确定的考试项目，考试项目多以基本运动技能项目为主。抽签仪式多在体育中考前3~6个月举行，由家长或学生代表负责抽取，并向社会公开发布。

通过不同模块的组合方式可将所选样本地区的体育中考分为：①必考模式；②选考模式；③必考—选考模式；④必考—抽选考模式；⑤过程性—必考—选考模式；⑥过程性—选考模式；⑦过程性—必考—抽选考模式（见表1-7）。

表1-7　我国体育中考考试模式分类及组成模块

类型	考试模式	组成模块
一元终结性评价	必考模式	必考模块
	选考模式	选考模块
	必考—选考模式	必考模块+选考模块
	必考—抽选考模式	必考模块+抽考模块+选考模块
多元发展性评价	过程性—必考—选考模式	过程性模块+必考模块+选考模块
	过程性—选考模式	过程性模块+选考模块
	过程性—必考—抽选考模式	过程性模块+必考模块+抽考模块+选考模块

按照每省（直辖市）抽取3个，共93个样本进行分类后发现，目前各地采用一元终结性评价的城市约占54.8%。其中采用必考—选考模式的城市占比为28.0%，采用必考模式的城市为17.2%，采用必考—抽选考模式的城市和选考模式的城市占比分别为6.5%和5.4%。采用多元发展性评价的城市占比约为45.2%。其中选择过程性—必考—选考模式的占比约31.2%，采用过程性—选考模式的约为9.7%，采用过程性—必考—抽选考模式的城市有2个，约占总样本城市的2.2%（见图1-3）。

3. 体育中考的考试项目设置

经过40多年的发展，体育中考考试项目日益多样，从最初崇明中学的60米短跑、跳远和手榴弹掷远发展到数十种考试项目。通过对样本城市考试方案的分析发现，目前我国体育中考考试项目主要分为四大类：基本运动技能类、专项运动技能类、身体形态与机能类以及体育与健康知识类。本书在对各地体育中考考试模块的内容分析后得出，必考模块内容以基本运动技能类项目为主，仅有3个地区将足球运球绕杆设置为必考项目。值得注意的是许多地区的考试方案还存在

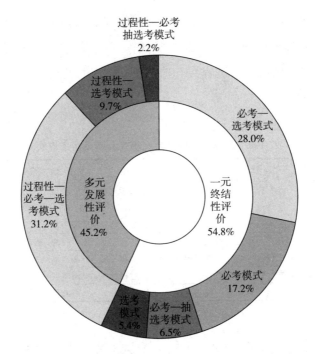

图 1-3　采用不同体育中考考试模式的样本城市的比例

注：因部分数据四舍五入，故总和相加可能不为 100。全书同。

同一考试模块多次出现的情况。譬如，设置 2 个或以上选考模块，一个模块主要包含基本运动技能类项目，如，立定跳远、50 米跑；另一个模块主要包含专项运动技能类项目，如，篮球运球绕杆、足球运球绕杆和排球自垫球（见表 1-8）。

表 1-8　样本城市体育中考考试项目统计

类别	项目	入选频次	入选率（%）
基本运动技能类	1000 米（男）/800 米（女）跑	76	81.7
	立定跳远	76	81.7
	实心球	65	69.9
	引体向上（男）/仰卧起坐（女）	61	65.6
	1 分钟跳绳	48	51.6
	50 米跑	35	37.6

续表

类别	项目	入选频次	入选率（%）
基本运动技能类	坐位体前屈	28	30.1
	200米游泳	12	12.9
	握力体重指数	5	5.4
	肺活量指数	4	4.3
	100米跑	4	4.3
	台阶实验	3	3.2
	立定三级跳	2	2.2
	铅球	1	1.1
	3分钟跳绳	1	1.1
	100米游泳	2	2.2
专项运动技能类	足球运球绕杆	47	50.5
	篮球运球绕杆	36	38.7
	排球自垫球	36	38.7
	篮球组合技术	18	19.4
	足球组合技术	9	9.7
	乒乓球正手攻球	9	9.7
	武术	6	6.5
	体操	6	6.5
	排球组合技术	5	5.4
	羽毛球组合技术	4	4.3
	网球组合技术	4	4.3
	滑冰	3	3.2
	抛绣球	1	1.1
	乒乓球组合技术	1	1.1
	踢毽子	1	1.1
身体形态与机能类	BMI	7	7.5
	肺活量	1	1.1
	肺活量体重指数	1	1.1
体育与健康知识类	奥林匹克知识 保健知识 健身知识 心肺复苏知识 ……	4	4.3

（1）基本运动技能类项目设置情况

在基本运动技能类考试项目中，1000 米/800 米跑和立定跳远是入选频次最多的项目，同为 76 次。实心球、引体向上/仰卧起坐、1分钟跳绳入选频次分别为 65 次、61 次、48 次。从项目入选频次可以看出，目前我国体育中考考试项目设置仍以基本运动技能类为主。在调研中，基层教育部门工作人员反映，设置基本运动技能类项目作为体育中考的考试项目主要出于两方面因素考虑：一是基本运动技能类项目多以田径项目为主，便于客观测量和大规模组织，能有效地确保考试的公平性和提高考试组织工作的效率；二是基本运动技能类项目对教师能力、场地、器材配置要求相对较低，并且与学校每年组织的体测内容接近，降低了学生的学习成本，也更易为学生和家长接受。

（2）专项运动技能类项目设置情况

在专项运动技能类考试项目中，足球运球绕杆入选频次最多，共计 47 次，这与近年来大力推动校园足球工作密不可分。篮球运球绕杆、排球自垫球入选频次同样为 36 次。

（3）身体形态与机能类项目设置情况

以身体形态指标 BMI（身体质量指数）对学生进行赋分的仅有 7 个城市，且呈现逐渐退出的趋势。值得注意的是，云南省在 2020 年公布的体育中考改革方案中重新将 BMI 和肺活量体重指数列为考试项目，而且以初一年级入校测试数据为基础数据，然后以学生在初二、初三年级的测试数据与本人在初一年级的测试数据进行纵向对比来进行赋分，计入体育中考总成绩中（见表 1-9）。

表 1-9　云南省体育中考 BMI 和肺活量体重指数评分标准和办法

年级	BMI		肺活量体重指数	
	得分	成绩计算方法	得分	成绩计算方法
初一年级	0	初一年级成绩作为基础数据	0	初一年级成绩作为基础数据

续表

年级	BMI		肺活量体重指数	
	得分	成绩计算方法	得分	成绩计算方法
初二年级	1.5	男生指数在 25.2 及以下、女生指数在 24.8 及以下的,得 1.5 分;男生指数在 25.2 以上、女生指数在 24.8 以上的,与本人初一年级指数相比,指数相同或向好的,得 1.5 分	1.5	男生指数在 48.0 及以上、女生指数在 40.0 及以上的,得 1.5 分;男生指数在 48.0 以下、女生指数在 40.0 以下的,与本人初一年级指数相比,指数相同或向好的,得 1.5 分
	0	男生指数在 25.2 以上、女生指数在 24.8 以上的,与本人初一年级指数相比,指数变差的,按 0 分计	0	男生指数在 48.0 以下、女生指数在 40.0 以下的,与本人初一年级指数相比,指数变差的,按 0 分计
初三年级	1.5	男生指数在 26.0 及以下、女生指数在 25.1 及以下的,得 1.5 分;男生指数在 26.0 以上、女生指数在 25.1 以上的,与本人初一年级指数相比,指数相同或向好的,得 1.5 分	1.5	男生指数在 50.0 及以上、女生指数在 40.0 及以上的,得 1.5 分;男生指数在 50.0 以下、女生指数在 40.0 以下的,与本人初一年级指数相比,指数相同或向好的,得 1.5 分
	0	男生指数在 26.0 以上、女生指数在 25.1 以上的,与本人初一年级指数相比,指数变差的,按 0 分计	0	男生指数在 50.0 以下、女生指数在 40.0 以下的,与本人初一年级指数相比,指数变差的,按 0 分计

（4）体育与健康知识类项目设置情况

除了运动技能类和身体形态与机能类考试项目,近年来体育与健康知识类考试项目开始出现在各地体育中考之中。根据笔者对搜集到的考试方案进行的分析,目前在体育中考中设置体育与健康知识理论考试的地区有广州、兰州、鄂尔多斯以及福建。在内容设置上,主要涵盖了奥林匹克知识、运动技能知识、青春期心理健康、运动损伤防护等方面的内容。在组织形式上,以全体学生必须参加为主,多与其他科目考试同场进行。而兰州市体育与健康知识理论考试面向的是无法参加运动技能类考试的特殊考生。在考试题型设置上,普遍以客观题为主,难度较低。体育与健康知识理论考试的分值多在 10 分及以下,占体育中考总分比重不高（见表 1-10）。

表 1-10　部分地区体育中考体育与健康知识理论考试概况

地区	内容设置	组织形式	题型	分值	在体育中考总分中占比（%）
兰州	奥林匹克知识、运动技能知识、体育历史知识、疾病预防知识、体能发展知识	仅供特殊考生参加	选择题、判断题、简答题、论述题	50分	—
广州	体育时事、奥林匹克知识、运动技能知识、运动营养知识、青春期心理健康、体能发展知识	八年级下学期组织	选择题	4分	5
鄂尔多斯	青春期心理健康知识、运动损伤防护、疾病预防知识、运动营养知识、运动技能知识	八年级与生物学业水平考试同场组织	选择题、判断题、填空题	10分	20
福建	体育历史知识、青春期心理健康、交通与安全运动知识、运动营养知识、体能发展知识、疾病预防知识	与道德与法治科目考试同场进行	选择题	10分	10

4. 我国体育中考分值设置

（1）体育中考总分设置情况

根据对样本城市的统计得出，目前我国体育中考总分设置为 30～100 分，平均值为 51.01 分，中位数为 50 分，分数高于 50 分的城市占比为 71%。从体育中考总分占中考总分的比重来看，大多数地区分布于 4%～10%，平均值为 7.03%。云南省体育中考总分为 100 分，占中考总分权重最大，为 14%；而体育中考总分最低的内蒙古包头为 30 分，占中考总分的 4%。

（2）不同考试模块分数在体育中考总分中的占比情况

①过程性模块分数在体育中考总分中的占比

目前采用多元发展性评价的地区过程性模块分数设置为 5～30 分，占体育中考总分的比重为 8%～50%，平均占比为 32.4%。

②必考模块分数在体育中考总分中的占比

在设置必考模块的城市中，必考模块分数占体育中考总分的比重最小值为10%，最大值为100%。在去除采取单一必考模式的城市后，必考模块分数在体育中考总分中平均占比为37.5%。

③选考模块分数在体育中考总分中的占比

在设置选考模块的城市中，选考模块分数占本地体育中考总分的比重为8%~100%。去除采取单一选考模式的城市后，选考模块在本地体育中考总分中平均占比为41.5%。

④抽考模块分数在体育中考总分中的占比

目前国内设置抽考模块的地区较少，分数设置在10~40分，在体育中考总分中平均占比为22.5%。

（3）不同类型考试项目分值在体育中考总分中的占比情况

如上文所述，各地体育中考的内容主要由基本运动技能类项目和专项运动技能类项目组成，而不同类型考试项目分值在体育中考总分中的占比在一定程度上可以反映地方教育部门体育中考制度建构的重点。一些地区在进行考试模块内容设计时将基本运动技能类项目和专项运动技能类项目进行了混编，不利于研究者对分值进行统计，因此，笔者仅对运动技能项目分类较为清晰的地区进行了统计。经过筛选，有29个地区的考试项目分类较为清楚。将这29个地区基本运动技能类项目分值、专项运动技能类项目分值分别与当地体育中考总分进行比较得出，目前各地体育中考较侧重对基本运动技能的考查，对专项运动技能关注不够。29个地区专项运动技能类项目分值占体育中考总分的平均权重仅为23%（见表1-11）。

表1-11 基本运动技能类项目分值和专项运动技能类项目分值占体育中考总分比重情况

考试项目类型	占体育中考总分比重最大值	占体育中考总分比重最小值	平均值
基本运动技能	0.76	0.56	0.67
专项运动技能	0.44	0.08	0.23

5.我国体育中考评分标准设置

体育中考政策在各地执行层面的差异不仅体现在考试类型、考试模式和考试项目上，不同地区采用的评分标准也存在较大差异。笔者对样本地区基本运动技能类项目中入选频次排名前四的项目（1000 米/800 米跑、立定跳远、实心球、引体向上/仰卧起坐）的满分标准进行了统计和分析。

在 1000 米/800 米跑项目中（见表 1-12），样本城市满分标准的平均值为 220 秒±11.68 秒/209 秒±11.11 秒。其中 1000 米跑满分标准最高的是安徽芜湖 190 秒，最低的为沈阳 265 秒，两者相差 75 秒。800 米跑满分标准最高的为浙江宁波 198 秒，最低的为沈阳 255 秒。在 1000 米/800 米跑满分标准设置上，仅有 32.9% 的城市采用了《国家学生体质健康标准》（220 秒/200 秒）。1000 米跑满分标准高于和低于国家标准的城市占比分别为 36.8%、30.3%。800 米跑满分标准高于和低于国家标准的城市占比分别为 32.9%、34.2%。

表 1-12　样本地区 1000 米/800 米跑满分标准设置情况

1000 米跑满分标准区间（秒）	频数	百分比（%）	800 米跑满分标准区间（秒）	频数	百分比（%）
190~200	1	1.3	190~200	10	13.2
201~210	20	26.3	201~210	42	55.2
211~220	34	44.7	211~220	16	21.0
221~230	16	21.0	221~230	2	2.6
231~240	1	1.3	231~240	5	6.5
241~250	3	3.9	241~250	0	0
251~260	0	0	251~260	1	1.3
261~270	1	1.3			
220（均值）±11.68（标准差）			209（均值）±11.11（标准差）		

注：因部分数据四舍五入，故总和相加可能不为 100。

在立定跳远项目满分标准设置上（见表 1-13），样本城市的均值为 245.7 厘米±9.27 厘米（男）/197.7 厘米±9.27 厘米（女）。男生立定跳远满分标准设置低于国家标准的城市占比为 49.9%，设置为国家标准的城市占比为 47.4%，设置高于国家标准的城市占比为 2.6%；女生立定跳远满分标准设置低于国家标准的城市占比为 55.3%，设置为国家标准的城市占比为 38.2%，设置高于国家标准的城市占比为 6.5%。

表 1-13　样本地区立定跳远满分标准设置情况

立定跳远（男）满分标准区间（厘米）	频数	百分比（%）	立定跳远（女）满分标准区间（厘米）	频数	百分比（%）
220～230	3	3.9	170～180	3	3.9
230～240	9	11.8	180～190	5	6.6
240～250	26	34.2	190～200	29	38.2
250～260	37	48.7	200～210	38	50.0
260 以上	1	1.3	210 以上	1	1.3
245.7（均值）±9.27（标准差）			197.7（均值）±9.27（标准差）		

在实心球项目满分标准设置上（见表 1-14），样本城市满分标准的平均值为 10.6 米±1.29 米（男）/7.3 米±0.73 米（女）。由于在 2014 版《国家学生体质健康标准》中实心球项目被取消，因此，笔者将各地标准与 2007 版《国家学生体质健康标准》进行了比较。其中男生掷实心球满分标准设置为国家标准的占比为 24.7%，低于国家标准的占比为 73.8%，高于国家标准的城市占比为 1.5%；女生掷实心球满分标准设置为国家标准的城市占比为 26.1%，低于国家标准的城市占比为 67.8%，高于国家标准的城市占比为 6.1%。

表 1-14　样本地区实心球满分标准设置情况

实心球（男）满分标准区间（米）	频数	百分比（%）	实心球（女）满分标准区间（米）	频数	百分比（%）
8～9	4	6.2	6～7	27	41.5
9～10	21	32.3	7～8	34	52.3
10～11	13	20.0	8～9	3	4.6
11～12	9	13.8	9 以上	1	1.5
12～13	17	26.2			
13 以上	1	1.5			
10.6（均值）±1.29（标准差）			7.3（均值）±0.73（标准差）		

在引体向上/仰卧起坐满分标准设置上（见表 1-15），样本城市均值为 12 个±3.13 个（引体向上）/49 个±4.97 个（仰卧起坐）。其中男生引体向上满分标准设置为国家标准的城市占比为 40.9%，低于国家标准的城市占比为 57.4%，高于国家标准的城市占比为 1.6%。女生仰卧起坐满分标准等于国家标准的城市占比为 32.8%，低于国家标准的城市占比为 59.0%，高于国家标准的城市占比为 8.1%。

表 1-15　样本地区引体向上/仰卧起坐满分标准设置情况

引体向上（男）满分标准区间（个）	频数	百分比（%）	仰卧起坐（女）满分标准区间（个）	频数	百分比（%）
6~8	8	13.1	40~45	13	21.3
9~11	15	24.6	46~50	23	37.7
12~14	12	19.7	51~55	24	39.3
15~17	25	41.0	55 以上	1	1.6
17 以上	1	1.6			
12（均值）±3.13（标准差）			49（均值）±4.97（标准差）		

《国家学生体质健康标准》是全国学校教育工作开展的基础性文件，教育部曾数次在有关体育中考的政策文件中指出要将《国家学生体质健康标准》作为组织体育中考的重要标准和依据，然而，通过上述对样本城市四个基本运动技能类项目满分标准的统计和分析发现，大多数地区的考试标准与《国家学生体质健康标准》存在差异，降低体育中考难度成为地方在执行体育中考政策时的普遍现象。

二　政策主体与执行机制

1.政策主体

公共政策主体是指那些在特定政策环境中直接或间接地参与公共政策制定、实施、评估、监控的行为者。[1] 对政策主体的分类国内外学者

---

[1]　宁骚主编《公共政策学》，高等教育出版社，2018。

的观点莫衷一是。有的学者将公共政策主体分为国家公共法权主体、社会政治法权主体以及社会非法权主体①；或者根据政策运行的不同阶段分为政策制定主体、政策执行主体、政策监控主体、政策评估主体；还有的以政策参与的方式和程度为准绳将公共政策主体分为直接主体和间接主体②。结合政策具体执行情况，体育中考政策主体主要由政策制定主体、政策执行主体构成（见图1-4）。

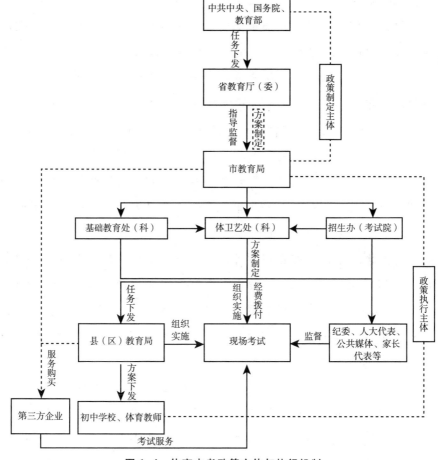

图1-4 体育中考政策主体与执行机制

---

① 张国庆：《现代公共政策导论》，北京大学出版社，1997。
② 严强、王强：《公共政策学》，南京大学出版社，2002。

体育中考政策主体可分为国家、省级、市（县）级三个层面。国家层面主要由中共中央、国务院、教育部负责出台体育中考的宏观政策，省级层面的教育厅（委）出台指导性意见或方案，市（县）级层面的教育主管部门主要负责考试实施方案的制定和具体执行。

2.执行机制

我国教育政策主要由各级人民政府、教育主管部门、其他有关部门及其工作人员负责执行。教育政策执行依附于一套自上而下、组织严密的行政体系，体系内各机构在事实上形成了一个委托代理链条。[①] 就体育中考政策执行情况来看，国务院和教育部可以被看作政策的初始委托人，广大初中学校和体育教师可以被看作最终代理人。在初始委托人和最终代理人之间，省、市（县）的执行机构（和工作人员）既是上一级机构委托人的代理人，又是下一级机构代理人的委托人，具有双重身份。

从执行机制来看，体育中考政策通过教育部以行政指令的方式层层下达至基层。当政策下达至省级教育主管部门时会出现两种情况，一种是省级教育主管部门会对中央政策进行一定的具体化后下达至市级教育主管部门，如安徽、河南、福建、云南等；另一种是省级教育主管部门将权力完全下放至市级教育主管部门，方案制定和执行全由市级教育主管部门承担。在市级层面，体育中考方案主要由教育部门内设的体卫艺处（科）、基础教育处（科）和招生办（考试院）等相关处室联合制定。在市级政策制定环节，体卫艺处（科）会召集市、区体育教研员，初中校长和部分体育教师代表出谋划策。在考试方案形成后，由市级教育主管部门下发至各县（区），由县（区）教育部门按照统一的工作要求执行。现场考试的具体组织工作主要有三种方式：一是市级教育主管部门统一组建考试团队，采用送考的方式到市辖各县（区）组织考试；二是各县（区）自行组织实施；三是采用服务外包的方式向第三方企业购买考试服务。

---

① 包海芹：《教育政策执行中的委托代理问题》，《江苏高教》2004 年第 3 期。

此外，在体育中考政策执行过程中还存在至关重要的一环，即对政策执行过程的监督。体育中考的监督主要包含两个方面，一是针对现场考试的监督，二是针对过程性评价的监督。现场考试监督是指由当地教育部门组织的监督和巡视小组对考点考务工作进行巡查和督导。监督和巡视小组的人员构成以当地教育部门内部工作人员为主，也有一些地区邀请公共媒体、当地纪委、人大代表、家长代表等参与监督。过程性评价监督是教育部门为了确保学生过程性评价考核成绩的公平、公正所制定的规章制度与采取的措施。目前各地普遍的做法是将监督的职责下放至学校，由学校相关领导作为责任主体对整个体育中考政策执行过程实施监督。在具体操作上通过在校内对所有学生成绩进行公示，借助学生之间的互相监督来确保考试成绩的公正、真实。

三　目标群体

目标群体是公共政策直接作用与影响的群体或那些受公共政策规范、管制、调节和制约的社会成员，政策目标群体的识别具有不可忽视的重要意义。[①] 如上文所述，公共政策从一定意义上来说是对利益的调节，因此，透过利益的视角对目标群体进行识别能让我们对其实现更为准确的把握。通过对相关群体核心利益的分析以及前文对体育中考执行机制和评价方式的梳理和归纳，笔者认为体育中考的目标群体为学生、家长和体育教师，而体育教师兼具目标群体和执行主体两种属性。目标群体对政策的顺从和接受程度是政策能否有效执行的关键影响因素之一。因此，从改进体育中考政策执行的角度出发，有必要对目标群体对政策的态度展开调查。根据前文对考试模式的划分，结合考试项目和评分标准设置，笔者选定了 7 个地区作为目标群体调查的区域。

1.调查对象的基本信息

参与调查的学生中男生占比 50.4%，女生占比 49.6%（见表 1-16）。

---

① 张国庆主编《公共政策分析》，复旦大学出版社，2004。

表 1-16　学生性别情况描述

单位：人，%

性别	人数	百分比
男	588	50.4
女	579	49.6
合计	1167	100

参与调查的家长的基本情况见表 1-17。

表 1-17　家长基本情况描述

单位：人，%

题项	选项	人数	百分比
性别	男	449	37.8
	女	740	62.2
学历	初中及以下	105	8.8
	高中或中专	284	23.9
	大专	319	26.8
	本科	414	34.8
	研究生及以上	67	5.6
年龄区间	35~40 岁	120	10.1
	41~45 岁	763	64.2
	46~50 岁	292	24.6
	51~55 岁	12	1.0
	55~60 岁	2	0.2

在参与调查的 286 位初中体育教师中，男教师共有 221 人，女教师共有 65 人，分别占体育教师总调查人数的 77.3% 和 22.7%，男教师数量远多于女教师。在年龄分布上，26~45 岁的中青年教师人数最多，占教师总数比重约为 68.2%。在教师学历结构上，74.1% 的教师拥有本科学历，15.0% 的教师为研究生学历，10.7% 的教师为大专和中等师范学历。在教师职称结构上，拥有高级教师职称的人数为 29 人，中教一级 109 人，中教二级 105 人，中教三级 43 人。参与调查的体育教师群体中，周课时为

8 节以下的教师共有 9 人，周课时为 8~12 节的教师共有 81 人，周课时超过 12 节的体育教师共有 196 人，占教师总数比重为 68.5%，其中还有 10 名教师周课时在 20 节以上。从体育教师问卷调查的结果可以看出，近年来随着国家对学校体育工作的重视，体育教师队伍建设取得了显著的成效，具有中级职称以及大学本科及以上学历的中青年教师成为体育教师队伍的中流砥柱，但是仍然存在体育教师配备不足、人均工作量过大的问题。

表 1-18　体育教师性别、年龄、学历、职称、周课时情况

单位：人，%

题项	选项	人数	百分比
性别	男	221	77.3
	女	65	22.7
年龄	25 岁及以下	14	4.9
	26~35 岁	91	31.8
	36~45 岁	104	36.4
	46~55 岁	67	23.4
	56 岁及以上	10	3.5
学历	中等师范	6	2.0
	大专	25	8.7
	本科	212	74.1
	研究生	43	15.0
职称	中教三级	43	15.0
	中教二级	105	36.7
	中教一级	109	38.1
	高级教师	29	10.1
周课时	8 节以下	9	3.1
	8~12 节	81	28.3
	13~16 节	124	43.4
	17~20 节	62	21.7
	20 节以上	10	3.5

2. 学校体育活动开展基本情况——基于对 7 所中学的调查

本调查选取的 7 所学校分别位于江苏、安徽、河南、青海、陕西、

四川。其中，1 所位于东部地区，3 所位于中部地区，3 所位于西部地区，覆盖的区域范围较广，具有一定的代表性。

（1）体育课开设情况

在对 7 所学校学生初三体育课课时安排情况进行调查时发现，7 所学校在初三阶段每周至少安排 3 节体育课，仅有 23 名学生表示体育课存在被挤占的情况，这说明近年来随着国家对学校体育工作的越发重视，学生体质健康水平被纳入教育督导和政府评价考核体系之后，以往体育课被挤占的情况得到了改善，体育课应有的课时资源得到有力的保障。

（2）初三课外体育活动开展情况

对 7 所学校初三课外体育活动开展情况的调查显示，其中有 3 所学校在初三阶段没有安排课外体育活动。在安排课外体育活动的 4 所学校中有 3 所每周安排 1 次课外体育活动，1 所每周安排 2 次课外体育活动，表明学校还需进一步落实课外体育活动和提高重视程度。

（3）初中体育课运动技能学习情况

在对学生初中阶段体育课运动技能学习情况的调查中发现（见图 1-5），田径排名第一，有 88.5% 的学生表示学习过相关内容。足球、篮球、排球分别排名第二、第三、第四，这反映了传统"三大球"仍是初中专项运动技能教学的主要内容。田径和"三大球"学习排名靠前的主要原因在于：①各地体育中考测试项目与《国家学生体质健康标准》重合度较高，其中基本运动技能类项目大多源自田径；②田径项目分值占体育中考总分比重较高；③其他运动技能较少被体育中考采用。

3.目标群体的政策认知情况

由于组织学生准备和参加体育中考是体育教师的常规工作，教师对相应政策内容必然有充分的了解，因此，仅面向学生和家长群体开展政策认知情况调查。本书还设置了相关题项先对家长获取体育中考政策信息的渠道进行调查，按照被选次数从多到少排序，"学校家长会及体育中考告知单""教育部门微信公众平台""当地教育局网站"居于前三。

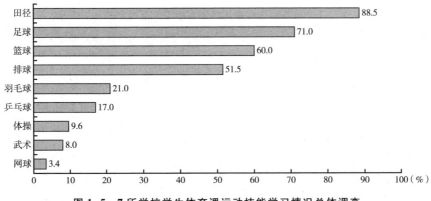

图1-5　7所学校学生体育课运动技能学习情况总体调查

（1）对政策实施目的的认知情况

对于实施体育中考政策的目的，53.2%的家长认为是提升青少年体质健康水平；31.5%的家长认为是确保体育课开足、开齐；还有13.8%的家长认为是促进青少年掌握运动技能。而在学生群体中，47.5%的学生认为实施体育中考政策的目的是提升青少年体质健康水平；25.6%的学生认为是促进青少年掌握运动技能；23.9%的学生认为是确保体育课开足、开齐。结合调研和访谈情况，笔者认为经过40多年的政策实施，以体育中考政策促进青少年体质健康水平提升的观念已经深入人心。

（2）对政策内容的认知情况

通过对各地体育中考方案的分析，笔者认为与学生和家长利益相关的核心政策内容包括考试项目设置、评分标准设置以及监督途径和方法。基于此，笔者设计了三个问题：①你是否了解体育中考的考试项目？②你是否了解体育中考的评分标准？③你是否了解体育中考违纪、舞弊行为的举报途径和方式？按照李克特五级量表对选项"非常了解""基本了解""一般""了解很少""完全不了解"分别以5、4、3、2、1进行赋分。7个城市学生和家长对体育中考政策内容的认知情况如表1-19所示。

表 1-19　7 个城市学生和家长对体育中考政策内容的认知情况

对象	题项	焦作	滁州	西宁	绵阳	苏州	咸阳	郑州	总体均值
学生	你是否了解体育中考的考试项目	4.56	4.01	4.23	4.49	4.12	4.16	4.51	4.29
	你是否了解体育中考的评分标准	4.12	4.17	4.21	4.32	4.26	4.15	4.23	4.21
	你是否了解体育中考的违纪、舞弊行为的举报途径和方式	2.32	2.14	2.35	2.77	2.87	2.65	2.89	2.57
家长	你是否了解体育中考的考试项目	3.49	3.13	3.21	3.42	3.25	3.10	3.54	3.31
	你是否了解体育中考的评分标准	3.12	2.21	2.56	3.07	2.52	2.37	3.14	2.71
	你是否了解体育中考的违纪、舞弊行为的举报途径和方式	2.75	2.51	2.64	2.87	2.86	2.67	2.82	2.73

　　一般而言，李克特五级量表平均值为 1~2.4 表示否定或消极态度，大于 2.4 小于 3.5 表示中立，3.5~5.0 表示赞同或积极态度。[1] 问卷发放时间在学生参加完体育中考后不久，所以针对学生的调查结果显示，学生群体对体育中考考试项目和评分标准的认知均达到了较高的水平。针对家长的调查结果显示：①家长对体育中考的考试项目了解情况较好。7 个城市的均值都为中间值，说明家长对体育中考普遍较为重视，这与体育中考近年来在中考中重要性的逐渐提升密不可分。②家长对体育中考评分标准的认知状况不佳，7 个城市的均值仅有 2.71。评分标准相较于考试项目更为细化，分值较低说明其对政策缺乏深入的了解，从侧面反映出家长在校外陪孩子进行体育中考练习的情况较少。

①　Tosun C. ，"Host Perceptions of Impacts：A Comparative Tourism Study"，*Annals of Tourism Research*，2002，29（1）：231-253.

公众监督能有效防止公共政策被变相执行，确保公共政策的稳定与延续。[①] 体育中考成绩既关乎考生升学的近期利益，又在一定意义上影响整个家庭长远利益的实现，因此，作为高利害性公共政策的体育中考政策也理应畅通公众参与监督的渠道，形成相应的监督机制。在针对体育中考违纪、舞弊行为的举报途径和方式认知情况的调查中，学生和家长的政策认知均值仅分别为 2.57 和 2.73，处于中下水平。学生认知情况较差可能是因为其身心发展不成熟，监督意识尚未形成；而家长认知情况较差的主要原因在于信息获取不足，7 个城市公开发布的体育中考考试方案对考试违纪、舞弊行为的举报途径和方式的内容存在缺失。

4. 目标群体的政策认同情况

认同属于心理学范畴的概念，源于弗洛伊德提出的认同理论。心理学将人们态度的转化分为服从、认同和内化三个阶段。[②] 体育中考政策作为一项强制性教育政策在实施初期首先要求基层执行者和目标群体的接受和服从。而在刚性制度建立之后则需要上述主体通过对政策价值的理解，在心理上接受政策，并愿意按照政策的精神来改变自己的行为。在这个过程中，政策的价值和原则得以内化，从而促成政策目标的实现。

关于政策认同情况的调查，本书面向学生、家长和体育教师三个群体展开，分别关于政策实施、考试模式、考试项目、评分标准和考试组织过程。

（1）对政策实施的认同情况

在"体育中考实施是必要的"这一题项中 69.5% 的学生、78.8% 的体育教师、62.4% 的家长表示了积极的态度（见图 1-6）。这说明，体育中考经过 40 多年的实施已经得到了全社会的广泛认同。随着社会的

---

① 朱明仕：《社会政策的有效性分析：利益表达与公众参与》，《社会科学战线》2017 年第 5 期。

② 李辉、陶叡、陶学荣：《治理视野下公共领域的伦理嬗变》，《中国行政管理》2014 年第 6 期。

发展，全面育人观逐渐被社会接受，学校体育在促进青少年体质健康过程中的重要作用被越来越多的人认可，这也为体育中考政策的延续以及下一步改革提供了良好的政策基础。

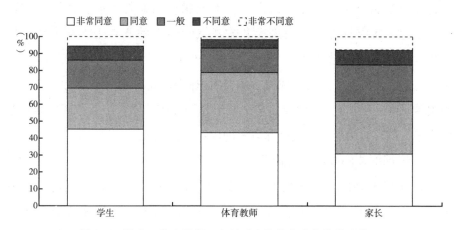

图 1-6　学生、体育教师、家长对实施体育中考的认可情况

（2）对考试方案的认同情况

7 所学校学生、体育教师和家长对考试方案的认同情况如表 1-20 所示。

表 1-20　7 所学校学生、体育教师和家长对考试方案的认同情况

对象	题项	学校所属城市							均值
		焦作	滁州	西宁	绵阳	苏州	咸阳	郑州	
学生	体育中考的考试模式是合理的	1.95	3.51	4.22	3.50	3.53	3.60	3.53	3.40
	体育中考项目设置是合理的	1.74	2.71	2.37	4.03	2.42	2.25	2.22	2.53
	体育中考的评分标准是合理的	3.02	3.32	3.63	4.02	4.11	3.42	3.47	3.57
	体育中考增加了我的学习负担	3.01	2.42	2.33	2.89	2.27	2.47	3.07	2.63
	体育中考分数占中考总分比例是合理的	3.41	3.42	3.68	3.54	3.58	3.62	3.38	3.51

续表

对象	题项	学校所属城市							均值
		焦作	滁州	西宁	绵阳	苏州	咸阳	郑州	
教师	体育中考的考试模式是合理的	3.41	2.12	3.91	3.67	3.56	3.64	3.43	3.39
	体育中考项目设置是合理的	3.31	3.40	3.52	3.84	3.32	3.55	3.33	3.46
	体育中考的考试评分标准是合理的	3.38	3.52	3.41	3.58	3.05	3.50	3.47	3.41
	体育中考分数占中考总分比例是合理的	2.27	2.38	2.41	2.61	2.69	2.62	2.43	2.48
家长	体育中考的考试模式是合理的	3.42	3.51	4.35	3.46	3.51	3.44	3.41	3.58
	体育中考项目设置是合理的	3.43	3.51	3.78	3.81	3.46	3.58	3.53	3.58
	体育中考分数占中考总分比例是合理的	3.20	3.36	3.42	3.31	3.42	3.32	3.12	3.30

如上文所述，我国体育中考现行的评价方式可依据是否包括过程性模块分为一元终结性评价和多元发展性评价。在调查的 7 所学校所属的城市中，有 4 个城市的评价类型是一元终结性评价，3 个城市的评价类型可归为多元发展性评价。其中西宁体育中考的考试模式较为特殊，学生有 2 次参加考试的机会。

在"体育中考的考试模式是合理的"题项中，学生、教师和家长认同度均值分别为 3.40、3.39、3.58。分城市来看，西宁学生、教师和家长对体育中考的考试模式认同度最高，均值为 4.16。笔者认为这和西宁学生拥有 2 次考试机会具有重要关系。

在"体育中考项目设置是合理的"题项中，学生、教师、家长认同度均值分别为 2.53、3.46、3.58。学生群体对体育中考项目设置整体认同度较低，教师和家长的态度则更为积极。分城市来看，绵阳学生对考试项目设置认同度最高，而焦作市最低，均值仅有 1.74，其他城市体育中考项目大多由《国家学生体质健康标准》测试项目组成，因此得分较为接近，没有较大差异。笔者认为绵阳学生对体育中考项目设置整体认同度较高的原因在于绵阳体育中考设置了多达7种专项运动技能测试项目，涵盖了大部分中小学经常开展的运动项目，满足了学生个性发展的需求。

在"体育中考的评分标准是合理的"题项中，学生、教师认同度均值分别为3.57、3.41，说明各地现行评分标准认同情况较好。结合上述几地的考试方案和访谈材料，笔者认为苏州学生对体育中考评分标准认同度较高的原因在于各项评分标准均低于国家标准，学生满分率和平均分数较高。焦作学生认同度较低的原因在于太极拳考试采用了主观打分的方式，学生很难在该项考试中拿到满分。此外，还有教师反映不同考官的评分尺度存在偏差，水平相近的考生在不同考场获得分数存在差异。而在教师方面，接受笔者访谈的部分体育教师反映，有些城市评分标准设置过低，学生不需要付出太多努力就可以取得较高的分值，体育中考的引导和督促作用并不明显，需要提升难度。

（3）对考试组织过程的认同情况

体育中考的考试过程包含统一的现场考试和由学校组织的过程性模块考试，两者都需要把公平正义的价值伦理作为组织实施体育中考的核心要义。对于现场考试的公平性、公正性情况，90.7%的学生、82.5%的体育教师以及83.9%的家长表示了认可（见图1-7）。结合访谈材料，笔者认为形成这种局面与近年来体育中考设备信息化工作的推进以及考生维权意识的增强有一定关系。体育中考政策树立了正面形象，曾经体育中考前托关系找人"打招呼"的情况几近绝迹。

具体到现场考试的组织工作，笔者针对学生和体育教师分别设计了相关题项（见表1-21）。通过对数据的统计和分析可知，学生和体育教师对现场考试的考官业务水平、考试过程安排以及场地和器材配备的质量整体满意度较高。这在一定程度上说明基层教育部门在组织实施现场考试上已经形成了较为成熟的工作机制和流程，在现行方案的指导下，现场考试组织工作能得到大多数学生和体育教师的认可。

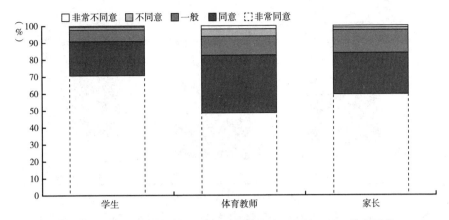

图 1-7　学生、体育教师和家长对现场考试的公平性、公正性认同情况

表 1-21　7 个城市学生、体育教师对现场考试组织工作的认同情况

对象	题项	焦作	滁州	西宁	绵阳	苏州	咸阳	郑州	均值
学生	体育中考考场考官认真负责	3.86	3.95	3.89	4.01	3.91	3.88	3.90	3.91
	体育中考考试过程安排得井然有序	3.92	3.89	3.95	3.93	4.02	3.96	3.87	3.93
	我对体育中考考试现场的场地和器材配备质量感到满意	3.82	3.86	3.91	3.98	3.94	3.91	3.95	3.91
教师	体育中考考场考官认真负责	3.80	3.79	3.81	3.89	3.81	3.84	3.81	3.82
	体育中考考试过程安排得井然有序	3.81	3.78	3.78	3.86	3.79	3.78	3.82	3.80

　　对于过程性考试组织过程的认同情况，笔者对 7 个城市中包含过程性评价的城市（咸阳、苏州、郑州）的问卷中增加了有关问题。结果显示 56.9% 的学生、63.6% 的家长对过程性考试公平性、公正性表示认可，而仅有 34.9% 的体育教师持相对积极的态度（见图 1-8）。

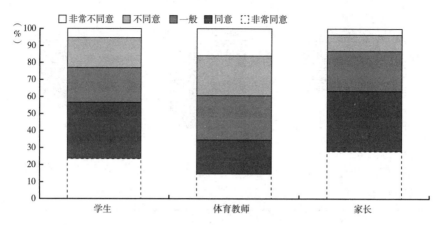

图1-8　学生、体育教师和家长对过程性考试组织工作的公平性、公正性认同情况

四　执行资源与政策环境

1.执行资源

政策执行资源是指政策执行主体在执行政策的过程中所需要的各种资源，包括经费、物资、信息、人力和权威等。[①] 体育中考虽然是一项基本教育政策，但基层在进行制度建构时仍然需要考虑可供政策执行的人力，经费和场地、器材资源。

（1）人力资源

从工作开展的角度来讲，体育中考政策执行涉及的人力资源主要是指体育教师以及基层教育部门中的学校体育部门（体卫艺处/科），其内涵主要是指执行人员配备数量和执行人员的专业能力。

充足的体育教师配备是体育中考政策得以实施的基本保障。学校体育教师短缺，甚至学校间、城乡间体育教师配备的不均衡都会使体育中考失去其作为一项基本考试制度的合理性。从配备数量来看，我国初中体育教师队伍建设成绩显著。如图1-9所示，1997~2020年我国初中体

---

① 杨成伟、唐炎：《学校体育设施服务社会政策的执行困境与路径优化》，《体育学刊》2013年第6期。

育教师数量从 14.16 万人增加到 22.39 万人，年均增长率为 2.4%。初中学校体育教师师生比从 1∶365 提高到 1∶220，基本达到了《国家学校体育卫生条件试行基本标准》中关于体育教师数量配备的要求。从专业能力来看，同样取得了长足的进步。这 24 年间本科及以上初中体育教师占体育教师总数的比例从 10.60% 大幅提高到 86.19%。以上数据表明，目前我国已经建成了一支数量较为充足、具有较高专业能力的体育教师队伍，为体育中考政策的执行提供了最主要的人力资源保障。

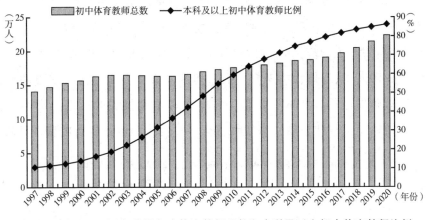

图 1-9 1997~2020 年我国初中体育教师总数和本科及以上初中体育教师比例

体育中考的人力资源保障还包括基层教育部门的组织保障。目前，中国大陆有 31 个省级行政区的教育行政部门设置了体卫艺处（科），市级、县级教育行政部门设置了体卫艺科（股）等或配备了专职或兼职的卫生管理干部，负责学校体育、卫生、艺术、国防教育工作。[①] 关于各级体卫艺部门人员配备情况目前缺乏权威和全面的数据，笔者根据对河南、安徽、上海、云南、西藏等地区各级体卫艺部门工作人员的访谈得知，目前省级体卫艺部门工作人员基本在 10 人左右，分管学校体育工作的人员为 2~3 人，市级在编人员为 5~6 人，县级在编人员为 2~3 人；市级、县级分

---

① 马军：《新中国 70 年学校卫生发展的光辉历程》，《中华疾病控制杂志》2019 年第 8 期。

管学校体育的工作人员只有 1~2 人。各级体卫艺部门还有 40%~50% 的工作人员是从下属学校和机构借调的人员。

（2）经费资源

经费资源是政策执行的物质基础和重要保证，而若缺少经费，政策执行起来则会困难重重。[①] 学校体育工作的开展离不开学校公用经费的保障，而学校公用经费中的一部分是按照生均进行拨付的。[②] 因此，生均教育经费支出规模可以在一定程度上反映学校体育工作具有的资源禀赋。通过对 1997~2020 年全国教育经费执行情况数据的统计发现，24 年间我国初中生均教育经费从 93.05 元提高到 4183.59 元，增长近 44 倍。国家财政性教育经费投入占国内生产总值比例从 2.49% 提高到 4.22%（见图 1-10）。从对体育中考产生的直接影响来看，资金投入规模的增大使体育教师岗位得以扩充，场地、器材条件得到极大的改善，同时也促进了学校体育信息化发展，系统性优化了体育中考政策执行的资源环境。

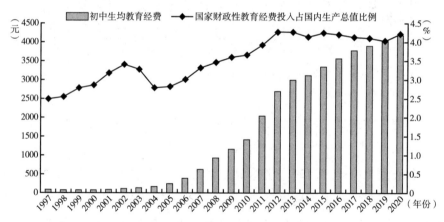

图 1-10　1997~2020 年全国初中生均教育经费及国家财政性
教育经费投入占国内生产总值比例

① 智耀徵、陈平水：《我国义务教育教师绩效工资政策执行研究——基于霍恩—米特模型的分析》，《教育理论与实践》2019 年第 1 期。

② 王慧玲、唐胜杰：《义务教育阶段学校年度教育经费收支预算细化管理》，《财会通讯》2014 年第 2 期。

（3）场地、器材资源

场地、器材是学校体育得以开展的物质载体，也是组织实施体育中考的前提条件。如上文所述，教育经费投入的持续增加可促进学校体育场地、器材的配置水平和质量极大提升。如表 1-22 所示，2004～2020年，全国初中生均运动场地面积扩大了 63.6%，生均拥有超过 10 平方米的运动场地。运动场地面积达标率、体育器材配备达标率分别从66.38%、63.84% 提高到了 94.85%、97.55%。2020 年数据显示，初中运动场地面积达标率和体育器材配备达标率均高于小学和高中，这可以从侧面反映出体育中考对初中体育场地、器材的改善产生了促进作用。具体来讲，一方面，为了实施体育中考，教育部门必须不断完善初中体育场地、器材，使学校硬件配置满足体育中考的相关要求。另一方面，体育场地、器材配置水平的提升也为体育中考政策的不断完善提供了物质基础。

表 1-22　2004～2020 年全国初中生均运动场地面积以及
运动场地面积、体育器材配备达标率

年份	生均运动场地面积（m^2）	运动场地面积达标率（%）	体育器材配备达标率（%）
2004	6.27	66.38	63.84
2005	6.56	67.61	64.98
2006	6.78	67.38	64.39
2007	6.87	69.23	66.40
2008	6.96	69.30	66.90
2009	7.01	68.00	66.02
2013	9.11	69.68	72.84
2014	9.41	77.72	77.72
2015	9.78	78.71	83.55
2016	10.03	85.36	89.60
2017	10.19	90.35	93.97
2018	10.14	92.58	95.91
2019	10.06	93.54	96.56
2020	10.26	94.85	97.55

注：教育部官网 2010～2012 年相关数据缺失。

2.政策环境

政策环境通常是指对公共政策过程产生作用，直接或间接影响公共政策内容、过程、方式等外部系统要素的总和。它既包括地理位置、气候条件、矿藏资源等自然环境，也包括政治、经济、文化等方面的社会环境。而社会环境对公共政策起着基础性和决定性的作用。① 在本书构建的体育中考政策分析框架中，政策环境主要是指与我国体育中考政策内容、目标以及实施过程密切相关的社会环境。从一定意义上来看，体育中考政策的不断变迁正是社会环境需要和变化的结果，因为社会环境影响着体育中考的价值定位以及为政策执行提供相应的资源，是政策执行的关键变量。基于此，本书决定从政治、经济、社会文化和科技四个环境维度对体育中考的政策环境进行分析。

（1）政治环境

教育特别是公共教育可以被认为是一种社会现象，在阶级社会中与政治有着不可分割的关系。具体而言，执政的政治组织通过机构设置、颁布政策文件和意识形态教育来实现对教育的深刻影响。

首先，从政治制度来看，《中华人民共和国宪法》规定社会主义制度是我国的根本制度，中国共产党的领导是中国特色社会主义最本质的特征。作为单一制的国家结构形式，我国政府在党的领导下运用宪法、法律和法规等政策工具对全国的教育活动进行统一规划与管理。体育中考作为《中华人民共和国体育法》《学校体育工作条例》以及多项政策所规定的内容，理应也必须被地方政府遵照执行。

其次，相较于政治制度，政治理念是教育政策环境中更为隐性的因素。在中国共产党百年的历史征程中，我党始终高度重视和关心青少年

---

① 万正艺：《数字网络空间视域下知识产权的政策分析：环境-价值-行动者的维度》，南京师范大学，博士学位论文，2021。

体质健康和学校体育工作。早在 1917 年，毛泽东同志就在《新青年》上发表了《体育之研究》，对"德、智、体"三育之间的关系进行了辩证阐述，强调了体育在教育中的重要地位。周恩来同志在南开大学就读时，也曾以《考试体格》为题在校刊上发文，倡导实施体育考试。① 中国共产党早期领导人的重要论述为我国学校体育发展指导思想的形成产生了重要影响，引领了新中国成立以后学校体育工作的开展，也为体育中考的诞生奠定了思想基础。在"以人民为中心"的治国理政理念引领下，青少年的健康发展已经成为中华民族伟大复兴的基石。② 2020 年10 月，《深化新时代教育评价改革总体方案》和《关于全面加强和改进新时代学校体育工作的意见》相继发布，两份文件均要求地方继续组织和完善体育中考制度。这两份文件为教育部门破除体育中考政策执行和改革过程中遇到的阻力提供了最高依据，为确保政策的延续营造了良好的政治环境。

（2）经济环境

经济水平对教育事业的发展具有决定性作用。因为教育活动的产出与社会经济活动有着密切的联系。经济为教育事业的发展提供了物质基础和条件，决定着教育事业发展的规模和速度，同时也对教育提出了需求和目标。

改革开放以来，我国经济发展取得了举世瞩目的成就，按照不变价计算，2020 年 GDP 相对于 1978 年实现了约 40 倍的增长。随着经济的高速发展，国家对教育事业发展的资金投入规模也不断壮大。如图 1-11 所示，1990~2020 年，国家财政性教育经费投入从 563.99 亿元增加到了42908.15 亿元，增加了 75 倍，远高于同期 GDP 的增长速度，其占国内生产总值的比重也由 3.04% 提高到 4.22%。

---

① 周坤、王华倬、高鹏：《中国共产党建党百年来学校体育的发展历程及经验研究》，《首都体育学院学报》2021 年第 3 期。

② 柳鸣毅、丁煌：《我国体教融合的顶层设计、政策指引与推进路径》，《上海体育学院学报》2020 年第 10 期。

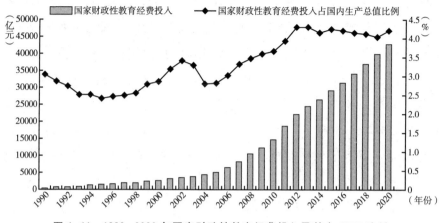

图 1-11　1990~2020 年国家财政性教育经费投入及其占 GDP 比重

（3）社会文化环境

教育政策社会文化环境是指教育政策所联系和依赖的各种文化条件。[①] 结合本书的具体研究内容，笔者认为社会文化环境主要指向社会教育观念，而其中又包含社会整体和个体两个层面。

从社会整体层面来看，随着高考、中考的恢复，中国教育事业重新迎来了"春天"。1988 年，邓小平同志做出了"科学技术是第一生产力"的重要论断。全社会重新形成了尊重知识、尊重人才的氛围，"知识改变命运"的观念逐渐深入人心，教育的价值和意义在社会群体中得到普遍的认可。从个体层面来看，在社会转型期虽然大多数社会成员的教育观念与社会整体教育观念存在较高的趋同性，但社会评判价值的多元和多变也常常会使个体教育观念陷入困顿和彷徨。其中，最典型的一种观念就是单纯地将教育理解为实现"人生成功"的工具，而这种强烈的目标导向也使得教育活动的开展偏离了良性轨道，带来了沉重的课业、校外补习负担、居高不下的近视率等一系列背离教育初衷的"畸形"现象。

---

① 吴云勇、姚晓林：《中国教育发展的政策环境影响与未来改革的总体要求》，《现代教育管理》2021 年第 5 期。

综上所述，当下的社会文化环境多元而复杂，这给实施体育中考同时带来了机遇和挑战，客观上要求教育部门在制定和实施政策时审慎思考，力求充分显现体育中考政策对社会教育理念的正向引导作用。

（4）科技环境

体育中考信息化设备的应用始于 21 世纪初，对杜绝以往考试过程中出现的舞弊现象，确保考试组织的公平、公正、公开起到了至关重要的作用。随着科技的进步和经济实力的提升，基层教育部门采用信息化设备组织体育中考正在成为主流。

①体育中考信息化设备出现的背景

体育中考信息化的出现与《国家学生体质健康标准》测试工作的实施密切相关。2002 年 7 月，教育部联合国家体育总局印发的《学生体质健康标准（试行方案）》以及《〈学生体质健康标准（试行方案）〉实施办法》中提出，基层必须按照规范化的要求和常态化的工作机制以提高测试效率和数据的准确度。2004 年，教育部在下发的《教育部关于认真做好 2004 年初中毕业升学体育考试工作的通知》中要求，积极开展《学生体质健康标准》测评与体育考试相结合的研究和实践。该文件的发布推动了信息化设备在体育中考中的应用。2012年，教育部原部长袁贵仁指出，开展学生体质健康测试是检验学校体育发展成果的重要手段，要提高测试科学化水平。[①] 在政策导向下，越来越多的企业和个人开始投入对信息化体质测试设备的研发。笔者在 SooPAT 专利搜索引擎中以"学生体质测试"为关键词搜索相关专利数量发现，2002～2021 年与学生体质测试相关的专利申请数量共有 34389 件（见图 1-12），这也从侧面说明随着国家对学生体质健康重视程度的不断提高以及体质健康测试公共服务购买方式的推广，信息化设备的普及度以及技术迭代速度有了明显的提高。

---

① 胡浩、吴晶：《明年起开展学生体质健康监测》，《海南日报》2012 年 12 月 25 日。

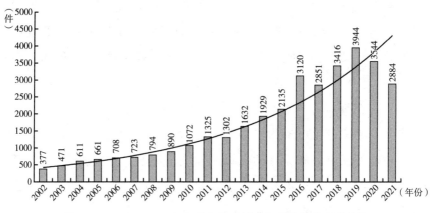

图 1-12 2002~2021年与学生体质测试相关的专利申请数量

②体育中考信息化测试系统的架构与测试流程

体育中考信息化测试系统是基于电子信息技术，通过信息化终端，实现对考生身份识别、测试数据采集与分析。目前体育中考信息化测试系统主要由云数据处理中心、运动项目测试终端系统、测试环境支持系统、考试流程管理系统四部分组成（见图2-13）。

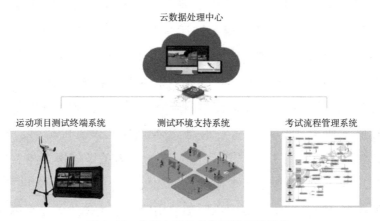

图 1-13 体育中考信息化测试系统架构

云数据处理中心位于整个测试系统的中心枢纽，主要包括用户层、业务层、数据层、主机管理层和连接层。用户层包括PC浏览器。业务层包括考点管理、考生管理、验证管理、成绩管理、异议管理、报表统计、考试项目管理和系统设置。数据层包括主机数据采集、第三方数据交换、数据存储和监控存储。主机管理层包括主机管理和主机通信。连接层包括 5G/Wi-Fi 通信模块，其主要功能是对学生基本信息数据、测试成绩数据进行存储，并将数据传送至相应的存储介质。为了确保数据安全，数据的查阅和更改需要相应的权限和程序。此外，云数据处理中心还可根据测试现场参加不同项目测试的考生数量对后续考生参加测试的顺序进行动态调整。运动项目测试终端系统是整个系统的主要组成部分。目前，《国家学生体质健康标准》的所有测试项目都可以实现电子设备的测量。运动项目测试终端主要由多功能终端和测试传感器组成。多功能终端具有学生身份识别，测试数据分析、记录、传送，测试语音播报，考生成绩显示，现场音频和视频记录等功能。测试传感器根据测试项目的不同主要包括高清摄像头、激光或红外发射与接收装置、信息化穿戴设备等。测试环境支持系统是为整个信息化测试系统提供基础保障的部分，主要由 Wi-Fi 和 5G 网络组成，承担整个测试系统的数据通信。考试流程管理系统主要由软件和身份识别以及运动项目测试终端组成，它具有考生管理、考点管理、成绩管理、报表生成等功能。下文将对该部分进行详细的阐述。

体育中考信息化的考试流程分考前准备、考生报名、报名审核、考试现场、成绩管理、成绩查询和成绩分析 7 个环节（见图 1-14）。考前准备主要是导入考生报名数据以及设置考试项目、考试日程和考点。在考生报名环节学生登录报名网站根据个人情况选择所参加考试项目和决定是否缓考，随后系统会根据当地教育部门的考试安排和各项目报名情况生成考生参加考试的日程安排。报名审核环节主要对考生的资格进行审查。考试现场环节是整个考试流程最重要也是最复杂的环节，主要由考生测试、分项目测试人员监考和考场负责人管理三部分组成。考生测试部分的具体流程为身份确认→分项测试→成绩确认；分项目测试人员监考流程为开启考试→组织考试→过程监督→成绩确认；考场负责人管理流程为开启入口检录→检录监控→考场监控→当日全部成绩确认。由于考生测试总成绩在考生离场前已经由考生签字确认，成绩管理、成绩查询环节主要是考务人员将全体考生成绩上传至云端数据库以便后期通过官方平台发布。成绩分析环节主要是指当地教育主管部门对全体考生测试成绩进行数据分析，并得出总结报告。

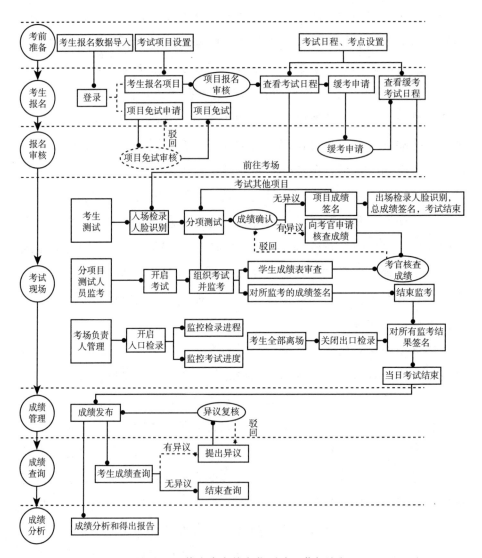

图 1-14　体育中考信息化测试环节与流程

五 问题表征

1. 照搬式执行：考试内容主导教育教学活动的开展

一直以来，教学与考试的关系始终是学界研究和讨论的重点，体育中考也不例外。体育中考是国家确保人才培养质量的一种规制，而学校体育教学是这种规制得以形成的根本原因，两者相互依存，密不可分。学校体育教学决定了考试的结构框架和内容，而体育中考体现的是对学生体育素养发展的核心能力要求，就两者的逻辑顺序来看，一定也必须是以"以教定考"。然而，笔者在对上述 7 个城市进行调查时发现，体育中考在学校的执行场域存在照搬式执行的偏差，弱化了学校体育的丰富内涵。

（1）体育教学

在体育教学层面，笔者分别就运动实践课、学期评价和体育与健康知识理论课三个方面对体育教师和学生展开了调查。

①运动实践课

运动实践课是学校体育的主要组成部分，也是提高青少年体育素养的"主阵地"。有关体育中考对运动实践课的影响，笔者分别就教学内容、学期评价与体育中考考试项目的联系进行了调查。学生问卷调查的结果显示，31.4% 的学生表示体育中考考试项目练习时间占体育课总时间的比重"非常大"，34.3% 的学生表示"较大"，选择"较小"和"非常小"的学生仅占学生总数的 12.7%（见图 1-15）。

在对体育教师的调查中，有 58.4% 的体育教师表示将体育课 60%以上的时间用于体育中考考试项目练习，选择体育中考考试项目练习时间占比低于体育课总时间 40% 的体育教师仅占 16.7%（见表 1-23）。

②学期评价

学期评价是教学过程的核心环节，评价的内容通常是课堂学习内容重点的反映。在对学生和体育教师开展的关于体育课期末考试与体育中考考试项目关联度的调查中发现，有 77.5% 的学生和 67.6% 的体育教

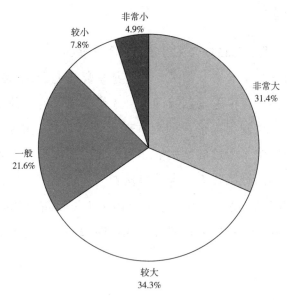

**图 1-15　从学生维度对体育中考考试项目练习时间占
体育课总时间比重的调查**

表 1-23　从教师维度对体育中考考试项目练习时间占体育课总时间比重的调查

单位：人，%

问题	选项	选择人数	百分比
	20%以下	7	2.4
	20%~40%	41	14.3
体育中考项目练习占 体育课总时间的比重	40%~60%	71	24.8
	60%~80%	78	27.3
	80%以上	89	31.1

师认为本校体育课期末考试与体育中考考试项目的关联性强或非常强
（见图 1-16）。

　　③体育与健康知识理论课

　　《义务教育体育与健康课程标准（2011 年版）》在课程目标部分
对初中学生身体健康的学习内涵进行了阐述：初中阶段应要求学生了解

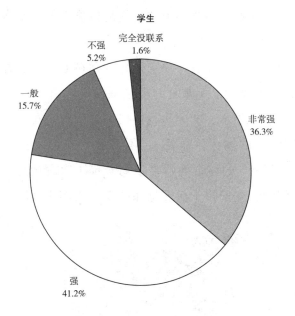

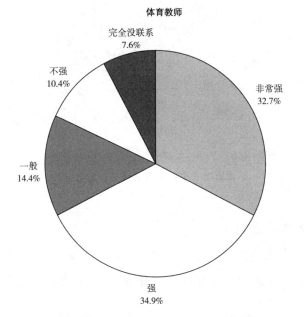

图 1-16　对体育课期末考试与体育中考考试项目关联度的调查

生活方式、疾病预防等对身体健康的影响，自觉抵制各种危害健康的不良行为，初步掌握科学锻炼的方法，提高体能水平，基本形成健康的生活方式。[①] 在人教版《体育与健康教师教学用书》中也对体育与健康理论课教学的学时提出了建议，要求体育教师在七、八、九三个年级中分别安排 8 课时、8 课时、6 课时的理论课教学，每学期 4 次。然而对体育教师的调查结果显示，实际执行情况不容乐观。在参与调查的体育教师中，仅有 7.8% 的体育教师表示会给学生每个月安排 1 次或 1 次以上理论课教学，24.6% 的体育教师半学期安排 1 次理论课教学，54.2% 的教师每学期仅为学生安排 1 次理论课教学（见图 1-17）。

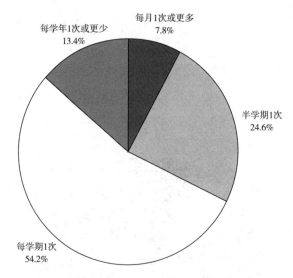

图 1-17　对体育教师安排体育与健康理论课频率的调查

（2）课外体育活动

课外体育活动是学校体育的重要组成部分，它对巩固课内知识、培养运动兴趣、养成运动习惯与提升健康水平尤为重要。[②] 事实上，课外

---

① 中华人民共和国教育部：《义务教育体育与健康课程标准（2011 年版）》，北京师范大学出版社，2012。

② 专家组：《"双减"政策与学校体育发展》，《上海体育学院学报》2021 年第 11 期。

体育活动是体育课堂教学重要的补充和延伸，可为课堂上无法开展的校园体育竞赛和校运动队训练提供时间和空间。通过对体育教师的访谈发现，所有学校都会在体育中考前利用大课间和课外体育活动的时间开展体育中考内容的针对性练习。学生问卷调查反馈的结果显示，有63.0%的学生表示本校课外体育活动中体育中考针对性练习开始于初三上学期，还有29.4%的学生选择了初三下学期。由此可见，各校初三阶段课外体育活动开展的形式较为单一，接受访谈的一位体育教师道出了其背后的原因。

　　在课外体育活动中安排中考内容练习时，除了要提高学生考试成绩，最主要是要确保学生活动的安全。初中生正值青春期，活泼好动，而课外体育活动的时间安排相对集中，运动场地同一时间活动人数较多。如果缺乏统一的组织，极易导致校园运动伤害事故。学校领导在参加我们体育组会议时多次强调要把学生安全放在第一位。因此，我们在安排学生课外体育活动时除了会组织统一的跑操，还会将场地划分为不同区域，让教师带领学生分场地练习不同的中考项目。

表1-24　从学生维度对课外体育活动中体育中考针对性练习开始学段的调查

单位：人，%

问题	选项	选择人数	百分比
课外体育活动中体育中考针对性练习开始学段	初一上学期	7	0.6
	初一下学期	9	0.8
	初二上学期	12	1.0
	初二下学期	61	5.2
	初三上学期	735	63.0
	初三下学期	343	29.4

2. 残缺式执行：执行效果与政策目标一致性程度较低

教育政策效果是指该教育政策实施后对政策客体及政策环境造成的各种影响，包括正面的和负面的、显性的和潜在的、预期的和非预期的影响。① 根据前文对体育中考政策演进历程的分析和梳理，本书进一步明确了当前体育中考的目标就是促进学生提升基本运动技能、专项运动技能，掌握体育课上教授的体育与健康知识，养成良好的锻炼习惯。依据上述目标，结合研究的可行性，笔者设置了 5 个题项——①体育中考促进了我（学生）体质测试成绩的提高；②体育中考促进了我（学生）对运动技能的掌握；③体育中考促进了我（学生）对体育与健康知识的掌握；④体育中考让我（学生）认识到了参加体育锻炼的重要性；⑤体育中考促进了我（学生）体育锻炼习惯的养成——对 7 个城市学生和体育教师进行了调查，调查结果如下（见表 1-25）。

表 1-25　7 个城市学生、体育教师对体育中考政策目标达成的认同情况

对象	题项	焦作	滁州	西宁	绵阳	苏州	咸阳	郑州	均值
学生	体育中考促进了我体质测试成绩的提高	3.61	3.47	3.74	3.51	3.55	3.60	3.68	3.59
	体育中考促进了我对运动技能的掌握	2.41	2.50	3.04	3.53	3.12	2.96	2.89	2.92
	体育中考促进了我对体育与健康知识的掌握	2.47	2.53	2.44	2.78	2.67	2.41	2.38	2.52
	体育中考让我认识到了参加体育锻炼的重要性	3.63	3.58	3.61	3.70	3.59	3.60	3.69	3.62
	体育中考促进了我体育锻炼习惯的养成	3.29	2.97	3.14	3.35	3.03	3.23	3.32	3.19

① 石火学：《教育政策评估的障碍分析与思考》，《当代教育论坛》2006 年第 17 期。

续表

对象	题项	焦作	滁州	西宁	绵阳	苏州	咸阳	郑州	均值
教师	体育中考促进了学生体质测试成绩的提高	3.52	2.89	3.38	3.57	3.50	3.55	3.61	3.43
	体育中考促进了学生对运动技能的掌握	2.13	2.23	2.73	3.45	3.34	2.84	2.81	2.79
	体育中考促进了学生对体育与健康知识的掌握	2.30	2.41	2.33	2.44	2.50	2.39	2.43	2.40
	体育中考让学生认识到了参加体育锻炼的重要性	3.59	3.47	3.55	3.67	3.50	3.53	3.63	3.56
	体育中考促进了学生体育锻炼习惯的养成	3.04	2.83	3.07	3.34	2.87	3.10	3.17	2.93

（1）基本运动技能目标层

2014 年，教育部颁布了《学生体质健康监测评价办法》，要求各地以《国家学生体质健康标准》为依据在本行政区内统筹开展面向全体学生的体质健康测试，越来越多的省、自治区、直辖市开始将体测结果纳入政府执政能力考核评价指标体系。一些省、自治区、直辖市甚至对学生体质健康水平连续三年下降的地区评优实行"一票否决"。[1] 所以，以《国家学生体质健康标准》来衡量青少年体质健康发展水平具有较强的可操作性和权威性。再者，现阶段各地体育中考考试项目和评分标准与《国家学生体质健康标准》重合度较高，而《国家学生体质健康标准》又以跑、跳等基本运动技能为主要内容。因此，笔者认为可用学生体测成绩衡量其基本运动技能掌握水平。在"体育中考促进了我（学生）体质测试成绩的提高"题项的调查中，学生和体育教师的认同度分别为 3.59 和 3.43。约有 73.5% 的学生和 64.8% 的教师对这一问题

---

[1]　陈长洲、王红英、项贤林等：《改革开放 40 年我国青少年体质健康政策的回顾、反思与展望》，《体育科学》2019 年第 3 期。

持积极态度（见图 1-18）。这从侧面说明以考查学生基本运动技能为主的体育中考有效促进了初中学生基本运动技能水平的提升，得到了学生和教师的认同。

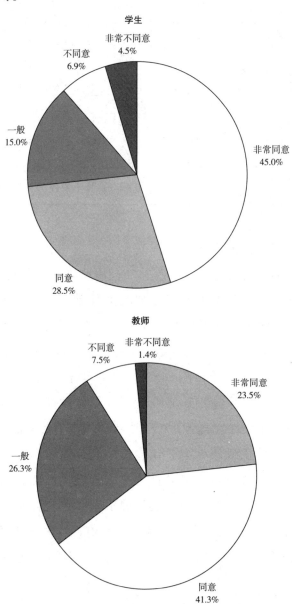

图 1-18　学生和体育教师对体育中考提高学生体测成绩的认同情况

注：因四舍五入的原因，图中的数据总和不一定为 100%。

（2）专项运动技能目标层

长期以来，如何促进青少年掌握专项运动技能是我国学校体育发展过程中的关键问题，因为运动技能是个体深度参与体育运动最重要的影响因素，没有运动技能的支撑，个体参与体育的兴趣和内驱力便会无以为继①，终身体育习惯的养成更无从谈起。通过前文对各地体育中考方案的分析可以发现，各地体育中考专项运动技能类项目也在朝着多样化、综合化发展。在"体育中考促进了我（学生）对运动技能的掌握"这一题项的调查中，学生和教师平均认同度分别为 2.92 和 2.79（见表1-25）。总体来看，有接近半数的学生选择了"非常不同意"和"不同意"（见图 1-19）。而持积极态度的体育教师仅占体育教师总体的25.1%。在问卷后续的开放性问题回答中，有体育教师针对体育中考的专项运动技能类项目考试设置表示，项目设置不合理，足球、篮球这种热门项目考试单一，难度不均衡。专项运动技能类项目考试以点带面现象明显，不能全面反映学生的体育素养。过于注重结果和分数，设置项目枯燥无味，导致学生没有锻炼的动力和兴趣。此外，太极拳评分主观，不同学生得分存在较大偏差。

分区域来看，7 个城市中绵阳学生和体育教师对体育中考促进专项运动技能掌握的认同度最高。笔者推测这主要是因为绵阳体育中考专项运动技能类项目设置较多，且考核内容更为全面。绵阳设置了 7个专项运动技能项目，每个专项运动技能类项目下又安排了 2 项具体测试内容。参与绵阳体育中考方案制定的特级教师 D 老师表示，增加专项运动技能类项目和内容主要基于两点考虑：一是推动学校体育教学多样化改革，为学生提供更为丰富的教学内容；二是提高学生专项运动技能掌握水平，以更全面的考核内容促进学生更系统地掌握专项运动技能。

----

① 唐炎：《深度参与体育的路径》，《质量与标准化》2018 年第 6 期。

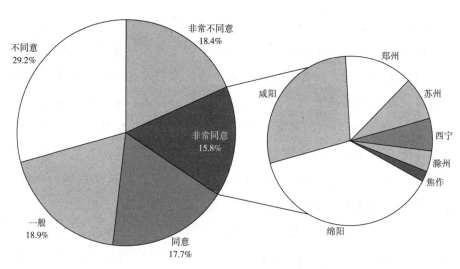

图 1-19   学生对体育中考促进专项运动技能掌握的态度

（3）体育与健康知识层

体育作为促进健康的主要途径之一，不仅表现在以运动技能为主的体力活动上，而且还表现在以科学运动为主的知识体系上。国外有学者认为，青少年掌握体育与健康知识不仅是促进自身参与体力活动和身心健康的前提和基础，也是养成终身参与体育锻炼的生活方式的关键要素。[1] 我国《义务教育体育与健康课程标准（2022 年版）》也将体育与健康知识列为课程的核心内容之一，然而有调查显示我国青少年对锻炼方法、锻炼负荷、体质健康自我评价等方面的知识严重缺乏。[2]

笔者通过调查发现，在"体育中考促进我（学生）对体育与健康知识的掌握"题项，学生和体育教师的认同度较低，分别仅有 2.52 和 2.40，有接近 57% 的学生表示体育中考并未能促进自己掌握更多的体育

① O'Donoghue, G., Kennedy, A., Puggina, A., et al., "Socio-economic Determinants of Physical Activity Across the Life Course: A Determinants of Diet and Physical Activity", *Umbrella Literature Review*, PloS One, 2018, 13（1）: e0190737.

② 陈华卫、吴雪萍：《体质健康知识促进青少年体力活动的角色、价值与路径》，《中国体育科技》2021 年第 8 期。

与健康知识。笔者在苏州、滁州、郑州等地调研时对部分初中学生进行了访谈，询问他们是否了解 1000 米/800 米跑和立定跳远的练习方法，以及练习这些项目可以促进哪方面身体素质的提高。绝大多数学生的回答模棱两可，并表示课上、课下练习主要是遵照体育教师的要求，至于如何练习这些项目以及这些项目对健康的益处并不太清楚。

（4）课外体育参与层

在"体育中考让我（学生）认识到了参加体育锻炼的重要性"的题项中，学生和体育教师认同度分别为 3.62 和 3.56，两个群体均较为认同，说明体育中考对提高青少年体育锻炼的意识具有一定作用。然而，在"体育中考促进了我（学生）体育锻炼习惯的养成"题项，学生和体育教师的态度并不乐观，认同度分别为 3.19 和 2.93。这样的结果和学生问卷 C 部分中"与体育中考有关的课外体育参与"的调查结果形成了互证。调查结果显示，学生在课外"总是"和"经常"进行体育中考项目练习的学生仅占总人数 23.1%，"从不"和"很少"进行课外练习的学生占 76.9%（见图 1-20）。

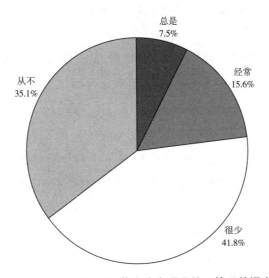

图 1-20　学生课外进行体育中考项目练习情况的调查

在问卷中针对选择"从不"或"很少"在课外进行体育中考项目练习的学生，笔者设置了多选排序问题，试图发现影响学生在校外进行体育中考项目练习的主要原因。经过对问卷数据的汇总，笔者按照多选排序问题的计分办法对各选项进行赋分［选项平均综合得分＝（Σ 频数×权值）/本题填写人次］和排序。经计算得出，评分排名前三的原因是"没有合适的场地、器材"、"主课学习压力大，没有时间"和"体育中考难度不大，不需要进行课外练习"（见图1-21）。

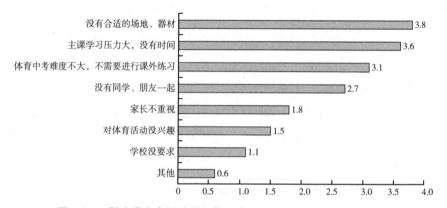

图1-21 影响学生在课外进行体育中考项目练习的主要原因排序

家庭体育环境是促进青少年体育参与的起点，而在家庭体育环境中，家长的体育观念和参与行为是影响青少年体育参与的关键所在，无论是家长在体育观念上的大力支持，还是在参与行为上的良好表率，都会对孩子参与体育运动产生积极影响。[①] 对家长的调查显示，只有31.5%的家长会在放学或放假时间陪孩子进行体育中考项目的练习。在对家长未能陪孩子在课外进行体育中考项目练习的原因调查中，"学校体育已经满足了孩子体育中考的需求""身边缺乏合适的场地""工作忙没有时间"排名前三（见图1-22）。

① 张加林、唐炎、胡月英：《我国儿童青少年体育环境特征与存在问题研究》，《体育科学》2017年第3期。

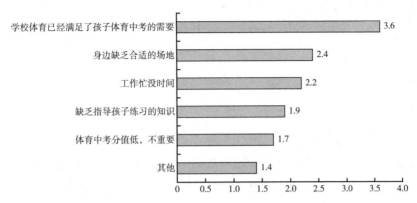

图1-22　家长未陪孩子在课外进行体育中考项目练习的原因选项得分排序

除了对学生和家长的调查，笔者对体育教师群体也进行了相关问题的调查。调查结果显示，94.4%的体育教师会在课外给孩子布置体育中考项目的练习任务，然而家长和学生的落实情况并不理想。不少体育教师反映，除了场地、器材给一些体育中考项目的练习带来了限制，最主要的原因在于体育家庭作业无法像文化课作业那样进行直观呈现和反馈，体育教师对体育作业无法实施有效的监控。

3.观望式执行：地方教育部门存在执行的路径依赖

任何一项政策都需要随着外部情况的变化而做出调整，因为人们在制定政策时，对影响政策的因素以及政策产生的效果认识得不全面，所以，随着人们对政策问题认识的深入，对政策本身以及执行过程进行调整是必不可少的重要环节。① 通过前文对体育中考政策演进历程的梳理可以发现，体育中考政策正是在地方教育部门对既往经验不断总结与创新下才逐渐发展成形的。基层教育部门在体育中考政策执行过程中只有针对其执行的具体情况不断调整才能确保政策不断接近最优，从而赋予政策长久的生命力。

通过分析各地的体育中考方案以及结合调研的材料，笔者发现有许

① 张国庆主编《公共政策分析》，复旦大学出版社，2004。

多地区的教育部门在组织实施体育中考的过程中存在观望式执行的情况。公共政策学领域所指的观望式执行就是指政策执行主体或因疲于应付具体事务，或因担心目标人群的抵抗，或因自身私利难以得到满足等原因，行动迟缓、思想犹豫、心理矛盾，对政策执行持观望态度。① 观望式执行是政策执行者保守、怯懦的主要表现，在观望的过程中也会导致政策推动缓慢从而影响政策的实施效果。体育中考政策执行过程中的观望主要表现在地方政策方案的内容设计和具体工作的开展滞后于中央文件要求。分别于 2012 年、2016 年下发的《关于进一步加强学校体育工作的若干意见》和《国务院办公厅关于强化学校体育促进学生身心健康全面发展的意见》均要求把学生参加体育活动情况、学生体质健康状况与运动技能等级纳入初中学业水平考试，纳入学生综合素质评价体系。然而，距第一份文件发布已过去十多年，前文样本城市中仍有45%的城市未将过程性模块纳入体育中考，有 29 个城市的体育中考仅设置基本运动技能类项目。笔者借助参加第十四届全国学生运动会的契机，对一些地区教育部门工作人员和教研员展开了访谈，其中西南地区某一线城市体育教研员向笔者反映，当地体育中考方案已经十多年没有变化，考试内容和标准采用的还是 2007 版《国家学生体质健康标准》。据她所述，出现这种情况的原因是当地教育部门主要领导缺乏改革体育中考的积极性、主动性。此外，在和其他一些地区专家交流后，笔者发现体育中考政策执行中存在"一把手"现象，即考试方案和具体工作要求与教育部门主要领导的重视程度紧密相关。然而，现实是体卫艺处（科）在教育部门中属于"弱势部门"，体育中考也并非教育部门的重点工作，体育中考改革更不是刚性要求，教育部门主要领导出于自身或部门利益考虑，不愿当"出头鸟"，这种执行态度导致有些地区体育中考方案与国家宏观政策要求存在一定的差距。

---

① 宁骚主编《公共政策学》，高等教育出版社，2018。

第二章　影响体育中考政策执行的归因分析

政策执行过程不仅仅是一个机械的、行政的组织或管理过程，它还是一个政治的过程，一个多元活动者参与博弈并采取集体行动的过程。① 体育中考作为一项重要的教育政策实施以来，较少有学者从政策学的理论视域对其进行分析和探讨。笔者在系统分析了托马斯·史密斯的过程模型、麦克拉夫林的互适模型、米德和霍恩的系统模型以及萨巴蒂尔和梅兹曼尼安的综合模型的基础上，结合前文对体育中考政策执行现状的调查和分析，本章从政策自身、政策主体、执行机制、目标群体、执行资源以及政策环境等维度对影响体育中考政策执行的因素进行全面的解析。

第一节　政策自身维度

理想化的政策被视为影响政策执行的首要因素。② 政策的权威性是否得到树立、政策本身是否具有科学性与合理性、政策是否明确和具体、政策是否系统和完善以及政策是否稳定连贯都会对政策执行最终的效果产生直接或间接的影响。

---

① 潘凌云、王健、樊莲香：《我国学校体育政策执行的逻辑辨识与推进策略——基于"观念·利益·制度"的分析框架》，《体育科学》2017 年第 3 期。
② 丁煌：《政策制定的科学性与政策执行的有效性》，《南京社会科学》2002 年第 1 期。

一 政策方案的科学性、合理性欠缺影响多元政策目标的实现

要想使公共政策有效对社会成员产生行为产生引导，必须保证政策具有一定的科学性和合理性，具体到对体育中考政策的科学性和合理性分析应主要考量考试方案是否符合青少年生长发育的规律和阶段性特点、是否与初中体育与健康课程标准和教材具有一定的契合度。然而通过对 85 个城市体育中考方案的分析发现，地方体育中考方案自身存在的若干问题影响了政策目标的实现。

1.评价方式的落后、单一制约评价综合功能的彰显

教学评价是教育教学活动的重要环节，它是按照一定的教学目标和标准，采用定性或定量的方法对教师的教与学生的学进行价值和事实判断的过程。改革开放 40 多年来，我国教学评价的发展大致可分为"选拔为先"的传统教学评价阶段、"发展导向"的现代教学评价阶段和"素养为重"的当代教学评价阶段三个阶段。[1] 传统教学评价以知识论为基础，突出考试的公平性和标准化，多以分数为衡量教学效果的唯一尺度，重视结果、忽略过程，强调对学生的甄别和选拔。

从我国体育中考现行的评价方式来看，仍然具有传统教学评价的主要特征，具体而言就是"一次性"的现场考试评价仍是学生获得分数的主要途径。这种评价对教育教学活动产生的消极影响主要体现在以下几方面。①统一、刻板的考试形式难以对教学活动发挥正向的引导作用。过度重视对考试项目的传授和练习，忽视了教师和学生在教育教学活动中的主导地位。②规模化、标准化的考试组织形式忽略了体育课程在丰富学生情感、培养团结协作精神方面的重要作用。在重视测验和考试的环境下，学生能力发展和素养培养中的某些部分一旦不易被测得就容易被忽视。在一项针对我国 12 万名中小学生运动意愿的研究中显示，

① 朱丽：《从"选拔为先"到"素养为重"：中国教学评价改革 40 年》，《全球教育展望》2018 年第 8 期。

体育中考虽然提升了学校、家长和学生对体育的重视程度，初三学生的运动意愿也显著高于其他组别，但这种制度影响带来的促进效果较为短暂，仅在初三阶段具有较为明显的效果。[①] ③管理主义价值取向阻碍了教师和学生自由的发展。在传统教学评价下测试成绩"不但被用来对个人做出结论，而且被用来诊断特定的学校的弱点以及评价课程和整个学校的工作"[②]。这种价值取向反映在体育中考政策执行过程中就是体育教师在成绩和学校领导双重压力下紧紧围绕考试评价体系展开教学，谨小慎微；而学生则被动接受程序化的教学安排，教学过程被化约为简单的"输入—输出"过程，学生的能动性、课堂的生成性被压制。

H省J市体育中考采用的是"一元终结性评价——必考模式"，考试项目是市教育局规定的四项考试项目（耐久跑、跳绳、足球运球绕杆、太极拳），总分70分，占中考总分比例为10%。在调研中笔者了解到，由于H省是人口大省，优质教育资源相对匮乏，在基础教育阶段，学生、教师、家长长期处于竞争的焦虑环境中，应试氛围浓厚，并且这种应试的倾向已经蔓延至初中体育课堂。笔者在J市SY中学调研时有体育教师反映，J市体育中考项目多年不变，对学校体育产生了强烈的导向作用。具体而言就是体育中考成绩的硬性压力限制了体育教师开展多样化、个性化教学的尝试，造成体育教师和学生对非考试内容的忽视，致使学生体能素质发展不平衡，专项运动技能学习不系统。然而，也有体育教师表示，虽然体育中考项目有一定的局限性，但同时也为体育教师、学生、家长明确了努力的方向和目标，有利于体育教师运用成熟的教学方法开展针对性教学，有利于提高学生和家长的配合度。

从访谈材料中可以看出，体育教师主动或是被动地深刻受到"一次性"的评价方式带来的应试压力。结合前文针对7个城市体育中考对

① 范卉颖、唐炎、张加林等：《我国青少年运动意愿及影响因素研究》，《中国体育科技》2019年第6期。

② 钟启泉：《建构主义"学习观"与"档案袋评价"》，《课程·教材·教法》2004年第10期。

学校体育活动的影响调查，笔者认为这种"一次性"的评价方式普遍导致了评价的综合功能被限制，进而使体育中考政策实际效果与全面提升学生体育素养的目标出现了偏差。

2. 考试项目设置背离学生兴趣和特长发展的需要

通过对 85 个城市体育中考方案的分析发现，各地体育中考方案中基本运动技能（跑、跳、投）被选作考试项目的频数以及对应的分数设置较高。虽然这些项目对提高青少年体质健康水平发挥了举足轻重的作用，但不可否认的是基本运动技能类项目趣味性低，练习过程较为枯燥，不仅无法有效地激发学生个体的运动兴趣，而且可能影响体育课堂整体氛围的营造。相关研究表明，个体兴趣、课堂氛围对体育课堂学习的效果具有显著影响[1]，这也正是在全面加强新时代学校体育工作中将"享受乐趣"作为首要目标的原因。

除了基本运动技能类项目占比过大的问题，各地体育中考在专项运动技能类项目设置上同样存在一些问题。根据前文统计得知，85 个城市中有 55 个城市选择 2007 版《国家学生体质健康标准》作为运动技能考试项目的评分依据。虽然该评价标准有易于操作和测量的优点，但从与课程和运动实践衔接的角度来看，该评价标准存在两大"硬伤"。一是涵盖项目少。人教版初中《体育与健康》教科书包含田径、足球、篮球、排球、乒乓球等 11 个项目的教学内容，但在 2007 版《国家学生体质健康标准》中仅仅设置了篮球、足球、排球 3 项运动项目的考核内容。一些在中小学广泛开展的具有良好学生基础的运动项目，如乒乓球、羽毛球等并未被纳入，忽视了当下青少年的体育兴趣与活动内容日益个性、多样的客观现实。二是内容设置与课程脱节。首先，2007 版《国家学生体质健康标准》中设置的运动技能考核内容为篮球运球绕杆、足球运球绕杆和排球自垫球（见表 2-1）。然而这三项考试内容缺乏对专项运动技能类项目核心结构性技术的考

---

① 柴娇：《近 20 年国内外体育学习兴趣研究综述》，《体育学刊》2014 年第 6 期。

查，在现实运动场景中更需要学生付出努力掌握，并可带来更多乐趣
的核心技术如投篮、射门、发球等，以及相应的技术组合并未被纳入
考试内容。其次，考核内容与教材内容脱序。在人教版《体育与健
康》教科书中，篮球运球绕杆、足球运球绕杆、排球自垫球都属于七
年级专项运动技能教学的入门内容，而在学生九年级下学期对其七年
级入学时的学习内容进行考核合理性明显不足。此外，直臂垫球动作
也不符合排球运动技术学习要求。以人教版《体育与健康（七年
级）》教科书排球运动的内容设置为例，垫球动作学习的内容安排为
正面双手垫球，而在教材中关于该技术动作的表述为：正面双手垫球
是排球运动中最基本的技术，常用于接发球和防守。判断好来球的运
行方向和速度后，及时移动脚步，使你的身体处于合适的位置，以便
于垫球；在来球的下方双臂做好插、夹、提、压、送的动作，根据来
球的速度调整用力大小。显然，原地直臂垫球与教材中垫球技术动作
的要求相去甚远。

表 2-1　2007 版《国家学生体质健康标准》球类项目测试方法及评分标准

项目	测试方法	评分标准
篮球运球绕杆	考生持球站立在起（终）点线的出发位置，并做好出发准备。发令后，考生两脚方可移动，并按图 2-1 中箭头所示方向运球依次过杆。运球过程中，若考生暂时失去对球的控制，但球未出测试场地，考生可自行捡回，在对球失去控制处继续运球，计时不停止。考生与球均返回起（终）点线，计时停止。每人测试两次，记录较好成绩	满分：男生 9.4 秒／女生 12.0 秒 合格：男生 19.6 秒／女生 22.5 秒
足球运球绕杆	考生听到发令信号后由起点线开始向前运球依次过杆（见图 2-2）。考生和球均越过终点线即为结束。每人测试两次，记录较好成绩	满分：男生 7.5 秒／女生 8.1 秒 合格：男生 13.5 秒／女生 20.1 秒

续表

项目	测试方法	评分标准
排球自垫球	1. 考生听到报号后，进入测试区域，原地将球抛起，第一次垫球成功后计时开始，个人连续正面双手垫球，要求手型正确、击球部位准确、达到规定的高度。 2. 每次测试时间不超过 1 分钟。每人测试两次，记录较好成绩。男生垫球的高度(从地面起至球的底部)不低于 2.24 米，女生不低于 2.00 米	满分:男生 40 个/女生 35 个 合格:男生 9 次/女生 9 次

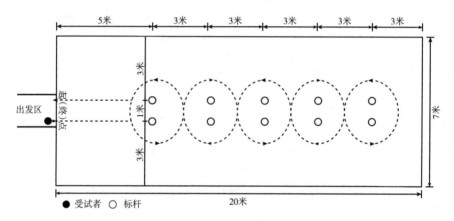

● 受试者　○ 标杆

图 2-1　篮球运球绕杆测试示意图

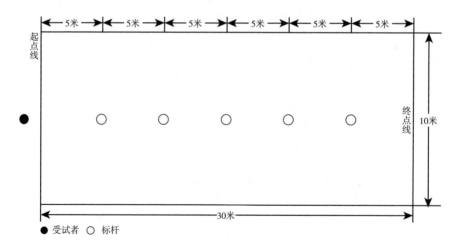

● 受试者　○ 标杆

图 2-2　足球运球绕杆测试示意图

3.考试模块配置与评价标准失衡加剧"逐利"现象

当下各地体育中考考试模式主要由不同的考试模块组合而成，而不同的考试模块则由相应的基本运动技能和专项运动技能组合而成。除必考模式之外，大多数地区的选考模块和抽考模块内的考试项目通常先把耐力素质、力量素质、速度素质、专项运动技能进行分类，然后由学生或教育主管部门选择或抽签。然而，通过前文对体育中考政策实施效果的调查以及对相关人员的访谈得知，一些地区考试模块组合以及模块内部项目设置缺乏一定的科学性和合理性。具体表现为：①专项运动技能类项目缺失。在85个城市中有31个城市体育中考未设置专项运动技能类项目，考试项目完全采用《国家学校体质健康标准》规定的项目。②选考模块内容配置不合理。由于专项运动技能类项目侧重于对学生身体能力的综合性考查，学习和掌握难度较基本运动技能类项目大，并且考试过程中存在的偶然性因素较多，如将两者混合组成选考模块，学生在选择考试项目时通常会避开专项运动技能类项目，而选择稳定性较高且更易得分的基本运动技能类项目。例如，在2021年合肥体育中考中，9个选考项目中被选中次数排名前三的全部是基本运动技能项目，67%的学生选择了1分钟跳绳和坐位体前屈作为自己的考试项目。③评价标准难度失衡，特别是在专项运动技能类项目中表现得更为明显。由于排球自垫球远比篮球运球绕杆和足球运球绕杆更易控制和获得高分，而且便于开展大规模教学，在学生"理性"考虑和体育教师主动引导的双重作用下，排球自垫球通常成为学生的首选运动技能考试项目。在2021年滁州体育中考中，市区6000余名考生中选择篮球运球绕杆、足球运球绕杆作为选考项目的考生不足10人。苏州吴中区、姑苏区、高新区的多名初中体育教师反映有接近3/4的考生在运动技能选考项目中选择排球自垫球。这种情况不仅给基层教育部门组织考试工作带来了压力，也不利于学生真实运动兴趣的延续和发展。

二 政策体系的全面性、系统性不足掣肘政策推进的持续动力

社会问题的复杂性和单项政策的局限性要求必须将各项政策配置成

一个紧密联系、互相支撑的政策体系才能更有效地使特定社会问题得到解决。体育中考建章立制已有 40 余年，但其在政策体系构建上仍然存在全面性、系统性不足的问题。

1. 专项运动技能标准和过程性评价细则缺位

2016 年，国务院办公厅在《关于强化学校体育促进学生身心健康全面发展的意见》中提出，中小学要把学生参加体育活动情况、学生体质健康状况和运动技能等级纳入初中学业水平考试。[①] 虽然各地体育中考已经普遍将《国家学生体质健康标准》作为考试的主要内容，但是有关运动技能评价标准和参加体育活动的评价方法仍然空缺。上海体育学院、北京体育大学分别于 2018 年、2019 年组织研制了《青少年运动技能等级标准与测试方法》[②]《我国大中小学体育运动技能等级标准》[③]。然而，教育部至今仍未通过官方渠道将相关标准下发至地方执行，造成基层教育部门在体育中考方案制定中缺乏权威性依据，不得不沿用在科学性、合理性上存在不足的评价标准和评价方法，加剧了初中体育教育教学与课程标准、教材内容的割裂。

为了实现体育中考评价的科学化和解决体育教学"应试化"的目的，越来越多的地区设置了过程性评价模块。根据前文对部分地区体育中考过程性评价方案的内容分析发现，大多数过程性评价方案设计得模糊、笼统，在考试方案中仅仅写道"初一、初二体育成绩""体育课堂、课外体育活动表现"，而具有可操作性的内容以及监督方案难觅踪影。在缺少评分依据和监督机制的情况下，过程性评价缺乏一定的权威性和公信力，更不用说实现通过综合评价促进学生体育素养提高的目标。实地调研获得的信息也印证了笔者的猜想，J 省 S 市某中学的体育

---

① 《国务院办公厅印发〈关于强化学校体育促进学生身心健康全面发展的意见〉》，www.gov.cn。

② 《由我校编制的〈青少年运动技能等级标准〉发布 社会反响热烈》，www.sus.edu.cn。

③ 《我国大中小学体育运动技能等级标准出台》，www.moe.gov.cn。

教师反映，2020 年该校所有学生的过程性评价全部为满分。而 J 省 W 市教研员谈道，该市实施过程性评价后也出现了"全满分"的情况，不得不在实施三年后将其取消。更有甚者将过程性评价的分数"异化"为保护本地生源的工具，中部地区某省一位体育教师表示，当地存在优质生源外流的现象，在教育主管部门的授意下，校长要求体育教师降低全体学生的过程性评价分数，从而达到降低学生总分，防止区外高中"挖人"的目的。

在问卷调查中，笔者设计了"您是否支持将过程性评价标准纳入体育中考"这一问题，并且对选"否"的体育教师安排了不同意将过程性评价纳入体育中考的原因等相关题项。在参与调查的 286 名体育教师中，有 204 名支持在体育中考中设置过程性评价，有 70 名持反对意见，还有 12 名表示说不清。在不支持将过程性评价纳入体育中考总分的原因中，排名第一的选项是"缺乏统一的组织和要求，过程公平性难保证"，排名第二的是"没有统一的评分标准，评价缺乏依据"。此外，"担心体育课变成考试训练课，降低学生学习兴趣""担心承受来自学校领导和家长的压力"也是体育教师持消极态度的重要原因（见图 2-3）。在选择"其他"的体育教师中，有 2 位体育教师填写道："过程性评价容易出现全部满分的情况，失去其应有的功能和意义。"

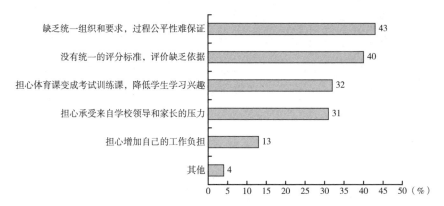

图 2-3　体育教师不支持将过程性评价纳入体育中考原因

"劣币驱逐良币"的隐忧
——对 Y 省体育中考新方案实施情况的调查与思考

"劣币驱逐良币"概念原指一种货币规律，是指如果有两种形式的商品货币流通，消费者会保留和储存成色更好的货币，而将成色低的货币在市面上进行交易，最终使得在市场上流通的大多为劣币，良币则少见于流通市场。人们常借用这一法则指假冒伪劣产品给正牌商品带来的冲击和威胁。①

2020 年 9 月，Y 省开始实施体育中考新方案，全省统一考试项目，统一评分标准，统一测试要求。Y 省体育中考新方案的最大特色就是将体育中考完全放在本学校测试，学生初中 3 年每个学期的测试由学校统一组织。经过一年多的实施其效果到底如何？在政策执行层面存在哪些问题？带着这些疑问，笔者对 Y 省 K 市某中学王老师进行了访谈。

据王老师所述，体育中考分值提升以后体育学科的地位确实得到了极大的提升，学校领导、学生、家长对体育的重视程度有了显著的提高。学校体育竞赛也如火如荼地开展起来，体育课后作业的落实情况也令人满意。但是，他也指出新方案大大增加了体育教师的工作量，虽然有部分其他学科教师也参与到组织考试的过程中，但由于信息化测试设备仍未配备到位，组织考试仍然面临人手短缺的问题。对于考试公平性的问题，他谈道，由于自己所在学校是全省唯一由省教育厅主管的重点中学，所以学校领导对各项工作要求较高，对组织体育考试的工作非常重视，能较好地落实省里文件的要求，考试组织工作严密，考试过程公平，成绩可信。然而，据他了解，其他学校存在体育中考"走过场"的现象，一些学校领导对组织体育考试重视程度不够，考试组织不严密，学生几乎都可以得满分。他讲道："如果其他学校存在给学生全部

---

① 郭春镇、石梦婷：《制造业灵活用工"返费"问题中的博弈及其治理》，《开放时代》2021 年第 2 期。

满分的情况，那么我们认真严格地组织考试是不是会使本校学生在升学的竞争中陷入劣势？"王老师的疑问引发了笔者对新方案公平性的思考。诚如他所言，不同学校的学生之间在中考时存在竞争关系，在相应监督机制尚不健全的情况下，将评分权力完全下放给学校是否是对政策权威的一种削弱？而在这种情况下，产生的后果也是显而易见的，即"劣币驱逐良币"。具体而言，在学校之间存在竞争的前提下，一旦有学校放松考试要求，给全体学生满分，那么之前严格组织考试的学校或是出于自身利益考量，或是迫于学生、家长的压力必然会选择效仿和跟随，长此以往，再也不会有学校认真严格地组织体育中考，进而造成政策失灵、失效。

2. 保障性、规范性政策配套与衔接不足

从政策自身来分析影响体育中考政策执行的因素，不应局限于对考试方案的分析，因为政策系统内部是否协调、相互支持同样会对政策执行的过程和结果产生一定的影响。如，考试经费由谁出，安全如何保障，监督主体由哪些人组成，考试信息化设备配备标准、体育竞赛加分标准等。

体育中考在实施之初是作为重点中学招生考试的一部分来组织实施的，随着20世纪90年代正式被纳入中考的一部分，体育中考规模逐渐扩大，组织要求日渐提高，对组织考试经费的需求也逐渐提升。原国家教委在1993年和1997年出台的体育中考专项政策中均有关于考试组织经费来源的表述，如"必要的考试经费应由各级教育行政部门纳入财政预算，也可以向考生收取适当的考务费""绝不允许将体育考试收费作为创收渠道""对考试收费标准不做统一规定，由省级教育主管部门制定统一收费标准"，相关政策表述较为模糊。具体而言就是组织体育中考的职责在地市级层面，但收费标准制定的权力在省级层面，而省级层面并没有拨付组织实施体育中考专项经费的权力。考试的组织实施、考试设备的添置和更新费用由市级、县级教育主管部门自行承担。以江

苏为例，各地仍然在执行 2005 年由省物价局指导地方制定的 9 元考试收费标准，考试组织的差额部分由地方财政统一补足。然而，笔者在调研中发现，一些经济发展欠发达的中西部地区甚至出现一个城市市区考试已经实现了信息化，而县区却仍采用人工计时、测距的方式，究其原因是缺乏相应的收费政策依据，难以实现体育中考组织实施的收支平衡。

建立健全考试的安全保障机制是体育中考组织实施的重要环节。近年来体育中考中出现的伤亡事故也是社会上出现反对实施体育中考声音的重要原因之一。面对这种情况，教育部曾数次发文要求地方在组织实施体育中考的过程中要牢固树立"安全第一"的指导思想，落实安全责任。从实施层面来看，体育中考的安全保障措施主要由家长告知书、考前体检、考中应急措施三部分组成，一些地区还采取了为考生统一购买意外伤害保险的举措。在调研中和对各地体育中考方案的分析中发现，各地对考前家长告知书和体检制度普遍落实得较好，能确保家长在考前对孩子的身体状态进行确认和反馈。在考中应急措施方面，各地存在一定差异，一些地区仅要求学校校医在考试过程中进行陪同，并未在考场安排专业医护人员和专业急救设备。由于耐久跑是各地体育中考选用最多的考试项目，而近年来体育中考中出现的较为严重的伤亡事故也多是发生在耐久跑项目测试过程中，在体育中考考试现场配置专业急救设备和专业医护人员十分必要。具体而言，就是除了在考场安排专业医护人员，还要配备体外心脏除颤仪（Automate-d External Defibrillator，AED）。相关研究数据表明，发生心搏骤停时，在 3 分钟内 AED 的有效介入可以使抢救成功率提高到 72%。[①] 厦门在 2021 年已经要求所有体育中考考场配备 AED，广西德保在组织实施体育中考时也邀请了当地红十字会携带 AED 提供现场安全保障。此外，在体育中考商业保险保

---

① 廖彦昭、陈子奇、张焕基：《自动体外除颤仪的研究及应用进展》，《中国心脏起搏与心电生理杂志》2018 年第 1 期。

障方面，广州从 2007 年开始建立专项经费为全体参加体育中考的学生购买意外伤害保险，兰州从 2016 年开始要求特异体质考生必须购买商业意外险。然而大多数地区由于收费政策不明确和地方财政实力不足等因素，对考生购买意外保险方面并未做出具体要求。

体育中考监督保障主要由基层教育部门建立的考试监管制度和信息化测试系统组成。在考试监管制度建设方面，统一现场考试的监督主要由当地教育行政部门主要领导组成的考务组来负责。值得注意的是，一些地区在组织体育中考现场考试时逐渐建立公众监督制度，例如，南京采用了在参加考试的每组学生中安排一名考生监督员实施监督的措施，考生监督员全程负责观察本组考试实施情况。开封体育中考现场考试时会邀请部分人大代表、政协委员、家长代表、考生代表等担任现场监督。H 省教育厅体卫艺处原领导反映：

曾经在体育中考前许多人"打招呼"让我不胜其烦，后来在每年体育中考时我都会邀请当地媒体对考试现场进行全方位的报道，目的就是告诉大家体育中考监督机制很健全，来不得半点虚假，别想动"歪脑筋"，后来说情的现象就渐渐绝迹了。

以上措施不仅帮助体育中考树立了公平、公正、公开的政策形象，也是推进公众参与教育治理的重要体现。然而，目前一些地区多元主体参与体育中考监督的政策尚不健全，常态化、规范化的机制尚需完善。此外，笔者还注意到有部分地区将学生参与各级运动竞赛的成绩作为体育中考的加分项，但竞赛名录的制定和成绩的认定细则仍存在空白，造成滥用加分政策的现象。将运动竞赛成绩纳入体育中考加分项的目的是激发青少年体育参与的积极性，但配套政策的不完善导致政策执行偏离了良性的轨道，反而损害了政策形象。

体育中考信息化测试系统从 2007 年开始逐步普及，当下除个别地区之外，各地已经基本实现测试设备的全部或部分信息化。通过对多地基层教育部门工作人员和信息化设备企业技术人员的访谈发现，目前，在推进体育中考信息化的过程中，缺乏相对统一的建设标准和要求，这造成了以下两个问题：一是测试设备信息化水平参差不齐。由于最早的测试设备面世已超过 10 年，许多地区设备使用年限较长，而早期设备功能较为单一，设备之间缺乏一定的协同，制约了考试工作的组织效率。同时，由于早期设备无法对全程所有考试项目进行实时监控，舞弊现象的发生概率较高。有教育部门工作人员向笔者反映，在当地的体育中考中曾出现监考人员利用传统压杆式立定跳远垫的技术漏洞帮助考生提高考试成绩的情况。二是重复投入造成教育经费浪费。当代电子信息技术日新月异，而目前各地采用的体育中考测试设备的更新周期普遍为 3~5 年，地方在推进体育中考信息化时，如果缺乏一定的前瞻性就极易造成教育经费浪费。H 省 X 市教育局一名工作人员曾和笔者谈道：

> 采购的设备才使用了 2 年，而全省体育中考改革政策要求必须对现有设备进行替换和升级，但这些费用如何解决现在仍不明确。

第二节　政策主体与执行机制维度

一　政策主体之间的上下互动与协同不畅

在中国特色的国家治理制度下，研究公共政策的执行不可能回避不同政策主体之间的互动，因为政策主体之间是否存在良好的互动关系往往是政策效果能否充分体现的关键。就体育中考从中央到地方的实施现状来看，政策主体之间仍存在上下沟通互动不足、监督与激励机制不健全的问题。

1.顶层推动乏力与政策转换断档

我国体育中考政策是通过中央—省（区、市）—市—县"金字塔式"的层级逐级向下执行。教育部凭借行政力量确保政策层层落实。然而，从政策实施现状来看，自上而下的推动与指导不足影响了政策的持续推进。教育部在 2008 年之后未出台有关体育中考的具体工作方案和要求，使地方在制定体育中考方案时缺少宏观的政策依据，这不仅造成了地方政策与中央政策的偏离，也不利于体育中考政策权威的树立。

公共政策的落实需要具体到基层治理场域，中央政策只有在地方经过政策转换后才能实现政策与基层治理场域的多维度契合，才能成为一项具有较强可操作性且能够增进地方整体治理效益的有效政策。[①] 2019年，《教育部关于加强初中学业水平考试命题工作的意见》中指出，各地要进一步强化省级统筹，落实初中学业水平考试命题管理省级主体责任，尚未实施统一命题的省份，应积极创造条件稳步推进省级统一命题。体育中考作为初中学业水平考试的一部分也应在全省范围内实现考试分值、内容、评分标准的统一。就全国范围来看，大部分省份的省级教育部门和市级教育部门在体育中考政策转换过程中的协作与沟通失灵。在我国行政体制内，省级教育部门和市级教育部门是指导与被指导的业务关系，这种业务关系通常以教育政策的下发、数据的上报以及教育工作开展情况的检查来呈现，两者缺乏一种事实上的刚性联系。具体到体育中考来看，目前大多省级教育主管部门出台的体育中考专门性文件较少，对体育中考实施的目标、内容、组织、要求虚化。截至 2021年，仅有 14 个省（区、市）的教育厅（委）针对体育中考出台了专门的通知或指导意见（见表 2-2），并且除直辖市外，只有陕西、云南、福建、黑龙江、河南等出台了较为具体的改革和工作方案。省级教育部门的缺位给基层教育部门体育中考政策的具体实施带来了挑战。在调研中，A 省 H 市、S 省 W 市、S 市体卫艺处（科）领导均反映，由于体

---

① 仇叶：《县级政策转换与有效治理——对中国公共政策过程的反思》，《经济社会体制比较》2021 年第 3 期。

育中考的高利害性和机构自身专业能力不足，市里不敢改也不会改，更希望省里能出台可直接用于实施的成套方案。

表 2-2　部分省（区、市）体育中考政策文件发布情况

省（区、市）	政策名称	发布年份	类型
湖南	关于进一步加强初中毕业升学体育考试完善中招制度的通知	2009	通知
甘肃	甘肃省教育厅关于进一步做好全省初中学生毕业升学体育考试工作的通知	2015	通知
山东	山东省初中体育科目学业水平考试指导意见	2018	指导意见
新疆	关于做好 2019 年自治区初中学业水平体育与健康考试工作的通知	2019	通知
陕西	陕西省初中学业水平体育与健康考试工作方案	2020	实施方案
广东	广东省教育厅关于切实做好 2020 年初中毕业生升学体育考试工作的通知	2020	通知
福建	福建省初中毕业升学体育与健康考试实施方案（试行）	2020	实施方案
云南	云南省初中学生体育考试方案	2020	实施方案
西藏	关于做好 2020 年初中毕业升学体育考试工作的通知	2020	通知
安徽	2021 年初中学业水平体育与健康学科考试工作方案	2021	实施方案
河南	河南省中招体育考试改革方案	2021	实施方案
黑龙江	关于初中学业水平考试（中考）"体育与健康"科目考试指导意见	2021	指导意见
江西	关于认真做好 2021 年初中毕业生升学体育考试工作的通知	2021	通知
海南	2021 年海南省初中毕业生体育考试工作方案	2021	实施方案

2. 自我监督缺乏与激励机制缺失

美国著名公共政策学家威廉·N. 邓恩在其《公共政策分析导论》一书中指出："监测有助于确定项目执行人员、官员以及其他利益相关者是否按照立法者、管理机构和专家组所制定的标准和程序开展行动。"然而，就体育中考来看，其政策执行监督主体缺乏独立性和权威性。我国体育中考主要由市、县一级教育部门负责组织实施，考官多为来自该区域高中、小学的体育教师或周边大学的学生，监督管理人员也

多由本级教育系统内部工作人员担任。基层教育部门既是体育中考政策的实施主体，又是政策执行的监督主体。在人情社会的大环境下，教育行政部门的自管自监容易导致考试舞弊的出现。

激励是个人或组织行为的一个关键变量，对政策执行有深远、重要的影响。任何一项执行绩效高、政策行动者行为意愿强烈的政策背后都一定有与之相对应的强大的激励和提供这些激励的制度。[①] 体育中考自全面实行以来，已经成为教育系统的一项常规工作，从考试组织到内容安排已经制度化，正如前文所述，基层教育部门在执行政策时产生了路径依赖。通过对收集到的各地体育中考方案发现，大多数地区考试方案多年未变。在调研中有几位基层体卫艺处（科）工作人员对笔者谈道：

> 基层教育工作涉及面广，内容繁杂，我们只要保证每年按时开展体育中考就行，省、市领导对该项工作并没有过多的关注。

由此可见，评价和激励机制的缺失导致省、市层面教育部门对改进体育中考的主动性不强，这也成为阻碍体育中考改革推进的一个重要因素。

二　政策主体的人员配备与专业能力不足

相关研究表明，在公共政策执行中，政策主体的专业能力和权威地位也会影响目标群体对政策的认同。政策主体如具备较高的专业素养和工作能力能使目标群体产生更高的敬佩感、信服感。[②] 这是因为政策主体特别是基层政策主体如果缺乏必要的知识和能力，就无法准确地把握政策所蕴含的价值和精神，进而导致政策在传达、宣传、执行过程中失真、失当、失误。

[①] 陈佳、高洁玉、赫郑飞：《公共政策执行中的"激励"研究——以 W 县退耕还林为例》，《中国行政管理》2015 年第 6 期。

[②] 丁煌：《浅谈政策有效执行的信任基础》，《理论探讨》2003 年第 5 期。

体育中考基层政策主体主要指市、县一级教育部门中的体卫艺处（科）。考试内容的选择、评分标准的确定以及考务工作的安排都由其负责。通过与多个省、市体卫艺部门工作人员的访谈，笔者了解到，目前，基层体卫艺部门普遍面临人手短缺和专业不对口的情况。市一级体卫艺处（科）配备的专职人员通常为3~4人，另外大多数地区还会配备1~2名从学校抽调的教师作为借调人员。而这4~6名工作人员不仅负责指导和监督辖区学校体育工作的开展，还负责监督卫生与健康、艺术、国防教育工作以及协调学生体育竞赛和艺术交流等活动。从专业能力构成方面来看，基层体卫艺部门正式在编人员通常通过公务员考试进入教育系统，一般情况下不具备体育相关专业背景。而体育中考是一项系统的工作，特别是推进体育中考改革以及对政策执行效果的评估和检视通常需要以体育相关专业知识为依托，缺乏相关知识储备和实践经验，对中央政策文件的理解容易出现偏差，不能精准地分析和解决问题。因此，在基层体卫艺部门工作人员短缺和专业背景薄弱的情况下，其从内部发起和推动相关改革存在一定的困难。此外，基层体卫艺部门人员短缺使得对辖区内体育中考组织实施工作的监督覆盖面不足，尤其是在一些采用过程性评价的地区，体卫艺部门的监督无法下沉至学校，使得过程性评价分数评判出现"共谋"的可能性提升。

从一定意义上来说，体育教师是体育中考的直接执行人，体育教师在体育中考实施过程中的能力主要是指完成体育教学任务、实现体育中考政策目标的能力，具体来讲就是通过学校体育活动提升学生基本运动技能和专项运动技能、传授体育与健康知识以及对学生体育素养进行科学评价的能力。而体育教师受到学生认可情况、教师自身专项运动技能掌握情况应是评价教师专业能力的参考指标。对学生的调查显示，在"体育教师对我体育中考项目成绩的提高作用很大"这一题项中选择"非常同意"和"同意"的学生达到了66.9%，从侧面说明大多数体育教师能选择合理的教学策略和有效的教学手段提升学生的体育中考成绩。在"体育教师对我运动技能的掌握作用很大"这一题项中有

36.1%的学生持认可的态度，与此相对的是40.4%的学生持否定的态度。根据前文调查推测，造成这种结果主要有两方面原因，一是体育课的主要时间被体育中考练习内容占据，课堂教学与教材、课标要求存在脱节；二是体育中考设置的专项运动技能考核标准并不被学生认可为掌握运动技能的标准。在"体育教师对我体育与健康知识的掌握作用很大"这一题项中，学生反馈的情况较不理想，仅有24.7%的学生持认可的态度（见表2-3），这也与前文对体育与健康理论课在初中开展情况不佳形成了互证。部分体育教师反映，较少开展理论课教学的原因一方面是自己不擅长，另一方面是学校和教研组没有硬性的要求。

表2-3　学生对体育教师教学能力的认可情况

单位：%

选项	体育教师对我体育中考项目成绩的提高作用很大	体育教师对我运动技能的掌握作用很大	体育教师对我体育与健康知识的掌握作用很大
非常同意	25.7	13.7	8.5
基本同意	41.2	22.4	16.2
不确定	20.8	23.6	32.6
较不同意	7.7	24.6	24.8
不同意	4.6	15.8	17.9

在体育教师接受体育师范教育时主修和辅修的运动技能项目调查中（见图2-4），参与调查的体育教师主修项目排名前五的是田径、篮球、足球、排球和乒乓球，辅修项目排名前五的是篮球、排球、足球、羽毛球和乒乓球。这在一定程度上反映了我国体育师范教育中，学生的运动技能学习仍多集中于传统的田径和"三大球"，这对体育中考运动技能考试多元化改革形成了一定的阻碍。云南2020年公布的体育中考方案共设置了8项考试项目，目的是尽可能为学生提供丰富的选择，然而笔者由对昆明某初中体育教师的访谈得知他们学校的8名体育教师并没有武术和网球专项运动技能。学生在对体育中考项目进行选择时，除传统的"三大球"必选之外，可选择的余地不大。

此外，随着过程性评价在体育中考中的广泛采用，体育教师如何利用科学、全面的评价工具对学生体育素养进行评价就显得至关重要。但有学者在针对将体育纳入高考的可能性进行审思时谈道，我国体育教师普遍面临教育评价知识储备陈旧，对前沿的评价方案和手段了解程度偏低的窘境，其甚至对新兴评价方式的功能和价值产生怀疑和抵抗的情绪。① 这也是过程性评价分值设置较低、可信度不高的重要原因之一。

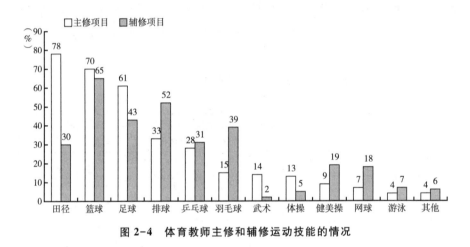

图 2-4　体育教师主修和辅修运动技能的情况

三　政策主体之间的利益缺乏统筹与整合

"利益"不仅是当今社会的高频词，也是政策学科无法绕开的一个核心概念。有学者指出政策执行就是相关政策主体之间基于利益得失的考虑而进行的一种利益博弈过程。② 许多政策在执行过程中遇到梗阻和冲突的根本原因就在于不同利益主体之间产生了矛盾和冲

① 刘昕、杨雅晰、江娟：《体育纳入高考的现实审思与推进路径》，《北京体育大学学报》2021 年第 9 期。

② 丁煌：《利益分析：研究政策执行问题的基本方法论原则》，《广东行政学院学报》2004 年第 3 期。

突。在公共政策研究领域，利益按照不同的划分标准可分为多种类型。根据利益主体的不同可分为公共利益和私人利益，根据利益实现时间的长短可分为短期利益和长远利益，还可以从利益的范围出发分为局部利益和整体利益。结合体育中考政策的制定和执行过程来看，主要存在国家整体利益与基层教育部门利益、长远利益与短期利益的分歧。

　　教育部体卫艺司主要职能是指导大中小学体育、卫生与健康教育，艺术教育，国防教育工作；拟定相关政策和教育教学指导性文件；规划、指导相关专业的教材建设以及师资培养、培训工作；协调大中学生参加国际体育竞赛和艺术交流活动。① 其是国家机关序列中专门负责学校体育工作的最高职能部门，承担着中央有关学校体育政策的调研、起草、制定、发布和督导的大多数工作。体育中考政策作为学校体育政策系统的一部分，虽然在执行层面由省级、市级教育主管部门具体负责实施，但政策本身的价值精神和主体内容的决策乃至改革的发起仍然取决于教育部体卫艺司。笔者曾于 2020 年 8 月 20 日、2021 年 6 月 5 日、2021 年 12 月 11 日分别参加了云南体育中考改革专家论证会、上海体育学院举办的学校体育中高考评价改革方案推进会和华东师范大学举办的全国体育中高考专家座谈会。教育部体卫艺司负责人在会上表示，体育中考改革与当下的体育教学改革有着紧密的内在联系，体育中考改革要依据体育教学改革来进行具体的制度建构，目的是发挥评价在实现学校体育综合育人目标、建构学校体育保障体系、唤醒社会体育意识中的重要"杠杆"作用。由此可知，教育部体卫艺司在体育中考政策的实施过程中不仅仅是想要提升学生体质健康水平，更希望通过实施体育中考政策充分发挥评价的导向作用，通过科学合理的制度设计实现体育中考与学校体育目标的有效衔接，实现青少年掌握 1~2 项运动技能、促进体育参与和养成终身锻炼习

---

　　① 《体育卫生与艺术教育司介绍》，www.moe.gov.cn。

惯的目的。

体育中考经过数十年的实施已经成为基层教育部门的一项常规工作，形成了较为稳定的工作流程和制度，在对基层教育部门实施政策过程中的利益诉求和行为进行分析时可借鉴已有的较为成熟的分析框架。罗伯特·蒙特乔伊和小劳伦斯·奥图尔从已有的组织理论进行经验观察的基础上提出，政策执行主体受到外部政策指令和组织内部已有惯例两个因素的制约，而惯例的形成或改变通常需要新资源的投入。两位学者又根据政策指令的清晰度和资源投入情况将政策执行划分为四种情景①（见图 2-5）。

	指令含糊	指令清晰
有新资源投入	A	B
无新资源投入	C	D

图 2-5　政策执行的四种情景

就国家、省级教育部门与基层教育部门在执行体育中考政策时的关系来看，目前大多数地区体育中考政策的执行情况可归为 C 类情景，即既缺乏清晰的上级指令，又无新资源投入。在政策惯性的驱使下基层教育部门通常不会主动寻求改革。笔者在对多名省级、市级教育部门相关人员访谈时得知，部分省份的省级教育部门与基层教育部门在有关组织和实施体育中考的工作中几乎没有直接的联系，更谈不上资金的支持，在组织和实施体育中考的过程中更多凸显的是地方政府和基层教育部门的领导与被领导关系，地方政府决定当地教育部门人事、财政等一系列重大事务。这种关系体现在基层教育部门开展工作时要以上级领导

---

① 陈学飞主编《教育政策研究基础》，人民教育出版社，2011。

机构（地方政府）的利益为重要考量。由于体育中考并不能为地方政府带来显性的政绩，地方政府通常以考试不出现意外等为组织体育中考的主要原则，而这种利益取向也直接影响教育部门。据一名基层教育部门体卫艺处的工作人员所述：

> 首先，确保考试组织实施过程中不发生意外伤害事故是我们组织体育中考的核心关切点，出现伤亡事故及其引发的舆情处理起来十分棘手，也正是出于这样的考虑，我们将耐久跑的评分标准设置得低于《国家学生体质健康标准》。其次，由于体育中考考试时间相对集中，要在短时间内组织市区所有初中生进行考试就必须考虑测试的效率，因此，我们更愿意在考试方案中设置一些便于群体性测试的考试项目。此外，由于学生体质健康状况已被纳入地方政府考核指标体系，局领导对学生体质健康测试这一部分工作比较重视，曾数次在会议上谈到要确保学生体质健康水平不下降，这也是我们将《国家学生体质健康标准》作为考试内容的主要原因。

学校和体育教师作为政策的末端执行者在体育中考实施过程中利益具有较高的一致性。笔者在调研走访中了解到，对于学校而言，随着体育在中考总分中所占的比重提升，让更多学生获得高分、提高升学率、获得更多的社会赞誉成为学校管理者考量的主要方面。而对于体育教师来说，学生体育中考成绩是学校领导对其工作能力评价的一个重要指标。在针对体育教师的调查中有73.1%的教师表示学生体育中考成绩对自己的年终考评或评奖、评优有一定影响。在这种情况下，学校、体育教师不可避免地会将学校体育、课堂教学的重心放在体育中考上。在目前体育中考考试内容与课标、教材仍有较大差异的情况下，这会进一步加剧"考与教"的分离，削弱学校体育的综合育人功能，滋生家长和学生对体育中考的消极情绪。

教育部体卫艺司领导在谈到我国学校体育政策制定和执行问题时曾

指出，国家颁布的学校体育政策本身是没有问题的，问题在于执行过程中不同部门之间出现了利益分化的现象，未能实现职能、权力和责任的统一。[①] 由此可见，在体育中考的实施过程中不同层级教育部门、教育部门内部各部门、学校以及体育教师通常难以将国家整体利益作为主要出发点，更多的是从"理性经济人"的属性出发，受部门利益、个人利益以及短期利益的驱使，造成中央有关体育中考实施的理念、目标在基层被残缺式执行、观望式执行。

第三节　目标群体维度

公共政策执行影响或改变政策对象即目标群体。政策功能的发挥不仅与执行主体的各个因素有关，也与政策对象对政策的认同、接受和支持程度有关。[②] 体育中考政策效果的达成、政策目标的实现离不开学生、家长的遵从。就学生和家长来看，获得更好的升学机会是他们参与教育活动的根本出发点。一项调查显示，51.9%的家长对孩子参与体育运动持保留意见，还有21.0%的家长认为体育运动只具偶尔放松心情之用，并不能带来短期实际的效益，体育运动往往只是人们口中的"谈资"和心中的"理想"，并非切实之举。[③] 从前文的调查也可以看出，大部分家长对体育中考的重视仅仅停留在口头，并没有身体力行地督促或陪同孩子参与体育运动。笔者在调研中发现，部分学生和大多数家长对体育中考的核心关切点在于如何能获得高分，考试方案和组织过程是否公平、公正。在这种利益诉求的驱使下，家长和

① 闫士展、傅建、王若光：《从"提高体质"到"立德树人"：扬州会议的历史回顾与学校体育改革的新转向——熊斗寅、曲宗湖、李习友和施永凡学术访谈录》，《体育与科学》2019年第4期。
② 宁骚主编《公共政策学（第3版）》，高等教育出版社，2018。
③ 邹小江、林向阳：《我国体教融合新政执行的潜在制约因素与调适策略——基于马兹曼尼安-萨巴蒂尔政策执行过程模型的分析》，《武汉体育学院学报》2021年第4期。

学生势必会为体育考试投入更多的时间和精力，甚至会到校外机构寻求体育中考培训。在针对学生的调查中，有 21.5% 的学生表示曾到校外体育中考培训机构寻求过指导。然而，就人们参与体育运动的心理活动规律来看，迫于外界压力，耗费大量时间、金钱围绕某几个项目进行长时间的身体练习虽然促进了学生的体育参与，但这种参与更多是被动、机械的，更容易造成学生在体育中考后对参与体育活动产生抵触心理。

第四节　执行资源维度

就体育中考政策执行的现状来看，人力、物力和财力会对其产生重要的影响。随着我国综合国力的提升，国家对基础教育资金投入逐步加大，学校体育师资、场地、器材配备条件持续改善，这为体育中考政策的执行和改革提供了可能，然而，透过宏观数据从深层次来看，体育中考仍然受人力、物力、财力因素的制约。

一　教师数量不足且城乡不均衡

体育中考政策执行的人力资源不仅包括地方教育部门的相关工作人员，还包括广大体育教师群体，因为没有充足的体育教师，学校体育工作开展的质量就无法保证，体育中考多元化评价改革的设想就难以实现。

首先，从初中体育教师总数来看，1997～2020 年我国初中体育教师增加了 82281 人，总数为 223913 人。初中体育教师在初中教师总数中的占比从 4.75% 上升到 5.80%（见图 2-6）。初中体育教师队伍建设虽取得了一定成绩，但与初中学校体育开展的实际需求仍有一定差距。2022 年，教育部发布了《义务教育课程方案（2022 年版）》，该方案中的教学时间安排规定体育与健康课程占九年总课时的比例为 10%～11%，在国家规定的 12 门课程中排名第三，仅次于语文（20%～22%）和数学（13%～15%）。然而，从对 1997～2020 年初中数学教师人数与体育教师人数的比较来看，体育教师配备数量远远少于数学教师。以 2020 年为例，数学教师人数是体育教师的 3.5 倍，是 2010 年以来的最大值，在课程时间占比仅相差 2~5 个百分点的情况下，两者配置悬殊，反映了初中体育教师队伍建设目前仍然是学校体育发展的短板。

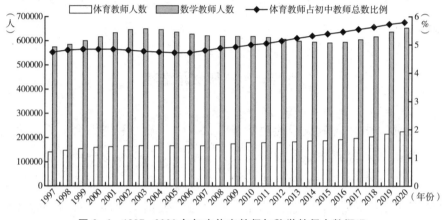

图 2-6 1997~2020 年初中体育教师与数学教师人数概况

其次，从初中体育教师班师比（初中学校班级数与学校专职体育教师数的比值）来看，数值仍然较大。班师比数值越大就意味着每名教师教授的班级越多，工作量越大。根据 2020 年的教育部发布的统计数据，我国有初中体育教师 223913 人，初中班级 1073444 个，全国平均班师比为 4.8∶1，城区为 4.5∶1，镇区为 5.0∶1，乡村为 4.9∶1（见表 2-4）。如果以行政班授课的形式来计算，平均每名初中体育教师要承担 5 个班的教学工作。按照 2007 年《中共中央 国务院关于加强青少年体育增强青少年体质的意见》中的要求，初中要保证全体学生每周 3 节体育课、2 节课外活动课。这也就意味着平均每名初中体育教师每周有 25 节体育课（活动课）的工作任务。除此之外，学生体质健康测试、学校大课间、课余训练以及校园体育竞赛活动等都需要体育教师的深度参与，体育教师承担的工作量远超过国家规定。在人员短缺的情况下再让体育教师严格记录学生日常体育参与，并认真、客观地对学生的学习态度进行评价着实有些"强人所难"。

表 2-4　2020 年初级中学拥有体育教师以及班师比情况

区域	每校拥有体育教师（名）	班级数与体育教师比
全国平均	4.2	4.8∶1
城区	6.6	4.5∶1
镇区	4.1	5.0∶1
乡村	2.1	4.9∶1

初中体育教师配备的城乡差异给体育中考政策执行保障也带来了挑战。截至 2020 年，我国城区、镇区、乡村初中每校分别平均拥有体育教师 6.6 名、4.1 名、2.1 名。乡村初中拥有的体育教师数量远少于城市初中和镇区初中，由于每名体育教师擅长的运动技能有限，这也就决定了乡村初中学生体育课程学习的多样化更容易受到限制，进而会影响学生对体育中考选考项目的选择。在教育过程未实现公平的情况下，城乡之间使用统一的考试方案是否会让体育中考有失公平，值得我们思考。

二　场地、器材资源短缺且结构不合理

随着各地体育中考改革的持续推进，体育中考项目日益多元，对学校运动场地基础设施也提出了更高的要求。然而城乡学校在运动场地配备上都面临一定的制约。总体来看，目前国内中学的运动场地结构不尽合理，排球场在城乡中学的配备不足 40%，足球场的配备不足 70%。① 对于城区初中而言，生均运动场地面积小于镇区和乡村中学（见表 2-5），这是因为城区中学办学历史普遍较长，学校的基本

---

① 教育部基础教育质量监测中心：《2018 年国家义务教育质量监测 体育与健康监测结果报告》，2018。

格局已经定型，学校周边可利用开发的土地资源稀缺，扩建运动场地现实困难较大。而乡村中学虽然人均拥有运动场地面积大于城市中学，但存在功能性运动场地建设滞后的问题，乡镇中学在田径场、排球场、足球场建设上均落后于城市中学。专项运动场地配备不到位必然会影响学生的专项运动技能学习和学校体育活动的开展，也对体育中考进一步科学化、多元化的尝试形成了阻碍。

表 2-5　2020 年我国初中运动场地和生均运动场地面积、体育场地和器材配备达标率情况

区域	运动场地面积（平方米）	生均运动场地面积（平方米）	体育运动场（馆）达标率（%）	体育器材配备达标率（%）
总计	504046726.8	10.26	94.8	97.6
城区	161607929.2	8.49	91.6	95.7
镇区	248598212.0	10.47	96.1	98.3
乡村	93840585.6	14.71	95.8	98.1

资料来源：教育部 2020 年教育统计数据。

三　专项经费缺乏且区域差异大

2015~2020 年全国教育经费投入从 36129.2 亿元增加到 53014.0 亿元，年均增长率为 7.8%，这些资金的投入极大地改善了学校体育的硬件条件。2015~2020 年 6 年间，初级中学体育器材配备达标率从 83.6% 上升到 97.6%，体育运动场（馆）面积达标率从 78.7% 上升到 94.9%（见图 2-7）。然而，现实来看，整体规模增长的背后仍然存在城乡投入不均衡，差距逐渐拉大的情况。目前，我国实行的是"省级统筹，地方负责"的教育管理体制，教育经费投入仍然主要由市、县负责，而经费投入规模更多取决于基层政府的财政能力。城乡经济发展能力的差异不可避免地造成了农村与城市的教育经费投入差距加大。有学者对近年来《中国教育经费统计年鉴》相关统计数据进行分析发现，党的十八

大以来我国农村和城市教育经费投入都呈现稳步增长态势，但截至 2019 年，农村与城市的中小学生均教育经费差值达到 2556 元，农村与城市的初中生均教育经费差值达到 6332 元，并有继续扩大的趋势。[①]

图 2-7　2015~2020 年全国教育经费投入、初中体育器材配备达标率、初中体育运动场（馆）面积达标率

教育经费的差距对体育中考最直接的影响就是信息化考试设备配备和安全保障措施不平衡。目前一套信息化考试设备报价普遍为 50 万~80 万元，第三方考试服务机构收费为 20~30 元/生，但根据前文内容得知，基层教育部门向考生收取的考试费用普遍在 20 元/生以下，基本无法实现收支平衡。在财政收入较高的地区，考试收支差额通常由生均教育经费补齐，而财政收入较低的地区只好减少或者放弃在体育中考使用信息化考试设备，这也是同一个城市市区和县区考点信息化设备存在差异的原因。

笔者在 H 省 Z 市（县级市）调研时，市教育局工作人员提供了当年体育中考的考试费用预算表（见表 2-6），从表中可以看出 Z 市当年体育中考总费用约为 18 万元。Z 市 2021 年共有考生 8342 名，每名考生的考试成本为 22 元。工作人员反映：

① 戎乘阳：《我国农村义务教育经费投入研究》，《经济问题》2022 年第 1 期。

我们在组织体育中考时并未向学生收取费用，组织考试的经费由教育局统一支出，在机构改革前，这笔费用出自体彩公益金。但2021年教育局和体育局机构改革后，两局分拆，教育部门无法继续使用体彩公益金来组织考试以及对考试设备进行升级和更新。2021年的费用要从教育局办公经费里匀出来，而我们局一年办公经费仅有70万元，拿出18万元来组织体育中考对于我们来说确实是一项沉重的负担。

表2-6　2021年H省Z市体育中考预算

类目	物品	费用（元）
考试物料	运动器材	6100
	后勤保障	18800
合计		24900
餐饮与交通	餐饮	36400
	交通	12800
合计		49200
劳务支出	考务人员劳务费	79300
	医务人员费用	2600
	加班费用	4000
合计		85900
技术服务费	设备厂商技术服务费	6800
合计		6800
场地器材及防疫费用	防疫费用	3000
	杂项	11300
合计		14300
总计		181100

第五节　政策环境维度

对任何一项公共政策的分析都不能脱离其所处的环境，因为公共政策执行不可避免地会与社会其他因素产生相互作用，并且受到政治环境、文化环境、社会环境、经济环境等的制约和影响。政策处于适宜的社会环境中，执行时遇到的阻力可能相对较小，政策目标达成的可能性较高。结合体育中考具体执行情景，本节从政治环境、教育环境和社会文化环境三个方面来阐述政策环境对体育中考政策执行的影响。

一　政治环境：国家高度重视为政策实施和改革提供了契机

美国公共政策学家安德森曾提出："公共政策是一种政策行为或政治活动，公共政策的过程则是由一系列政治活动所构成的。"[①] 政治环境有时会成为影响政策执行的决定性因素。体育中考是我党实事求是的思想路线和工作路线在学校体育领域的直接体现。体育中考的执行虽然遭受了一定挫折，但在基层实践中，考试的评价方式、内容设置、评分标准一直在不断完善，这表明了党中央和教育部对体育中考的支持和肯定。进入 21 世纪，特别是党的十八大以后，在习近平同志提出的以人民为中心的发展思想统领下，我国教育事业发展特色更加鲜明，教育现代化进一步加速，人民群众在教育方面的获得感增强。[②] 在党中央和教育部出台的一系列有关学校体育的重磅文件中均有提及体育中考的相关内容，说明这项政策取得的成效令人瞩目，在社会上引起了高度关注，充分赋予了其作为一项基本教育制度的合理性。2018 年，习近平总书记在全国教育大会上提出了学校体育"享受乐趣、增强体质、健全人格、锤炼意志""四位一体"的目标体系，标志着我国学校体育思想的又一次飞跃，为体育中考的继续完善提供了理论建构的基础。他还指出"要扭转不科学的教育评价导向"，这正是继续坚定推行体育中考的方向指引。

---

① 〔美〕詹姆斯·E. 安德森：《公共政策制定》，谢明等译，中国人民大学出版社，2009。
② 许弘：《以全国教育大会精神推进新时代学校体育的改革与发展》，《首都体育学院学报》2019 年第 2 期。

二 教育环境：过度竞争导致的"内卷化"趋势愈演愈烈

教育政策执行是将教育政策的规范、理念、价值、目标在基层场景具象化的过程。从当前我国的教育环境来看，功利化的育人取向、浓厚的应试教育氛围成为掣肘体育中考政策目标实现的重要因素。

自高考制度恢复以来，让学生接受高等教育逐渐成为全社会的共识。时至今日，以中考、高考为主渠道的人才选拔制度依然是大多数中国人成才的必经之路。而中考、高考本身具有的标准化、规范化特征无形之中对学校教学内容和模式形成了制约，进而形塑了当代中国基础教育典型的应试特征。同时，从我国的社会发展进程来看，"生存性人口"仍然是社会人口的主要部分。对于"生存性人口"来说，他们投资、接受教育的主要目的并非追求个性饱满、自我实现以及人生意义的充实，而是为了获得谋生和向社会上层流动的基本素质和竞争能力。[1] 基于这样的心理定式，中国社会的学生和家长普遍陷于深深的教育焦虑情绪之中。《2016 年度中国亲子教育现状调查报告》显示，我国家长普遍存在教育焦虑情绪，约 87% 的家长承认自己有过教育焦虑情绪，其中 20% 有中度焦虑，7% 有严重焦虑。[2] 而 2018 年《中国家长教育焦虑指数调查报告》显示，中国家长教育焦虑指数达到 67 点。在社会环境、教育资源、家庭关系和父母成长四个因素中，社会环境因素引发的家长教育焦虑程度最高。[3] 2019 年国务院印发的《国家职业教育改革实施方案》中要求，保持高中阶段教育职普比大体相当。该文件的发布在一定程度上标志着教育竞争与分流的"关口"被前移至中考，进一步加剧了教育"内卷"，而其产生的关联效应也不可避免地会波及体育中

---

① 潘凌云、王健、樊莲香：《我国学校体育政策执行的制约因素与路径选择——基于史密斯政策执行过程模型的分析》，《体育科学》2015 年第 7 期。

② 魏铭泽：《家长对子女校外体能训练认知、行为及态度研究》，吉林大学，博士学位论文，2021。

③ 杨小微：《中国家长教育焦虑的问诊、探源与开方》，《人民论坛》2019 年第 34 期。

考。本书对 85 个城市体育中考分值的统计分析得出,体育中考分值占中考总分的平均比例为 7%。而随着各地体育中考改革工作的陆续推进,未来体育中考分值占中考总分的比例会进一步提升,体育中考的"利害性"将更为凸显。在社会应试教育心理定式的驱使下,体育中考的"工具属性"在学校、体育教师、学生、家长中的心理映射会更加显著,不仅可能会造成体育在强健体魄之外所蕴含的文化价值、精神价值、教育价值被完全"淹没",而且更易导致体育中考政策目标被基层教育部门执行者和目标群体重新解读和重构。

三 社会文化环境:体育的功能价值尚未形成社会共识

社会文化对社会成员的价值判断起着决定性影响,影响着目标群体对公共政策乃至公共权力机构的认可程度,公共政策在不同文化环境中会产生不同的执行效果。[1] 要使体育中考政策效果充分地显现不仅需要政府凭借权威地位进行制度建构和资源投入,还需要良好的社会文化环境支持。具体来讲,体育中考的社会文化环境就是指社会大众所具备的体育意识特别是对体育价值的认同情况。公民对体育价值的认同是公民对体育价值的一种肯定性的心理反应,意味着公民对体育的健康促进功能的心理依附,而这种心理状态对公民体育行为具有潜移默化的影响。有学者从认知认同、情感态度、意志意愿和权力责任四个维度对我国公民的体育意识情况进行了大范围调查,调查结果显示,有接近三成的被调查者对体育健身育心价值的认知不清,有三成以上的被调查者对体育促进人全面发展和提升幸福感的作用持怀疑态度。[2] 在调研中,也曾有多位家长向笔者表达以下观点:

---

① 丁煌、汪霞:《"关系运作"对地方政府政策执行力的影响及思考》,《新视野》2012 年第 6 期。

② 乔玉成:《中国公民体育意识调查报告(2018)》,《武汉体育学院学报》2019年第 10 期。

高考不考体育，为什么中考就要考？人的身体素质有先天差异，身体素质不好的学生因为体育分数过低而影响升学是不是有失公允？

诸如此类的观点实际上还是反映出我国社会整体仍然存在对体育固有的偏见，认为体育不是衡量人才合格与否的一把标尺，而当面对升学压力时，家长通常会毫不犹豫地缩减孩子参与体育活动的时间。有学者对校园足球定点学校和注册球员数量进行统计发现，随着学段的提升，上述两项数字都呈现直线下滑的趋势①，这充分佐证了体育依旧处于社会主流价值体系的边缘。

人口生育率的降低、"少子化"趋势的进一步加剧使部分家长对孩子产生了过度关注和宠溺，这不仅容易导致家长对学生参与对抗性体育项目持消极态度，同时也让体育教师在教学过程中将更多的精力放在确保学生安全上，这无疑限制了学校体育开展的内容和形式，降低了学校体育活动开展的质量。②

---

① 邱林：《利益博弈视域下我国校园足球政策执行研究》，北京体育大学，博士学位论文，2015。

② 高晓峰、杨贵仁、孙葆丽：《少子化背景下我国学校体育面临的挑战与机遇》，《天津体育学院学报》2015 年第 5 期。

第三章　体育中考政策执行评估指标体系的构建与实证

　　一个完整的政策过程不仅需要合理地规划和坚定地执行，还需要对后期政策执行的效果进行评估以确定政策是否偏离其原有的价值与目标。因此，政策评估不仅是政策过程的关键一环，也是迈向高质量政策决策的必由之路。[①]　近年来，越来越多的地区推出了体育中考改革方案，然而，我们必须明确体育中考绝不能为改而改，及时对地方执行中央政策的情况以及当地考试方案的实施效果进行检视是必不可少的。鉴于此，本章将尝试通过对体育中考政策执行评估指标的分析，建立一套科学、严谨并具有一定可操作性的评估指标体系，以期评判各地体育中考政策执行的质量，并且为将要进行体育中考改革的地区提供一定的决策参考。由于体育中考政策在事实上仍主要由市级教育部门制定和实施，因此，本章构建的评估指标体系的评估对象为市级教育部门，同时兼具对省域"一体化模式"开展评估的功能。

第一节　体育中考政策执行评估指标体系的构建思路与流程

　　前文对体育中考和学校体育相关政策的梳理让我们对体育中考政策目标及其价值意蕴有了更为清晰的认识，也为在价值维度进行政策执行评估提供了一定的依据。前文对体育中考政策执行现状的调查以及政策

---

① 张金马主编《政策科学导论》，中国人民大学出版社，1992。

执行理论模型的指引对政策执行影响因素的归因，为从事实维度构建体育中考政策执行评估指标体系提供了启示。基于此，本节尝试根据我国体育中考政策的宏观政策目标和价值导向，在参考《学校体育政策执行力评价指标体系》①《我国青少年体育政策评估研究》②《大众体育政策执行效果评估研究》③ 等研究中现有指标的基础上，结合对学校体育专家、教育部门领导和工作人员学生、家长、体育教师、学校管理者等的访谈，按照政策执行的相关理论框架划分指标体系层级并选取指标。通过向学校体育专家、教育部门工作人员、学校管理者、体育特级教师等进行问卷征询，保证指标选取的全面性和权威性。随后，将意见进行调整优化再以匿名形式反馈给专家，在"调整—反馈"的循环中最终形成一致性较好、具有一定科学性和可操作性的体育中考政策评估指标体系（见图 3-1）。

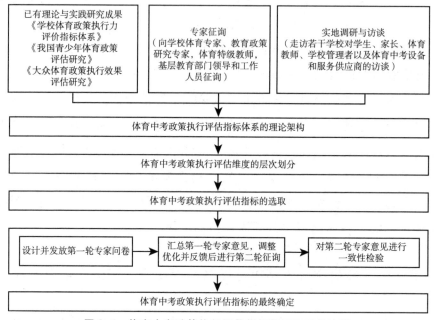

图 3-1　体育中考政策执行评估指标体系构建的流程

---

① 　王书彦、周登嵩：《学校体育政策执行力的评价指标体系》，《体育学刊》2010 年第 6 期。

② 　盖洋：《我国青少年体育政策评估研究》，上海体育学院，博士学位论文，2019。

③ 　程华：《大众体育政策执行效果评估研究》，上海体育学院，博士学位论文，2018。

第二节　体育中考政策执行评估指标体系构建的原则

鉴于体育中考政策执行过程涉及省级、市级教育部门，学校，体育教师等多方面主体，本章在设计体育中考政策执行评估指标体系的过程中，不仅要剖析体育中考在促进青少年体质健康水平提高、运动技能掌握、体育锻炼习惯养成等方面的作用，还要充分结合基层教育部门在组织实施体育中考中的实际工作需求。指标设计要力求体现普适和对实际工作的指导作用，因此，在指标的选取上不仅要准确反映中央对实施体育中考目的的要求，而且要有利于通过评价促进地方教育部门转变理念，加快推动体育中考改革进程。

一　坚持科学性与有效性的统一

科学性是评价指标体系设计最重要的原则，甚至可以说是唯一的原则，评价指标体系的科学性直接决定了评价结果的科学性、可信性与可靠性。[①] 在体育中考政策执行评估指标体系的构建过程中，要秉承价值理性和工具理性并重的逻辑主线，采用定性、定量相结合的方法，在指标选取上既要顺应我国学校体育发展的宏观理念，也要避免陷于主观色彩过浓导致科学性被削弱的困境。对难以量化的指标要用清晰的文字对其概念进行准确的表述，而量化指标要与上层指标具有较强的关联性，尽量获取权威数据，以确保评估结果的真实有效。

二　坚持全面性与可操作性的并举

体育中考政策执行是一项多因素介入的系统性工作，是在中央推动下，由地方教育主管部门、学校和体育教师具体付诸实施的基本教育政

---

① 彭张林、张爱萍、王素凤等：《综合评价指标体系的设计原则与构建流程》，《科研管理》2017 年第 S1 期。

策。如前文所述，体育中考政策执行受到来自政策自身、不同利益相关者、环境、资源等多方面因素的影响，因此，在层次划分和指标选取上应在一定的理论框架指导下，对政策执行的整个过程予以考量，以便能全面真实地反映地方政策执行的质量和政策效果。在可操作性方面，要确保指标的选取充分体现体育中考政策执行的实践场景，具体包括政策制定层面、学校体育实践活动层面以及考试组织层面。一方面，要注重指标的可获得性和可比性；另一方面，要确保基层教育部门工作人员、体育教师、学生等利益相关者充分接受和认可选取的指标。

三　坚持层次性与独立性的兼顾

体育中考政策执行评估指标体系构建的目的是对地方体育中考政策执行进行全面和综合的考察，并根据评估结果进行相应的调整和优化。在体育中考政策执行过程中离不开学校体育其他政策的支撑与保障，因此在指标体系设计上要遵循事实的逻辑关系，对政策执行评估维度的层次进行合理的划分，同时还要确保层次和指标之间既能较好地衔接配合，又不出现重复和冲突。

第三节　体育中考政策执行评估指标体系的确定

前文对体育中考政策执行影响因素的分析建立在政策执行过程理论框架之下，因此，笔者也尝试在同样的理论视域下进行体育中考政策执行评估指标体系构建，对政策执行过程模型中的不同维度进行一定的扩展、丰富和操作化，从而使各项指标更加具体。

一　体育中考政策执行评估指标体系的初步构建

在借鉴政策执行过程理论模型后，还要根据实际情况对模型不同维度的指标进行一定程度的扩展，从而使指标具有可操作性。鉴于此，笔者在借鉴前人研究成果的基础上，根据第二章中对政策执行影响因素的分析，凝练出"政策方案""执行机制""执行保障""政策效果"4个一级指标。在最初拟定指标体系的过程中为了保证指标尽可能地涵盖体育中考政策执行的各个环节，需要规避不合理的指标，防止指标出现遗漏或重复。笔者分两个阶段进行指标初步选取：第一阶段，笔者邀请了课题组成员，以召开组会的方式对指标进行了审阅和讨论，主要考虑体系内上下层次之间的关联度、指标完整性以及文字表述是否清晰等问题。第二阶段，笔者从指标体系要充分结合教育部门、学校实际工作的角度出发，再次与前期调研的省级、市级、县级教育部门领导和工作人员以及学校管理者和体育教师等进行了交流，听取了他们对指标选取的意见和建议，对指标进行了调整和优化，初步构建了包含4个一级指标、12个二级指标、47个三级指标的评估指标体系（见表3-1）。

表 3-1　体育中考政策执行评估指标体系

一级指标	二级指标	三级指标
A 政策方案	A_1 政策制定权威性	A_{11} 省级体育中考方案制定情况
		A_{12} 方案制定过程中的调查与论证情况
		A_{13} 基本运动技能项目评分标准与《国家学生体质健康标准》的契合度
	A_2 政策方案合理性	A_{21} 体育中考分数在中考总分中的占比情况
		A_{22} 学生的可选择性
		A_{23} 过程性评价方案清晰度
		A_{24} 专项技能包含核心技术动作组合
		A_{25} 体育与健康知识测试
		A_{26} 男女生评分标准的公平度
		A_{27} 考试方案的动态调整机制
		A_{28} 考点设置的便捷性
B 执行机制	B_1 政策宣传	B_{11} 政策解读与听证制度
		B_{12} 权威平台发布
		B_{13} 公共媒体报道
	B_2 主体行为	B_{21} 市级、县级教育主管部门的沟通与协作
		B_{22} 考务人员考前培训情况
		B_{23} 考试工作总结与反馈制度
		B_{24} 考务人员专业能力水平

续表

一级指标	二级指标	三级指标
C 执行保障	C_1 经费保障	C_{11} 体育中考专项经费设立情况
		C_{12} 学校体育场地、器材建设经费投入
	C_2 师资保障	C_{21} 城乡体育教师均衡情况
		C_{22} 班级数与体育教师比例
		C_{23} 中级以上职称体育教师比例
		C_{24} 本科以上学历体育教师比例
	C_3 场地、器材保障	C_{31} 运动场地达标率
		C_{32} 运动器材配备达标率
		C_{33} 生均运动场地面积
		C_{34} 学校体育场(馆)假期向学生开放情况
	C_4 安全保障	C_{41} 考前健康状况确认
		C_{42} 考场专业医护人员配备
		C_{43} 体外除颤仪配备
		C_{44} 意外伤害保险覆盖
	C_5 监督保障	C_{51} 信息化测试设备
		C_{52} 现场考试监督质量
		C_{53} 过程性评价监督机制
D 政策效果	D_1 利益相关者的认可与重视	D_{11} 教育行政部门工作人员的认可与重视
		D_{12} 学校领导的认可与重视
		D_{13} 体育教师的认可与重视
		D_{14} 学生的认可与重视
		D_{15} 家长的认可与重视
	D_2 体育素养提升	D_{21} 基本运动技能发展
		D_{22} 专项运动技能掌握
		D_{23} 体育与健康知识掌握
		D_{24} 课外体育参与情况
		D_{25} 家长陪同参与体育锻炼情况
	D_3 学校体育工作促进	D_{31} 体育课开足、开齐率
		D_{32} 大课间和课外体育活动情况

二 体育中考政策执行评估指标的专家征询

1. 专家的选定

专家对指标的选择与确定在一定程度上决定着专家调查法的最终效

力。达尔基对大量不同专家人数的德尔菲法第一轮调查的应答统计结果显示，15人以上的德尔菲专家调查组得到的评估结果具有足够的可信度，再增加专家数量对统计结果不会产生太大影响。[①] 因此，从本书研究的实际需要出发，最终选定由在学校体育领域具有一定影响力的专家学者以及各级教育行政部门工作人员组成15人的专家组。其中，长期从事学校体育、青少年体质健康促进工作的教授、副教授、讲师共6名，各级教育行政部门工作人员6人，初级中学校长1名，特级体育教师2名（不包括校长）。上述专家在本领域的工作年限都在10年以上，其中具有高级职称的占87%，具有中级职称的占13%（见表3-2）。本书着重从以下几个方面考量专家选择标准：①所有专家需要直接或间接参与当地体育中考政策的制定；②除校长外，来自中学的专家必须具有特级教师称号，且具备20年以上体育教学经历；③来自教育部门的专家需要10年以上组织体育中考的实际工作经验。本书之所以选择多级教育部门工作人员作为专家咨询的对象是因为不同层级教育部门组织实施体育中考工作的出发点和核心关切点并不总是一致，这样做可使指标尽可能与体育中考政策执行链条上的重点工作内容相匹配。同时，如果仅选择学者作为咨询对象有可能会造成指标与基层教育部门所具备的工作条件、专业能力以及具体执行存在偏差。

表3-2 体育中考政策评估指标体系征询专家

序号	姓名	学位	职务/职称/称号	工作单位
1	郭＊＊	学士	正处级	河南省教育厅
2	韩＊＊	硕士	正科级	安徽省教育厅
3	姚＊＊	学士	正科级	苏州市教育局
4	郭＊＊	硕士	副科级	上海市教委
5	王＊＊	硕士	股级	新郑市教育局
6	黄＊＊	学士	教研员	无锡市教科院

① 杜占江、王金娜、肖丹：《构建基于德尔菲法与层次分析法的文献信息资源评价指标体系》，《现代情报》2011年第10期。

续表

序号	姓名	学位	职务/职称	工作单位
7	刘＊＊	博士	教授	上海体育学院
8	周＊＊	博士	教授	河南大学体育学院
9	岳＊＊	硕士	教授	河南师范大学
10	李＊＊	博士	教授	成都体育学院
11	邱＊＊	博士	副教授	苏州大学体育学院
12	张＊＊	博士	讲师	北京体育大学
13	陈＊＊	学士	校长/特级教师	咸阳长庆子弟学校礼泉分校
14	秦＊＊	学士	特级教师	江苏省锡山高级中学
15	邓＊＊	学士	特级教师	四川省绵阳中学

2. 专家问卷回收率

在采用德尔菲法进行指标确定时，问卷的回收率用 R 表示，其计算公式为：$R = Rn/N$（Rn 为回收问卷的数量，N 为方法问卷的总数）。本次问卷共发放专家问卷 15 份，第一轮、第二轮问卷均回收 15 份，问卷回收率为 100%。经相关专家研究认为，专家征询问卷回收率达 50% 以上就可以用于分析和统计，超过 70% 说明回收情况非常好[1]，因此，本书研究专家咨询问卷的回收情况满足了相关回收率的要求。

3. 专家权威程度

在进行专家问卷征询时，专家权威程度通常从专家对所征询事项的熟悉程度（Cs）和判断依据（Ca）两个维度来进行衡量。笔者在问卷中设置了对指标熟悉程度的调查，将向专家征询的事项按照"非常熟悉""熟悉""比较熟悉""不太熟悉""很不熟悉"分为五个等级，统计结果见表 3-3。

---

① 肖瓅等：《Delphi 法在筛选中国公众健康素养评价指标中的应用研究》，《中国健康教育》2008 年第 2 期。

表 3-3　专家对征询事项熟悉程度系数

熟悉程度	Cs 系数
非常熟悉	0.9
熟悉	0.7
比较熟悉	0.5
不太熟悉	0.3
很不熟悉	0.1

专家判断依据是指专家对征询事项给出判断时所考虑的主要因素。在调查中，笔者按照"理论分析""实践经验""同行了解""直观选择"4 个维度，并在每个维度下按照影响程度分"大""中""小"3 个等级请专家进行选择，并分别进行赋值[①]（见表 3-4）。

表 3-4　专家判断依据及影响程度

判断依据赋值	对专家判断影响程度		
	大	中	小
理论分析	0.3	0.2	0.1
实践经验	0.5	0.4	0.3
同行了解	0.1	0.1	0.1
直观选择	0.1	0.1	0.1

根据专家调查问卷中一级指标专家权威程度量化表的数据统计，按照公式 Cr =（Cs+Ca）/2 计算得出，4 个一级指标专家权威系数（Cr）均数为 0.77 左右（见表 3-5）。相关研究表明，当专家权威系数 ≥0.70 时表明专家权威程度良好[②]，因此，受邀的 15 名专家权威程度较高，可以胜任体育中考政策执行评估方面的征询工作。

[①]　崔娜、孙静、王亚东等：《社区卫生应急预案评价指标体系的构建研究》，《中国全科医学》2013 年第 34 期。

[②]　卫萍、任建萍、张琪峰等：《德尔菲法在医学科技计划绩效评价指标体系构建中的应用》，《卫生经济研究》2013 年第 4 期。

表 3-5 专家权威系数

影响指标	熟悉程度（Cs）	判断依据（Ca）	权威系数（Cr）
A 政策方案	0.82	0.72	0.77
B 执行机制	0.85	0.75	0.80
D 执行保障	0.81	0.71	0.76
E 政策效果	0.82	0.70	0.76

4.专家反馈结果

（1）数据的计算方法

对第一轮专家问卷的数据主要采用算数平均数和变异系数两种统计参数进行分析。

算术平均数代表专家意见的集中程度，是所有专家对某个指标的评分与对该指标进行评分的专家总人数的比值，取值范围为 0~5，数值越大说明评价指标的重要程度越高，当算术平均值 ≥3.5 时，则表明该项指标的重要程度较高。计算公式为：

$$M = (X_1 + X_2 +, \cdots, + X_n)/n$$

变异系数是标准差与平均数的比值，反映了专家评价结果的离散程度，也就是专家意见的协调程度。变异系数越小则说明专家对该项指标的意见协调度越高。计算公式为：

$$V_j = S_j/M_j$$

V_j 表示 j 指标的变异系数；S_j 表示 j 指标的标准差，$S_j = \sqrt{\dfrac{1}{n} \displaystyle\sum_{i=1}^{n}}$

$(X_{ij} - \bar{X_j})$；M_j 表示 j 指标的算数平均数，$M_j = \dfrac{1}{n} \displaystyle\sum_{i=1}^{n} X_{ij}(i = 1, 2, \cdots,$

$n; j = 1, 2, \cdots, m)$。上式中 X_{ij} 表示 i 专家对 j 指标的打分；n 表示指标的个数。

（2）第一轮专家征询结果

①一级指标的反馈结果

通过对第一轮专家问卷的整理分析，有 66.7% 的专家对一级指标的划分表示赞同，有 33.2% 的专家认为设置基本恰当，因此，对一级指标不做修改。第一轮专家征询一级指标相关数据统计情况见表 3-6。

表 3-6　第一轮专家征询一级指标得分统计

一级指标	均值	变异系数
A 政策方案	4.13	0.12
B 执行机制	4.07	0.14
C 执行保障	4.27	0.10
D 政策效果	4.33	0.16

②二级指标的反馈结果

本书共设置了 12 个二级指标（见表 3-7）。针对二级指标设置，有的专家认为部分指标存在表述不清、不规范的情况；有的专家认为二级指标中的"主体行为"表述过于宽泛，不具有排他性，存在混淆之嫌；还有专家指出"政策制定权威性""政策方案合理性""利益相关者的认可与重视"表述冗长。因此，在参考专家意见的基础上，将二级指标中的"B_2 主体行为"调整为"B_2 组织实施"，将"A_1 政策制定权威性""A_2 政策方案合理性""D_1 利益相关者的认可与重视"分别调整为"A_1 政策的权威性""A_2 政策的合理性""D_1 利益相关者的态度"。除此之外，专家对其他二级指标的态度趋于一致，没有其他修改和增添意见。

表 3-7　第一轮专家征询二级指标得分统计

二级指标	均值	变异系数
A_1 政策制定权威性	3.51	0.13
A_2 政策方案合理性	3.62	0.14

续表

二级指标	均值	变异系数
B_1 政策宣传	4.27	0.10
B_2 主体行为	3.12	0.32
C_1 经费保障	4.13	0.12
C_2 师资保障	4.00	0.13
C_3 场地、器材保障	4.07	0.11
C_4 安全保障	4.05	0.10
C_5 监督保障	4.01	0.12
D_1 利益相关者的认可与重视	3.21	0.16
D_2 体育素养提升	4.20	0.12
D_3 学校体育工作促进	4.33	0.11

③三级指标反馈结果

在第一轮专家问卷中专家对三级指标的意见具体如下。

有多位专家认为，在"A_2政策的合理性"二级指标下设置"运动竞赛加分""教会、勤练、常赛"是实现新时代学校体育发展的目标途径，将竞赛成绩纳入体育中考总成绩，可以有效提高学生参加体育竞赛的积极性，而且能促进基层青少年赛事体系的建立与完善。有的专家指出"A_{26}男女生评分标准的公平度"较难选择评价的依据，建议删除。有的专家从评价的可操作性考虑建议删除"A_{28}考点设置的便捷性"。关于"B_{12}权威平台发布"和"B_{13}公共媒体报道"，有专家指出内容有重复，建议进行合并。有专家建议在"B_1政策宣传"二级指标下增加"学生体质健康数据向社会公布情况"三级指标。专家指出，将青少年体质健康数据向社会公布不仅保证了公众的知情权，而且有利于提高全社会对体育的重视程度，同时，也能通过公布数据展示学校体育工作面临的形势或工作成效，为体育政策的实施与改革营造良好的政策环境。"C_1经费保障"下"C_{12}学校场地、器材建设经费投入"统计较为困难。"C_2师资保障"下的"C_{23}中级以上职称体育教师比例""C_{24}本科以上学历体育教师比例"评价内容区别不大，专家建议进行合并。由于体育中考信息化测试设备已逐渐普及，专家建议以"测试设备信息化水平"来替代"C_{51}信息化测试设备"。指标"D_{25}家长陪同参与体育锻炼情况"影响因素较为复杂，不具有评价意义，建议删除。

第一轮专家征询三级指标得分如表3-8所示。

表3-8　第一轮专家征询三级指标得分统计

三级指标	均值	变异系数
A_{11}省级体育中考方案制定情况	4.80	0.09
A_{12}方案制定过程中的调查与论证情况	4.67	0.13
A_{13}基本运动技能项目评分标准与《国家学生体质健康标准》的契合度	4.50	0.11
A_{21}体育中考分数在中考总分中的占比情况	4.80	0.05
A_{22}学生的可选择性	4.72	0.08
A_{23}过程性评价方案清晰度	4.53	0.11
A_{24}专项技能包含核心技术动作	4.67	0.09
A_{25}体育与健康知识测试	4.33	0.18
A_{26}男女生评分标准的公平度	3.23	0.20
A_{27}考试方案的动态调整机制	4.23	0.14
A_{28}考点设置的便捷性	3.18	0.17
B_{11}政策解读与听证制度	4.67	0.11
B_{12}权威平台发布	3.51	0.17
B_{13}公共媒体报道	3.49	0.14
B_{21}市级、县级教育主管部门的沟通与协作	4.67	0.15
B_{22}考务人员考前培训情况	4.33	0.12
B_{23}考试工作总结与反馈制度	4.50	0.17
B_{24}考务人员专业能力水平	4.17	0.18
C_{11}体育中考专项经费设立情况	4.20	0.06
C_{12}学校体育场地、器材建设经费投入	4.10	0.13
C_{21}城乡体育教师均衡情况	4.37	0.08
C_{22}班级数与体育教师比例	4.20	0.09
C_{23}中级以上职称体育教师比例	3.62	0.09
C_{24}本科以上学历体育教师比例	3.23	0.11
C_{31}运动场地达标率	4.67	0.06
C_{32}运动器材配备达标率	4.17	0.13
C_{33}生均运动场地面积	4.83	0.14
C_{34}学校体育场(馆)假期向学生开放情况	4.67	0.11

续表

三级指标	均值	变异系数
C_{41} 考前健康状况确认	4.20	0.15
C_{42} 考场专业医护人员配备	5.00	0.00
C_{43} 体外除颤仪配备	4.40	0.12
C_{44} 意外伤害保险覆盖	4.32	0.09
C_{51} 信息化测试设备	4.17	0.13
C_{52} 现场考试监督质量	4.52	0.10
C_{53} 过程性评价监督机制	4.23	0.06
D_{11} 教育行政部门工作人员的认可与重视	4.32	0.08
D_{12} 学校领导的认可与重视	4.72	0.12
D_{13} 体育教师的认可与重视	4.38	0.19
D_{14} 学生的认可与重视	4.17	0.15
D_{15} 家长的认可与重视	4.00	0.19
D_{21} 基本运动技能发展	4.80	0.10
D_{22} 专项运动技能掌握	4.47	0.14
D_{23} 体育与健康知识掌握	4.32	0.12
D_{24} 课外体育参与情况	4.00	0.16
D_{25} 家长陪同参与体育锻炼情况	3.23	0.16
D_{31} 体育课开足、开齐率	5.00	0.00
D_{32} 大课间和课外体育活动情况	4.75	0.19

在认真总结专家意见后，结合前人研究的成果，笔者对指标进行了如下调整。

删除"A_{26}男女生评分标准的公平度""A_{28}考点设置的便捷性"；在A_2下增加了"运动竞赛加分与成绩认定细则"；将"B_{12}权威平台发布"和"B_{13}公共媒体报道"合并为"B_{12}多渠道宣传"；增加"B_{13}学生体质健康数据向社会公布情况"；以"C_{12}生均学校体育工作专项经费占生均经费比例"替代"C_{12}学校场地、器材建设经费投入"；将"C_{23}中级以上职称体育教师比例""C_{24}本科以上学历体育教师比例"合并为"C_{23}体育教师专业能力"；将"C_{51}信息化测试设备"替换为"C_{51}测试设备信息化水平"；删除"D_{25}家长陪同参与体育锻炼情况"。

三　体育中考政策执行评估指标的最终确定

根据第一轮专家征询结果，笔者删去均值<3.50、变异系数≥0.25的指标，同时根据专家提出的意见进行调整和优化，进行了第二轮专家征询，以便于专家对指标进行重新评判，从而提高指标的准确性，使指标体系的建构更为科学、合理。第二轮专家征询的反馈数据显示，在一级指标上第二轮专家征询与第一轮专家咨询并没有差异，专家均未提出修改意见，因此，第二轮不对一级指标进行调整。在二级、三级指标方面，专家对调整的指标均未提出异议，普遍持肯定态度。

通过两轮专家征询，所有专家在指标的评分标准上趋于一致，未出现较大分歧，由此体育中考政策评估指标体系得以构建成形（见表3-9）。

表 3-9　第二轮专家征询结果汇总

一级指标	二级指标	三级指标
A 政策方案	A_1 政策的权威性	A_{11} 省级体育中考方案制定情况
		A_{12} 方案制定过程中的调查与论证情况
		A_{13} 基本运动技能项目评分标准与《国家学生体质健康标准》的契合度
	A_2 政策的合理性	A_{21} 体育中考分数在中考总分中的占比情况
		A_{22} 学生的可选择性
		A_{23} 过程性评价方案清晰度
		A_{24} 专项技能包含核心技术动作组合
		A_{25} 体育与健康知识测试
		A_{26} 考试方案的动态调整机制
		A_{27} 运动竞赛加分与成绩认定细则
B 执行机制	B_1 政策宣传	B_{11} 政策解读与听证制度
		B_{12} 多渠道宣传
		B_{13} 学生体质健康数据向社会公布情况
	B_2 组织实施	B_{21} 市级、县级教育主管部门的沟通与协作
		B_{22} 考务人员考前培训情况
		B_{23} 考试工作总结与反馈制度
		B_{24} 考务人员专业能力水平

续表

一级指标	二级指标	三级指标
C 执行保障	C_1 经费保障	C_{11} 体育中考专项经费设立情况
		C_{12} 生均学校体育工作专项经费占生均经费比例
	C_2 师资保障	C_{21} 城乡体育教师均衡情况
		C_{22} 班级数与体育教师比例
		C_{23} 体育教师专业能力
	C_3 场地、器材保障	C_{31} 运动场地达标率
		C_{32} 运动器材配备达标率
		C_{33} 生均运动场地面积
		C_{34} 学校体育场（馆）假期向学生开放情况
	C_4 安全保障	C_{41} 考前健康状况确认
		C_{42} 考场专业医护人员配备
		C_{43} 体外除颤仪配备
		C_{44} 意外伤害保险覆盖
	C_5 监督保障	C_{51} 测试设备信息化水平
		C_{52} 现场考试监督质量
		C_{53} 过程性评价监督机制
D 政策效果	D_1 利益相关者的态度	D_{11} 教育行政部门工作人员的认可与重视
		D_{12} 学校领导的认可与重视
		D_{13} 体育教师的认可与重视
		D_{14} 学生的认可与重视
		D_{15} 家长的认可与重视
	D_2 体育素养提升	D_{21} 基本运动技能发展
		D_{22} 专项运动技能掌握
		D_{23} 体育与健康知识掌握
		D_{24} 课外体育参与情况
	D_3 学校体育工作促进	D_{31} 体育课开足、开齐率
		D_{32} 大课间和课外体育活动情况

第四节　体育中考政策执行评估指标权重的确定

经过两轮专家征询后，体育中考政策执行评估指标体系的构建已基本完成，本节主要内容在于确定各项指标的权重。关于指标权重的确定本节采用了层次分析法（Analytic Hierarchy Process），其原理是将一个问题分解成多个要素，依据要素间的关系，构建结构化模型，用比较的方法确定各要素的相对重要性，从而计算各要素的权重。[①]

一　体育中考政策执行评估指标权重确定的步骤

运用层次分析法确定指标的权重主要分5个步骤：①构建指标项结构化模型；②根据模型构建比较判断矩阵；③采用和积法进行权重计算；④进行一致性检验；⑤计算并确定各指标权重值。

1.指标项结构化模型构建

通过专家征询的指标项结构化模型已经构建完成，由于三级指标数量较多，故在图中予以省略（见图3-2）。

2.比较判断矩阵的建立

建立比较判断矩阵的目的是衡量指标项之间的重要性，以便为各指标项进行量化赋值。本书采用的是层次分析法创始人萨蒂教授发明的1~9比例标度（见表3-10），并邀请前两轮参加征询的专家按各指标项的重要程度分别进行赋值。

表 3-10　层次分析法指标重要程度判断

程度	说明	程度	说明
1	A 指标与 B 指标同等重要	1	B 指标与 A 指标同等重要
3	A 指标比 B 指标稍微重要	1/3	B 指标比 A 指标稍微重要
5	A 指标比 B 指标重要	1/5	B 指标比 A 指标重要
7	A 指标比 B 指标重要得多	1/7	B 指标比 A 指标重要得多
9	A 指标比 B 指标绝对重要	1/9	B 指标比 A 指标绝对重要
2、4、6、8	重要程度介于两相邻判断的中值	1/2/1/4/1/6/1/8	重要程度介于两相邻判断的中值

———————

[①]　邓雪、李家铭、曾浩健等：《层次分析法权重计算方法分析及其应用研究》，《数学的实践与认识》2012 年第 7 期。

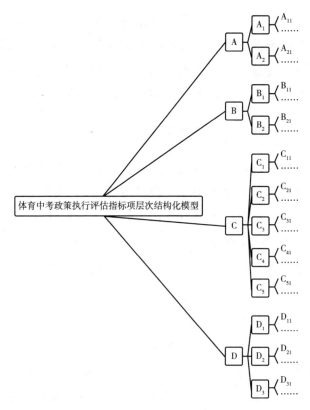

图 3-2　体育中考政策执行评估指标项层次结构化模型

　　参与指标权重赋值的专家共 15 位，邀请其按上述指标重要程度判断对体育中考政策执行评估指标进行两两比较，共收回问卷 15 份，问卷回收率为 100%。由于完整的三级指标权重计算过程较为复杂，为了对专家赋值和指标计算过程进行呈现，本节随机选取一位专家对一级指标的重要程度判断进行示例（见表 3-11）。

表 3-11　专家 1 对一级指标重要程度的判断矩阵

一级指标	A 政策方案	B 执行机制	C 执行保障	D 政策效果
A 政策方案	1	3	2	1/2
B 执行机制	1/3	1	1/2	1/3
C 执行保障	1/2	2	1	1/2
D 政策效果	2	3	2	1

3. 权重计算

笔者将专家 1 的数据录入 SPSSAU 数据平台进行统计分析。首先运用和积法对各列指标评分进行求和（见表 3-12），然后对各指标权重进行归一化处理（见表 3-13）。

表 3-12　专家 1 的一级指标评分求和

一级指标	A 政策方案	B 执行机制	C 执行保障	D 政策效果
A 政策方案	1.00	3.00	2.00	0.50
B 执行机制	0.33	1.00	0.50	0.33
C 执行保障	0.50	2.00	1.00	0.50
D 政策效果	2.00	3.00	2.00	1.00
合计	3.83	9.00	5.50	2.33

表 3-13　专家 1 的一级指标评分归一化处理结果

一级指标	A 政策方案	B 执行机制	C 执行保障	D 政策效果
A 政策方案	0.26	0.33	0.36	0.21
B 执行机制	0.09	0.11	0.09	0.14
C 执行保障	0.13	0.22	0.18	0.21
D 政策效果	0.52	0.33	0.36	0.43

随后对各指标权重（W）进行计算，计算公式如下：

$$W_i = \frac{1}{n} \sum_{j=1}^{n} \frac{a_{ij}}{\sum_{k=1}^{n} a_{kj}} (i = 1, 2, 3, \cdots, n)$$

其中，W_i 为权重向量，a_{ij} 是一个判断矩阵 A 的元素，其中 i 是行，j 是列。分母部分是 a_{kj} 矩阵 A 的第 j 列元素的和。

经计算得出：

$W_A = （0.26+0.33+0.36+0.21）/4 = 0.29$

$W_B = （0.09+0.11+0.09+0.14）/4 = 0.11$

$W_C = （0.13+0.22+0.18+0.21）/4 = 0.19$

$W_D = （0.52+0.33+0.36+0.43）/4 = 0.41$

4. 指标权重的一致性检验

层次分析法通过专家评分获得指标权重，由于专家在打分时并不是将所有指标放在一起比较，而是将矩阵内的指标两两比较，所以为了防止指标之间的重要程度出现矛盾的情况（如：A>B，B>C，C>A），需要对打分结果进行一致性检验。

要获得一致性指标首先要判断矩阵的最大特征根。最大特征根计算方法如下：

$$\lambda_{max} = \frac{1}{n} \sum_{i=1}^{n} \frac{(AW)_i}{W_i}$$

根据上述公式计算得出专家 1 对一级指标重要程度判断矩阵的最大特征根值为 4.071。随后将最大特征根代入一致性检验公式：

$$CR = \frac{CI}{RI}$$

其中 $CI = \frac{\lambda_{max} - n}{n-1}$，$RI$ 为平均随机一致性指标（见表 3-14）。

表 3-14　平均随机一致性指标

矩阵阶数	1	2	3	4	5	6	7	8	9
RI	0	0	0.58	0.90	1.12	1.26	1.36	1.41	1.46

5. 各指标权重值计算

根据上述数据可求得 $CI = 0.024$，由表 3-14 可知，当 $n=4$ 时，$RI = 0.90$，因此，$CR = 0.027 < 0.90$，一致性检验通过。由此表明专家 1 的一级指标判断矩阵构建符合一致性要求，即各级指标能正常反映出指标的重要性，专家 1 对一级指标权重的最终赋值见表 3-15。

表 3-15　专家 1 对一级指标权重的最终赋值

一级指标	权重值
A 政策方案	0.340
B 执行机制	0.175
C 执行保障	0.164
D 政策效果	0.321

指标体系的二级、三级指标也按上述方法进行计算,受篇幅所限,本书省略详细过程。

二　体育中考政策执行评估指标权重的确定

笔者分别对余下的 14 名专家的指标重要程度矩阵判断结果进行统计,运用 SPSSAU 数据平台对收集到的数据进行分析,然后求得所有专家对指标打分的算术平均数,从而得出体育中考政策执行评估指标体系中各项指标的权重,为了便于计算和直观展示,本书将各指标结果乘以100,最终赋值见表 3-16。

表 3-16　体育中考政策执行评估指标权重最终赋值

一级指标	权重	二级指标	权重	三级指标	权重
A 政策方案	0.335	A_1 政策的权威性	0.333	A_{11} 省级体育中考方案制定情况	0.223
				A_{12} 方案制定过程中的调查与论证情况	0.204
				A_{13} 基本运动技能项目评分标准与《国家学生体质健康标准》的契合度	0.573
		A_2 政策的合理性	0.667	A_{21} 体育中考分数在中考总分中的占比情况	0.221
				A_{22} 学生的可选择性	0.143
				A_{23} 过程性评价方案清晰度	0.127
				A_{24} 专项技能包含核心技术动作组合	0.201
				A_{25} 体育与健康知识测试	0.102
				A_{26} 考试方案的动态调整机制	0.121
				A_{27} 运动竞赛加分与成绩认定细则	0.085

续表

一级指标	权重	二级指标	权重	三级指标	权重
B 执行机制	0.150	B_1政策宣传	0.333	B_{11}政策解读与听证制度	0.423
				B_{12}多渠道宣传	0.336
				B_{13}学生体质健康数据向社会公布情况	0.241
		B_2组织实施	0.667	B_{21}市级、县级教育主管部门的沟通与协作	0.384
				B_{22}考务人员考前培训情况	0.157
				B_{23}考试工作总结与反馈制度	0.218
				B_{24}考务人员专业能力水平	0.241
C 执行保障	0.166	C_1经费保障	0.201	C_{11}体育中考专项经费设立情况	0.559
				C_{12}生均学校体育工作专项经费占生均经费比例	0.440
		C_2师资保障	0.283	C_{21}城乡体育教师均衡情况	0.274
				C_{22}班级数与体育教师比例	0.465
				C_{23}体育教师专业能力	0.261
		C_3场地、器材保障	0.152	C_{31}运动场地达标率	0.342
				C_{32}运动器材配备达标率	0.217
				C_{33}生均运动场地面积	0.309
				C_{34}学校体育场（馆）假期向学生开放情况	0.132
		C_4安全保障	0.127	C_{41}考前健康状况确认	0.386
				C_{42}考场专业医护人员配备	0.292
				C_{43}体外除颤仪配备	0.220
				C_{44}意外伤害保险覆盖	0.102
		C5 监督保障	0.237	C_{51}测试设备信息化水平	0.412
				C_{52}现场考试监督质量	0.324
				C_{53}过程性评价监督机制	0.264
D 政策效果	0.349	D_1利益相关者的态度	0.244	D_{11}教育行政部门工作人员的认可与重视	0.247
				D_{12}学校领导的认可与重视	0.168
				D_{13}体育教师的认可与重视	0.261
				D_{14}学生的认可与重视	0.211
				D_{15}家长的认可与重视	0.113

续表

一级指标	权重	二级指标	权重	三级指标	权重
D 政策效果	0.349	D₂体育素养提升	0.539	D_{21}基本运动技能发展	0.364
				D_{22}专项运动技能掌握	0.286
				D_{23}体育与健康知识掌握	0.207
				D_{24}课外体育参与情况	0.143
		D₃学校体育工作促进	0.217	D_{31}体育课开足、开齐率	0.667
				D_{32}大课间和课外体育活动情况	0.333

第五节　体育中考政策执行评估指标体系的释义

一　政策方案

1.政策的权威性

（1）省级体育中考方案制定情况

省级体育中考方案制定情况主要是指省级教育主管部门出台的有关体育中考的专门性政策和教育政策中涉及体育中考的相关条目，包括但不限于模式、分值、内容和评分标准。该部分信息主要通过查阅省级教育部门官方网站获得。

（2）方案制定过程中的调查与论证情况

方案制定过程中的调查和论证情况是指省级或市级教育部门在制定体育中考方案过程中是否开展过基层调研，以及是否召开过由教育和学校体育专家参加的专家论证会。该部分信息主要通过对教育部门工作人员的访谈获得。

（3）基本运动技能项目评分标准与《国家学生体质健康标准》的契合度

基本运动技能项目评分标准与《国家学生体质健康标准》的契合度是指体育中考方案中的基本运动技能项目的内容和评分标准设置与

《国家学生体质健康标准》的一致程度。该部分信息主要通过对考试方案开展内容分析的方式获得。

2.政策的合理性

（1）体育中考分数在中考总分中的占比情况

体育中考分数在中考总分中的占比情况是指初中体育科目的考试成绩占中考总成绩的比重，通过对当地中考方案和体育中考方案的分析获得。

（2）学生的可选择性

体育中考给予学生一定的选择权体现了尊重学生个性发展的教育原则，该指标是指学生在教育部门设置的考试项目中具有一定选择的空间。

（3）过程性评价方案清晰度

过程性评价方案清晰度主要是指评价方案中要有明确具体的条款和可操作的内容，如分值、内容要求、评分标准以及监督方式。该部分信息主要通过对体育中考方案的内容分析获得。

（4）专项技能包含核心技术动作组合

专项技能包含核心技术动作组合是指专项运动技能类项目考试的内容主要包括该项目的核心技术动作以及动作组合，如篮球项目考核包括运球和投篮技术。

（5）体育与健康知识测试

体育与健康知识测试是指体育中考中包含体育与健康知识纸笔测试内容。

（6）考试方案的动态调整机制

考试方案的动态调整机制是指当地教育主管部门根据学生体育素养发展的特点对考试方案进行适时调整的情况，具体包括评价方式、考试内容和评分标准。该部分信息主要通过对教育部门工作人员的访谈获得。

（7）运动竞赛加分与成绩认定细则

运动竞赛加分与成绩认定细则是指体育中考考试方案中是否设置运动竞赛加分的条款以及对成绩认定的细则。

二 执行机制

1. 政策宣传

`（1）政策解读与听证制度

政策解读与听证制度是提高政策民主化和政策执行效果的有效途径①，具体指教育部门以召开发布会的形式对体育中考价值、目标、内容、违纪举报途径向社会各界进行宣传，回应公众关切的举措。该部分信息主要通过对相关新闻信息的检索以及对教育部门工作人员的访谈获得。

（2）多渠道宣传

多渠道宣传是指教育部门通过官方网站、微信公众号、微博以及家长告知书等方式增进社会大众和目标群体对体育中考了解的举措。

（3）学生体质健康数据向社会公布情况

学生体质健康数据定期向社会公布制度在国家层面已经逐步建立，该举措对提高全社会对青少年体质健康的关注度具有重要的推动作用。由于公众对社会问题的关注度随距离的增加而衰减②，因此，有必要在市级层面建立向社会公布青少年体质健康情况的制度。该部分信息主要通过对相关新闻的检索以及对教育部门工作人员的访谈获得。

2. 组织实施

（1）市级、县级教育主管部门的沟通与协作

市级、县级教育主管部门的沟通与协作主要是指市级教育部门与县、区教育部门为使体育中考工作顺利开展的协作与互动，包括经费支持、方案制定以及监督指导。该部分信息主要通过对市、县教育部门工作人员的访谈获得。

---

① 深圳市龙华区政务服务数据管理局政务公开工作课题组：《基层政务公开创新路径》，《开放导报》2019 年第 6 期。

② 马向阳：《微博互动中的关注流、情感流和符号流》，《新闻与写作》2012 年第 5 期。

（2）考务人员考前培训情况

考务人员考前培训情况是指当地教育部门是否在体育中考前组织考务人员对考试组织流程、考试纪律、评分细则等内容进行统一的学习。该部分信息主要通过访谈获得。

（3）考试工作总结与反馈制度

考试工作总结与反馈制度是指县、区教育部门在当年体育中考结束后对本区域体育中考组织工作进行总结，将测试数据和存在的问题上报市级教育部门的工作机制。

（4）考务人员专业能力水平

考务人员专业能力水平是指体育中考考官中具有中级以上职称的考官比例。

三 执行保障

1.经费保障

（1）体育中考专项经费设立情况

体育中考专项经费设立情况是指教育财政预算中是否将体育中考列为专项项目，以及是否有相应的经费拨付。该部分信息主要通过对教育部门的访谈获得。

（2）生均学校体育工作专项经费占生均经费比例

生均学校体育工作专项经费占生均经费比例是指当地教育部门每年投入的每名学生的学校体育专项经费及其占生均经费的比例。该数据主要通过访谈获得。

2.师资保障

（1）城乡体育教师均衡情况

从可操作的角度出发，本书所涉及的城乡体育教师均衡情况主要是指城乡学生数占体育教师数的比例。

（2）班级数与体育教师比例（班师比）

班师比的操作性定义是初中学校班级总数占体育教师人数的比例。

（3）体育教师专业能力

本书所说的体育教师专业能力是指中级以上职称或本科以上学历体育教师占体育教师总人数的比例。

上述三个指标的信息主要通过对教育部门的访谈获得。

3. 场地、器材保障

（1）运动场地达标率

运动场地达标率的操作性定义是初中运动场地达标校数占初中总校数的比例。

（2）运动器材配备达标率

运动器材配备达标率的操作性定义是初中运动器材配备达标校数占初中总校数的比例。

（3）生均运动场地面积

生均运动场地面积操作性定义是初中学校运动场地总面积与全体学生数量之比。

（4）学校体育场（馆）假期向学生开放情况

学校体育场（馆）假期向学生开放情况的操作性定义是假期向学生开放体育场（馆）的初中数量占初中总校数的比例。

上述三个指标的信息主要通过对教育部门的访谈获得。

4. 安全保障

（1）考前健康状况确认

考前健康状况确认是指体育中考前下发的家长告知书包含学生健康状况的条款，以及教育部门在体育中考前组织体检。

（2）考场专业医护人员配备

考场专业医护人员配备是指市域范围内所有体育中考现场考试考场配备二级甲等医院以上的专业医护人员。

（3）体外除颤仪配备

体外除颤仪配备是指市域范围内所有体育中考现场考试考场配备体外除颤仪。

（4）意外伤害保险覆盖

意外伤害保险覆盖具体是指学生购买的学生平安保险包含保障体育中考的相关条款。

上述四个指标的信息主要通过对教育部门的访谈获得。

5. 监督保障

（1）测试设备信息化水平

测试设备信息化水平是指体育中考测试设备确保考生成绩准确、维护考试公平、提高测试效率以及可更新、扩展的能力。

（2）现场考试监督质量

现场考试监督质量是指体育中考现场考试考场有教育部门主要负责人员组成的监督巡视小组，并且有纪委、媒体、人大代表、家长代表等社会多元监督主体全程参与监督。

（3）过程性评价监督机制

过程性评价监督机制是指市域范围内初中内部有明确的过程性评价考核审核、公示、存档、上报制度。

四　政策效果

1. 利益相关者的态度

（1）教育行政部门工作人员的认可与重视

教育行政部门工作人员的认可与重视主要体现在教育行政部门工作人员对体育中考政策的认可和重视两个方面。前者是指教育行政部门工作人员对体育中考的价值功能、评价方式、考核标准等内容在促进学校体育全面发展方面所发挥作用的态度，后者是指教育行政部门工作人员在执行体育中考政策的过程中是否将体育中考列为工作重点以及采取的行动和创新性举措。该部分信息主要通过访谈的方式获得。

（2）学校领导的认可与重视

学校领导的认可与重视主要是指学校领导对实施体育中考促进青少年体育素养提升、改进学校体育工作所持的态度，能在职权范围内保障学校体育工作开展所需的课时、师资、场地、器材等基础条件。在设置过程性评价的地区能切实履行好监督管理职责。该部分信息主要通过访谈学校领导以及体育教师问卷获得。

（3）体育教师的认可与重视

体育教师的认可与重视主要是指体育教师对实施体育中考促进青少年体育素养提升、改进学校体育工作所持的态度，并且能按照课程标准和体育中考的内容、目标要求完成学校体育教育教学活动。在设置过程性评价的地区能认真、客观、负责任地完成学生的考核。该部分信息主要通过访谈学校领导、体育教师，以及校长问卷、体育教师问卷和学生问卷获得。

（4）学生的认可与重视

学生的认可与重视主要是指学生对实施体育中考促进自身基本运动技能和专项运动技能提升、体育与健康知识掌握、体育锻炼习惯养成等的态度，以及在学校体育教育教学活动中、课外体育锻炼时的行为选择。该部分信息主要通过访谈体育教师和学生问卷获得。

（5）家长的认可与重视

家长的认可与重视主要是指家长对体育中考促进青少年体质健康的价值功能的态度，以及在促进孩子体育参与方面的行为选择。该部分信息主要通过访谈体育教师和家长问卷获得。

2.体育素养提升

（1）基本运动技能发展

基本运动技能发展主要是指市域范围内初中学生体质健康抽测的优良率。该部分信息主要通过对市级学校体育部门的访谈获得。

（2）专项运动技能掌握

专项运动技能掌握是指达到《青少年运动技能等级标准与测试方法》运动项目三级标准的学生数占学生总数的比例。在具体操作时可结合当地体育中考方案中设置的运动项目进行测试。

（3）体育与健康知识掌握

体育与健康知识掌握是指所有学生中达到体育与健康综合知识测试良

好以上的比例。在具体操作上以《广州市初中学业水平考试体育与健康考试之体育综合知识测试》为测评工具，在苏州某初中学校对初三年级学生进行抽样测试。

（4）课外体育参与情况

课外体育参与情况是指学生在课外进行体育锻炼的频率。该指标信息主要通过学生问卷获得。

3. 学校体育工作促进

（1）体育课开足、开齐率

体育课开足、开齐率指的是按照《中共中央 国务院关于加强青少年体育增强青少年体质的意见》《关于全面加强和改进新时代学校体育工作的意见》等相关政策要求，每周至少开设 3 节体育课。该部分信息通过访谈和学生问卷的方式获得。

（2）大课间和课外体育活动情况

大课间和课外体育活动情况的操作性定义是开展大课间以及课外体育活动的频率和时长。该部分信息主要通过学生问卷的方式获得。

第六节　体育中考政策执行评估指标体系的实证分析

一　评估目的

评价是构建体育中考政策执行评估指标体系的重要目的之一。在全面加强和改进学校体育工作的时代背景下，开展针对体育中考的政策评估，有助于我们充分认识体育中考政策的价值和意义，也有助于我们更好地完善体育中考政策，激发其正向的政策效能，革除以往政策执行过程中的积弊。同时，对体育中考政策执行的评估也有助于为进一步完善和改进本书构建的评估指标体系提供实践依据，有效提高评估指标体系的科学性和应用性，为各地推进中考改革提供参考与借鉴。

二　评估对象

S 市位于我国东部地区，自古以来钟灵毓秀，人才辈出。经过改革开放 40 多年的发展，S 市的社会经济发展水平稳居全国前列，成为我国城镇化历史进程中的"样板"城市。2021 年，S 市生产总值达 22718 亿元，在全国所有地级市中排名第一。除了在经济发展上取得卓越成就，S 市在基础教育事业上的发展成果同样"亮眼"，S 市早在 1982 年就成为全国首个基本普及小学教育的地区，1992 年 S 市又成为全国首个基本普及九年制义务教育的地级市，2013 年 S 市率先成为全国首个义务教育发展基本均衡市。国家市场监督管理总局《关于 2019 年全国公共服务质量监测结果的通报》显示，S 市在公共教育领域的满意度得分排名全国第三。然而，在耀眼成绩的背后，S 市适龄学生在"初升高"阶段也和全国大多数地区一样面临优质教育资源不足、"升学难"的问题。以 2020 年为例，S 市市区普通高中招生计划数为 11692 人，而市区初中学籍总人数为 21545 人，普通高中录取率为 54.27%，四星级高中①录取率为 38.77%。由此可见，S 市在一定程度上可被看作我国教育事业发展的缩影，即教育"软硬件"配置水平提升明显，但教育竞争依然激烈，因此，将 S 市作为评估对象，不仅能有效检视在社会经济高速发展环境下体育中考政策执行面临的新问题，而且能充分把握在"初升高"激烈竞争中政策执行过程的典型特征，同时也为其他地区开展政策执行评估工作提供一定的借鉴。

三　评估方法

检视体系的有效性是进行评估指标体系研究的重要环节，因为评

---

① J 省四星级普通高中是 J 省教育评估院对普通高中实施的一种等级鉴定。该类学校有优质的办学条件、师资队伍和管理，文化底蕴深厚，属于普通高中学校里素质教育的典范、教育改革的样板。

估的实践结果反馈是调整和修正评估指标体系的依据。在进行实证评估工作时，首先要确定评价模型，其次是获取指标信息。前文经过向专家征询所构建的体育中考政策执行评估指标体系已经为进一步开展实证研究奠定了基础。本书主要采用查阅资料、现场访谈和实地调查三种方式获取指标信息。随后对收集到的信息进行处理，按照一定的评分标准得出相应的分值，对各指标得分采用线性加权法得出最终的评估结果。

四　评估标准

鉴于体育中考政策执行评估指标体系中的指标既涵盖了对政策方案合理性和科学性的价值判断，又囊括了初中学生体质健康抽测的优良率等量化指标，这就导致很难用统一的标准对不同指标进行评估，因此，需要对采集的数据进行无量纲标准化处理。

1. 定性指标的处理

在采用综合评价方法的实证验证中，大多数学者通常采用等级评判的方式对定性指标进行量化转换，而后通过去量纲的标准化处理，最终将其转化为具体的评价指标值。具体而言，在评价实践中一般采用"好、中、差""优秀、良好、合格、较差、很差"等不同层级的量表进行等级划分，量表中各个等级分别被赋予相应的数值。评价者根据对定性指标的主观认识判别相应的等级，从而得出不同的分值，再结合指标的具体权重得到标准化的数据。

2. 定量指标的标准化处理

对定量指标进行标准化处理的目的首先是消除数据性质不同带来的差异，如比例、平方米、元。对指标进行无量纲标准化处理可将其转变为供统计的标准化数据，即指标得分按照实际值除以标准值计算。如果指标为逆指标，则指标得分改为标准值除以实际值。由于本评估指标体系不涉及逆指标，估所有量化指标的计算公式为：

$$指标得分 = \frac{实际值}{标准值}$$

标准值主要通过如下方法确定。

（1）均值法

以近年来《全国教育统计年鉴》中权威数据的平均值为标尺，确定体育中考政策执行评估指标的临界值。如，"班级数与体育教师比例""生均运动场地面积""运动场地达标率"等指标。

（2）参考现有学术研究成果确定评估指标的临界值

如，"体育教师专业能力"指标参考了宋忠良博士的《国际体育中心城市评价指标体系理论与实证研究》中关于教师学历标准的设定。

（3）综合分析法

通过走访、请教学校体育领域的相关专家，结合国家和部分省（区、市）发布的学校体育政策目标和要求，如《中共中央 国务院关于加强青少年体育增强青少年体质的意见》《健康中国行动（2019—2030年）》，确定相关指标的标准值。

在实际操作中，为了合理地综合各单项指标数值，凡是测量达到或超过标准值的均将其权重认定为实际得分，而各层次实际得分为其下属各指标实际得分之和。[①]

3.指标体系操作评分表

指标体系操作评分表是对评估指标体系内的指标赋值的说明和规定，同时也是对具体操作方法的说明与要求。依据前文对体育中考政策目标、内容、价值功能等的梳理和归纳，结合我国地方教育部门实际条件和工作需求，本书研究建立的体育中考政策执行评估指标体系内各指标评分见表3-17至表3-28。

---

① 宋忠良：《国际体育中心城市评价指标体系理论与实证研究》，福建师范大学，博士学位论文，2012。

表 3-17　A₁政策的权威性层系列指标评分

序号	指标	赋值说明	评分办法	信息获取方式
A₁₁	省级体育中考方案制定情况	Ⅰ. 省级教育主管部门出台包含分值、内容、标准等详细实施方案 Ⅱ. 省级教育主管部门仅出台部分指导性意见 Ⅲ. 省级教育主管部门未对地方体育中考做具体要求	等级评定 Ⅰ = 1.0 Ⅱ = 0.6 Ⅲ = 0	查阅资料 内容分析 访谈
A₁₂	方案制定过程中的调查与论证情况	Ⅰ. 召开方案专家论证会、开展考试方案测试和风险评估工作 Ⅱ. 召开专家论证会 Ⅲ. 未召开专家论证会	等级评定 Ⅰ = 1.0 Ⅱ = 0.6 Ⅲ = 0	查阅资料 内容分析 访谈
A₁₃	基本运动技能项目评分标准与《国家学生体质健康标准》的契合度	Ⅰ. 评分标准和《国家学生体质健康标准》保持一致 Ⅱ. 评分标准设置低于全国平均标准与《国家学生体质健康标准》标准差的50% Ⅲ. 评分标准设置高于全国平均标准与《国家学生体质健康标准》标准差的50%	等级评定 Ⅰ = 1.0 Ⅱ = 0.6 Ⅲ = 0	查阅资料 内容分析 访谈

表 3-18　A₂政策的合理性层系列指标评分

序号	指标	赋值说明	评分办法	信息获取方式
A₂₁	体育中考分数在中考总分中的占比情况	Ⅰ. 体育中考分数在中考总分中的占比大于7% Ⅱ. 体育中考分数在中考总分中的占比为5%~7% Ⅲ. 体育中考分数在中考总分中的占比低于5%	等级评定 Ⅰ = 1.0 Ⅱ = 0.6 Ⅲ = 0	查阅资料 内容分析
A₂₂	学生的可选择性	Ⅰ. 除必考项目外设置体能选考项目和技能选考项目 Ⅱ. 除必考项外仅设置体能（技能）一种选考项目 Ⅲ. 未设置选考项目	等级评定 Ⅰ = 1.0 Ⅱ = 0.6 Ⅲ = 0	查阅资料 内容分析
A₂₃	过程性评价方案清晰度	Ⅰ. 规定考试内容、设置分值配比、确定评分标准、明确考核要求和监督方案 Ⅱ. 规定考试内容、设置分值配比、确定评分标准 Ⅲ. 规定考试内容、设置分值配比	等级评定 Ⅰ = 1.0 Ⅱ = 0.6 Ⅲ = 0	查阅资料 内容分析

续表

序号	指标	赋值说明	评分办法	信息获取方式
A_{24}	专项技能包含核心技术动作组合	Ⅰ.专项技能考核标准包括核心技术（投篮、射门、发球、垫球）及动作组合 Ⅱ.专项技能考核标准仅包括单个技术动作考核 Ⅲ.未设置专项技能考核	等级评定 Ⅰ=1.0 Ⅱ=0.6 Ⅲ=0	查阅资料 内容分析
A_{25}	体育与健康知识测试	Ⅰ.体育中考方案中包含体育与健康知识测试 Ⅱ.体育中考方案中未包含体育与健康知识测试	Ⅰ=1.0 Ⅱ=0	查阅资料 内容分析
A_{26}	考试方案的动态调整机制	Ⅰ.设置抽考模块或根据学生每年的测试情况对项目设置、评分标准进行一定的调整 Ⅱ.考试方案超过三年未变	Ⅰ=1.0 Ⅱ=0	查阅资料 内容分析 访谈
A_{27}	运动竞赛加分与成绩认定细则	Ⅰ.体育中考方案中包含运动竞赛加分内容，并且制定竞赛名录和加分细则 Ⅱ.体育中考方案中未包运动竞赛加分内容	Ⅰ=1.0 Ⅱ=0	查阅资料 内容分析 访谈

表3-19　B_1政策宣传层系列指标评分

序号	指标	赋值说明	评分办法	信息获取方式
B_{11}	政策解读与听证制度	Ⅰ.体育中考方案制定后召开新闻发布会和听证会 Ⅱ.未在体育中考方案制定后召开新闻发布会和听证会	等级评定 Ⅰ=1.0 Ⅱ=0	查阅资料 访谈
B_{12}	多渠道宣传	Ⅰ.体育中考前运用官方网站、微信、微博、电视、家长告知书等方式进行宣传 Ⅱ.未在体育中考前运用官方网站、微信、微博、电视等平台进行宣传	等级评定 Ⅰ=1.0 Ⅱ=0	查阅资料 访谈
B_{13}	学生体质健康数据向社会公布情况	Ⅰ.每年向社会公布学生体质健康状况 Ⅱ.尚未每年向社会公布学生体质健康状况	等级评定 Ⅰ=1.0 Ⅱ=0	查阅资料 访谈

表 3-20　B₂ 组织实施层系列指标评分

序号	指标	赋值说明	评分办法	信息获取方式
B_{21}	市级、县级教育主管部门的沟通与协作	Ⅰ．市级、县级教育部门在体育中考方案制定、组织实施、技术支持、监督巡查等方面进行了有效的沟通和协作 Ⅱ．市级教育部门在县级教育部门组织体育中考时仅负责方案下发，未履行具体的指导与监督职责	等级评定 Ⅰ＝1.0 Ⅱ＝0	查阅资料 访谈
B_{22}	考务人员考前培训情况	Ⅰ．体育中考前对考务人员组织集中统一的考务培训 Ⅱ．未在体育中考前对考务人员组织集中统一的考务培训	Ⅰ＝1.0 Ⅱ＝0	查阅资料 访谈
B_{23}	考试工作总结与反馈制度	Ⅰ．市级、县级教育部门体育中考结束后对考试工作进行总结，对数据进行分析，剖析学生体育素养发展的薄弱环节 Ⅱ．市级、县级教育部门仅对考生成绩汇总，不对数据进行分析 Ⅲ．未建立总结与反馈制度	等级评定 Ⅰ＝1.0 Ⅱ＝0.6 Ⅲ＝0	查阅资料 访谈
B_{24}	考务人员专业能力水平	Ⅰ．考务人员在具有中级以上职称的教师中选拔 Ⅱ．考务人员具备中级职称 Ⅲ．对考务人员专业能力未做相关要求	等级评定 Ⅰ＝1.0 Ⅱ＝0.6 Ⅲ＝0	查阅资料 访谈

表 3-21　C₁ 经费保障层系列指标评分

序号	指标	赋值说明	评分办法	信息获取方式
C_{11}	体育中考专项经费设立情况	Ⅰ．教育部门年度预算设立体育中考专项经费 Ⅱ．教育部门年度预算未设立体育中考专项经费	等级评定 Ⅰ＝1.0 Ⅱ＝0	访谈
C_{12}	生均学校体育工作专项经费占生均经费比例	Ⅰ．生均学校体育工作专项经费占生均经费比例达到10% Ⅱ．生均学校体育工作专项经费占生均经费比例达到6% Ⅲ．生均学校体育工作专项经费占生均经费比例低于6%	等级评定 Ⅰ＝1.0 Ⅱ＝0.6 Ⅲ＝0	访谈

表 3-22 C₂师资保障层系列指标评分

序号	指标	赋值说明	评分办法	信息获取方式
C_{21}	城乡体育教师均衡情况	Ⅰ. 城乡体育教师师生比不存在显著差异 Ⅱ. 城乡体育教师师生比存在显著差异	等级评定 Ⅰ=1.0 Ⅱ=0	查阅资料 访谈
C_{22}	班级数与体育教师比例	Ⅰ. 班级数与体育教师比例高于等于国家平均值(4.79) Ⅱ. 班级数与体育教师比例低于国家平均值	等级评定 Ⅰ=1.0 Ⅱ=0	查阅资料 访谈
C_{23}	体育教师专业能力	Ⅰ.50岁以下初中体育专任教师本科及以上学历(学位)达100% Ⅱ.50岁以下初中体育专任教师本科及以上学历(学位)未达100%	等级评定 Ⅰ=1.0 Ⅱ=0	查阅资料 访谈

表 3-23 C₃场地、器材保障层系列指标评分

序号	指标	赋值说明	评分办法	信息获取方式
C_{31}	运动场地达标率	Ⅰ. 运动场地达标率高于等于国家平均值(93.5%) Ⅱ. 运动场地达标率低于国家平均值	等级评定 Ⅰ=1.0 Ⅱ=0	查阅资料 访谈
C_{32}	运动器材配备达标率	Ⅰ. 运动器材配齐达标率为100% Ⅱ. 运动器材配备达标率高于等于国家平均值(96.6%) Ⅲ. 运动器材配备达标率低于国家平均值	等级评定 Ⅰ=1.0 Ⅱ=0.6 Ⅲ=0	查阅资料 访谈
C_{33}	生均运动场地面积	Ⅰ. 生均运动场地面积大于等于国家平均标准(10.26平方米) Ⅱ. 生均运动场地面积小于国家平均值	等级评定 Ⅰ=1.0 Ⅱ=0	查阅资料 访谈
C_{34}	学校体育场(馆)假期向学生开放情况	Ⅰ. 学校体育场(馆)周末和寒暑假均向学生开放 Ⅱ. 学校体育场(馆)周末向学生开放 Ⅲ. 学校体育场(馆)假期未向学生开放	等级评定 Ⅰ=1.0 Ⅱ=0.6 Ⅲ=0	查阅资料 访谈

表 3-24　C_4 安全保障层系列指标评分

序号	指标	赋值说明	评分办法	信息获取方式
C_{41}	考前健康状况确认	Ⅰ. 落实考前体检、学生身体状况家长确认书 Ⅱ. 落实学生身体状况家长确认书 Ⅲ. 未对考前考生身体状况进行确认	等级评定 Ⅰ = 1.0 Ⅱ = 0.6 Ⅲ = 0	访谈 查阅资料
C_{42}	考场专业医护人员配备	Ⅰ. 现场考试考场配备二级甲等以上医院医护人员及救护车 Ⅱ. 现场考试考场配备二级甲等以上医院医护人员 Ⅲ. 现场考试考场未配备二级甲等以上医护人员	等级评定 Ⅰ = 1.0 Ⅱ = 0.6 Ⅲ = 0	访谈
C_{43}	体外除颤仪配备	Ⅰ. 现场考试考场配备有体外除颤仪 Ⅱ. 现场考试考场未配备体外除颤仪	等级评定 Ⅰ = 1.0 Ⅱ = 0	访谈
C_{44}	意外伤害保险覆盖	Ⅰ. 除学平险外为考生购买一次性意外伤害保险 Ⅱ. 学平险理赔覆盖体育中考 Ⅲ. 未给考生提供保险保障	等级评定 Ⅰ = 1.0 Ⅱ = 0.6 Ⅲ = 0	访谈

表 3-25　C_5 监督保障层系列指标评分

序号	指标	赋值说明	评分办法	信息获取方式
C_{51}	测试设备信息化水平	Ⅰ. 市域范围内所有项目实现信息化设备计量或监考，设备测试效率高，扩展性能好，具有身份识别、现场录音和录像、成绩自动生成、上传功能 Ⅱ. 市域范围内测试设备标准不统一，仅有部分项目配备信息化测试设备，自动化水平较差 Ⅲ. 未配备信息化测试设备	等级评定 Ⅰ = 1.0 Ⅱ = 0.6 Ⅲ = 0	访谈 查阅资料
C_{52}	现场考试监督质量	Ⅰ. 有教育部门主要领导组成巡视小组；有人大代表、政协、家长代表、媒体或纪检部门等参与 Ⅱ. 有教育部门主要领导组成巡视小组 Ⅲ. 无教育部门主要领导参与现场巡视与监督	等级评定 Ⅰ = 1.0 Ⅱ = 0.6 Ⅲ = 0	访谈 查阅资料
C_{53}	过程性评价监督机制	Ⅰ. 校内成绩公示、教育部门主管抽检与巡视 Ⅱ. 校内成绩公示、无教育部门主管抽检与巡视 Ⅲ. 无监督措施	等级评定 Ⅰ = 1.0 Ⅱ = 0.6 Ⅲ = 0	访谈 查阅资料

表 3-26　**D₁利益相关者的态度层系列指标评分**

序号	指标	赋值说明	评分办法	信息获取方式
D₁₁	教育行政部门工作人员的认可与重视	采用阈值法极差规格化处理,计算公式:$y_i = \dfrac{x_i - x_{min}}{x_{max} - x_{min}}$ 实施体育中考认可的最大阈值 $x_{max} = 5$,最小阈值 $x_{min} = 1$ 对体育中考重视的最大阈值 $x_{max} = 5$,最小阈值 $x_{min} = 1$	$Y_i = \dfrac{1}{n}\displaystyle\sum_{i=1}^{n} y_i$ n 为自项目数 y_i 为子项目得分	问卷调查访谈
D₁₂	学校领导的认可与重视	采用阈值法极差规格化处理,计算公式:$y_i = \dfrac{x_i - x_{min}}{x_{max} - x_{min}}$ 实施体育中考认可的最大阈值 $x_{max} = 5$,最小阈值 $x_{min} = 1$ 对体育中考重视的最大阈值 $x_{max} = 5$,最小阈值 $x_{min} = 1$	$Y_i = \dfrac{1}{n}\displaystyle\sum_{i=1}^{n} y_i$ n 为自项目数 y_i 为子项目得分	问卷调查访谈
D₁₃	体育教师的认可与重视	采用阈值法极差规格化处理,计算公式同上 实施体育中考认可的最大阈值 $x_{max} = 5$,最小阈值 $x_{min} = 1$ 对体育中考重视的最小阈值 $x_{max} = 5$,最小阈值 $x_{min} = 1$	$Y_i = \dfrac{1}{n}\displaystyle\sum_{i=1}^{n} y_i$ n 为自项目数 y_i 为子项目得分	问卷调查访谈
D₁₄	学生的认可与重视	采用阈值法极差规格化处理,计算公式同上 实施体育中考认可的最大阈值 $x_{max} = 5$,最小阈值 $x_{min} = 1$ 对体育中考重视的最大阈值 $x_{max} = 5$,最小阈值 $x_{min} = 1$	$Y_i = \dfrac{1}{n}\displaystyle\sum_{i=1}^{n} y_i$ n 为自项目数 y_i 为子项目得分	问卷调查访谈
D₁₅	家长的认可与重视	采用阈值法极差规格化处理,计算公式同上 实施体育中考认可的最大阈值 $x_{max} = 5$,最小阈值 $x_{min} = 1$ 对体育中考重视的最大阈值 $x_{max} = 5$,最小阈值 $x_{min} = 1$	$Y_i = \dfrac{1}{n}\displaystyle\sum_{i=1}^{n} y_i$ n 为自项目数 y_i 为子项目得分	问卷调查访谈

表 3-27　D₂体育素养提升层系列指标评分

序号	指标	赋值说明	评分办法	信息获取方式
D₂₁	基本运动技能发展	采用阈值法极差规格化处理，体质健康测试良好率标准最大阈值 $x_{max}=0.5$ 体质健康测试良好率标准最小阈值 $x_{min}=0.3$	$y_i=\dfrac{x_i-x_{min}}{x_{max}-x_{min}}$	查阅资料 访谈
D₂₂	专项运动技能掌握	Ⅰ.90%以上的学生达到《青少年运动技能等级标准与测试方法》篮球、足球、排球任一项目三级标准60分以上 Ⅱ.60%以上的学生达到《青少年运动技能等级标准与测试方法》篮球、足球、排球任一项目三级标准60分以上 Ⅲ.《青少年运动技能等级标准与测试方法》篮球、足球、排球任一项目三级标准在60分以上的学生不足60%	等级评定 Ⅰ=1.0 Ⅱ=0.6 Ⅲ=0	抽样调查 现场测试
D₂₃	体育与健康知识掌握	Ⅰ.90%以上的学生《体育与健康综合知识测试》达到75分以上 Ⅱ.60%以上的学生《体育与健康综合知识测试》达到75分以上 Ⅲ.达到《体育与健康综合知识测试》75分以上的学生比例不足60%	等级评定 Ⅰ=1.0 Ⅱ=0.6 Ⅲ=0	抽样调查 现场测试
D₂₄	课外体育参与情况	Ⅰ.每周在校外锻炼1次以上、每次锻炼30分钟及以上、中等强度及以上的学生比例达到75% Ⅱ.每周在校外锻炼1次以上、每次锻炼30分钟及以上、中等强度及以上的学生比例达到60% Ⅲ.每周在校外锻炼1次以上、每次锻炼30分钟及以上、中等强度及以上的学生比例未达到60%	等级评定 Ⅰ=1.0 Ⅱ=0.6 Ⅲ=0	问卷调查

表 3-28　D₃学校体育工作促进层系列指标评分

序号	指标	赋值说明	评分办法	信息获取方式
D₃₁	体育课开足、开齐率	Ⅰ.体育课开足、开齐率达到100% Ⅱ.体育课开足、开齐率未达到100%	等级评定 Ⅰ=1.0 Ⅱ=0	访谈 问卷调查

续表

序号	指标	赋值说明	评分办法	信息获取方式
D₃₂	大课间和课外体育活动情况	Ⅰ．每天大课间、每周 2 次以上课外体育活动开展率达到 100% Ⅱ．每天大课间、每周 2 次以上课外体育活动开展率未达到 100%	等级评定 Ⅰ = 1.0 Ⅱ = 0	访谈 问卷调查

注：实证研究调研数据截至 2021 年 6 月。

五　对 J 省 S 市体育中考政策执行评估结果的分析

本书将体育中考政策执行评估等级分为Ⅰ、Ⅱ、Ⅲ三个等级，三个等级分别赋值 1、0.6 和 0。依据访谈、实地调研、问卷调查等过程中获取的数据和材料判断三级指标所处的等级，然后赋予其相应的分值。随后将属同一个二级指标的三级指标值进行求和，得出该二级指标的具体值，以此类推每个一级指标的具体值，最后将所有一级指标的具体值相加即得到整体评估结果。除了得到整体评估结果，在计算过程中还能得到每一个指标层次的具体得分与水平。

1. 政策方案层评估结果与分析

按照史密斯政策执行模型来看，理想化的政策是政策成功执行并取得预期效果的前提和基础。[①] 通过对各级指标的计算，本书得出 S 市体育中考在 “A 政策方案” 层的评分为 0.428 分，整体情况不佳。

从 “A₁政策的权威性” 下的指标得分来看，S 市体育中考方案在 “A₁₃基本运动技能项目评分标准与《国家学生体质健康标准》的契合度” 指标上存在欠缺。S 市体育中考方案中共设置了 3 项基本运动技能考试项目（耐久跑、立定跳远、引体向上/仰卧起坐）。而这三项评分标准均低于《国家学生体质健康标准》和前文统计的所有样本城市的

---

① 李少惠、王婷：《多元主体参与公共文化服务的行动逻辑和行为策略——基于创建国家公共文化服务体系示范区的政策执行考察》，《上海行政学院学报》2018 年第 5 期。

平均水平，并且差值均超过标准差的 50%，说明 S 市体育中考难度较低，偏离了国家对体育中考评分标准设置的要求，降低了政策的权威性。在此需要额外说明一点，虽然本书构建的评估指标体系是对地方教育部门体育中考政策执行进行评估，但如前文所述，国家的相关政策明确要求中考应由省级教育部门统一命题，因此设置了"A_{11} 省级体育中考方案制定情况"对省级教育主管部门进行评价。据笔者了解，S 市所属的 J 省此前并未对各地体育中考进行任何规定，省内各市体育中考政策差异较大。2021 年 J 省教育厅开始推动体育中考改革，但目前仅仅提出了分值的要求，模式选择、模块和内容设置还是下放给了地方教育部门。

从"A_2 政策的合理性"来看，S 市体育中考方案得分为 0.472 分。拉低分值的主要原因在于，S 市在体育中考方案中并未纳入"A_{25} 体育与健康知识测试"和"A_{27} 运动竞赛加分与成绩认定细则"，并且体育中考方案和评分标准已经多年未变，考试方案的动态调整机制尚未建立。

2. 执行机制层评估结果与分析

S 市体育中考在"B 执行机制"层的评分为 0.605。S 市在"B_{11} 政策解读与听证制度""B_{12} 多渠道宣传"指标上获得了较高的分数。据 S 市体卫艺部门的主要领导所述，该市体育中考方案制定之后会邀请家长代表、教师代表和公共媒体召开新闻发布会，在会上对方案进行详细的解读和说明，并且后续会通过官方网站、电视台和"两微"平台等对方案进行宣传，目的就是最大限度地提高体育中考政策的影响力。但这位领导也表示目前尚未形成学生体质健康数据常态化向社会公布的机制，但他们已经将该项工作列为"十四五"期间的重点任务，后续将向社会发布学生体质健康白皮书。在"B_2 组织实施"层，S 市市域范围内尚未形成市—县（区）联动的工作机制，市教育主管部门仅负责体育中考方案制定和下发，测试设备标准制定与采购、经费筹措和组织管理等方面完全由县（区）教育主管部门负责。此外，S 市尚未形成对体育中考工作的总结和反馈制度，各县（区）仅向市教育主管部门上报数据，并未对考生测试数据进行深入的分析。

3.执行保障层评估结果与分析

"C执行保障"层共包含"C_1经费保障""C_2师资保障""C_3场地、器材保障""C_4安全保障""C_5监督保障"5个下属指标层。通过对S市体育中考方案分析、教育部门的访谈以及相关数据的汇总，得出S市体育中考在"C执行保障"层的得分为0.872分，整体水平较高。

S市体育中考在"C_1经费保障""C_2师资保障"两项指标上均获得了较高的评分。在"C_1经费保障"方面，S市每年在组织体育中考时会向考生收取9元/人的考试费用，然而据负责人说收取的费用远远不够覆盖组织体育中考的成本。对于不足的部分，S市通过在教育考试院设立体育中考专项资金补齐。S市生均体育经费整体水平也较高，甚至超出了校园足球特色校10%的生均体育经费的标准。在"C_2师资保障"方面，S市发展成效同样显著。城乡体育教师师生比均高于国家水平，并且两者之间不存在显著差异。整体班师比也高于国家平均水平，并且50岁以下初中体育专任教师本科及以上学历（学位）已达到100%。在"C_3场地、器材保障"方面，S市运动场地达标率和运动器材配备达标率均为100%；生均场地面积为10.42平方米，大于国家平均标准（10.26平方米）。在"C_4安全保障"方面，S市在体育中考前并未组织统一的体检，但是会在家长告知书上要求家长确认学生无运动禁忌证，并且在现场考试当天让考务人员再次和学生确认身体状况。S市在考场专业医护人员和仪器配备上也比较周全，考场全部配有救护车和体外除颤仪。在意外伤害保险覆盖方面，目前教育局尚没有为学生统一购买体育中考一次性意外保险，但是学生普遍购买的学平险提供体育中考意外伤害保障。在"C_5监督保障"方面，S市体育中考测试设备信息化水平配置不一，还有许多县（区）未做到所有项目测试信息化，自动化水平也较低。现场考试监督仍然以教育部门内部监督为主，多元主体的监督机制尚未形成。S市过程性评价监督机制也有待改进，目前教育部门将该部分评价的组织、监督工作全部交给学校，并未自上而下进行监督，学生过程性评价几乎全部满分。

4. 政策效果层评估结果与分析

"D政策效果"层共包含"D₁利益相关者的态度""D₂体育素养提升""D₃学校体育工作促进"3个下属指标层。根据问卷、实地调研和教育部门所提供的数据，S市在"D政策效果"层的得分为0.679分。进一步细化来看，在"D₁利益相关者的态度"方面，体育教师对体育中考的认可和重视程度最高，家长、学校领导和学生的认可和重视程度次之。在"D₂体育素养提升"方面，S市2020年初中学生体质健康测试良好率为45.1%，经过公式转换的得分为0.755分，处于良好区间。而通过对抽样学生开展的专项运动技能和体育与健康知识测试发现，学生的表现仅达到及格水平。对课外体育参与的调查结果显示情况并不理想，学生课外参与体育锻炼的比例不足30%。在"D₃学校体育工作促进"方面，通过对教育部门工作人员、区教研员以及学校体育教师的访谈得出，S市体育课开足、开齐率以及大课间和课外体育活动落实工作较为扎实，两项指标都获得了满分。

在此特别说明，笔者在专项运动技能测试和体育与健康知识测试数据的获取上采取了实地调研的方式。由于受疫情影响，笔者仅选取了2所学校的2个班级进行了具体的测试，样本量较小，而且笔者无法进入学校，也无法很好地保证测试过程的严谨性，这可能对评估的最终结果产生一定影响。笔者将继续展开深入的研究，从而使评估指标体系进一步完善和严谨。

5. S市体育中考政策执行总评结果与分析

综合全部指标层的得分，通过合成公式转化最终得出S市体育中考政策执行的评分为61.6分。

分层次来看，S市在政策方案上的得分仅为0.428分（见图3-3）。说明S市体育中考方案仍有进一步完善的空间。在推进体育中考改革的过程中要使评分标准和难度标齐《国家学生体质健康标准》，提高政策的权威性。在方案内容设置上要增加体育与健康知识测试内容和制定运动竞赛加分与成绩认定细则，促进考试方案动态调整机制的形成，不断完善政策，提高政策质量。

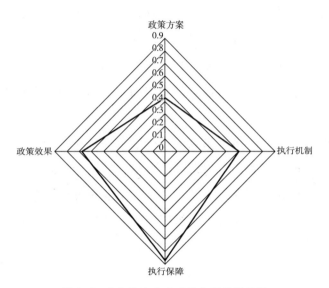

图 3-3　S 市体育中考政策执行总评结果

S 市在执行机制上的得分为 0.605。在政策宣传方面要建立常态化的学生体质健康数据向社会公布制度，提高社会对青少年体质健康问题的关注度，以此来促进社会体育意识的树立；在组织实施方面要加强市级、县级教育主管部门的沟通与协作，统一考场标准、管理标准，建立考试工作总结与反馈制度。

S 市在执行保障上的得分为 0.872，保障水平较高，场地、器材配备条件较好，教师队伍人数充足且专业素养过硬，为体育中考政策执行提供了有效的资源基础。在接下来体育中考政策执行过程中，S 市应进一步加强考生参加考试的安全工作，在考试前对学生心肺功能进行检查，做好疾病筛查工作；建立从上到下的过程性评价监督机制，教育主管部门应加大对学生过程性考核的监督和巡查力度，提高过程性考核的客观性、可信度。提升域内考场测试设备信息化水平，提高考试的公平性、公正性和公开性。

S市在政策效果上的得分为 0.679。利益相关者对体育中考的重视程度有待进一步提升。在促进青少年体育素养提升方面，S市体育中考的政策效果还不够明显，虽然基本运动技能发展水平尚可，但在促进专项运动技能、体育与健康知识掌握以及课外体育参与方面作用不够明显。笔者认为，接下来的政策改革可从优化体育中考政策方案入手，提高体育分值，合理地提升考试难度和增加专项运动技能考试内容以达到上述政策目标。

通过综合分析各级指标系列的评分、总评结果，结合对实地调研和访谈内容的分析，笔者认为评估结果可信，较为全面地反映了体育中考政策执行的质量和政策效果，具备一定的实践可操作性和实用性，能在一定程度上为评估地方体育中考组织实施工作的水平，为各地推进体育中考改革提供相对可信的评测工具和评估结果。

第四章　优化我国体育中考政策执行的
推进策略

"世异则事异，事异则备变。"在政策制定之初，精英集团或权威组织不可能对影响公共政策执行的外界因素做到十足的把握，更难以全面深入地认识政策效果和影响，① 因此公共政策的调整成为公共政策执行过程中不可或缺的一个重要环节。在当前深化教育教学改革的背景下，在加快教育高质量发展的要求下，对体育中考政策进行优化和完善势在必行。结合前文对体育中考政策执行过程影响因素的分析，笔者在本章以紧扣政策目标、改进执行过程、优化政策效果为导向，尝试提出具有一定可行性和创新的策略与措施。

第一节　确立提升体育素养目标导向，优化
体育中考政策自身效能

根据确定的政策目标制定政策方案是使政策问题得到解决的关键步骤，对公共政策执行过程具有重要的牵引作用，而政策方案制定的实质就是寻求解决政策问题的途径和方案。优化体育中考的政策效能首先应确立提高学生体育素养这一工作出发点，利用评价的"杠杆作用"，寻求使体育中考制度充分包含学生在体质层、意识层、技能层、行为层的发展目标。

---

① 莫勇波主编《公共政策学》，格致出版社，2013。

一　积极扩展多元发展性评价在体育中考中的应用

20世纪60年代末，美国心理学家林德布鲁姆将形成性评价引入教育评价领域。他指出，传统的评价主要是对学生进行评判和分类，但形成性评价可以为教师和学生提供反馈和进行纠正。[①] 体育中考涉及的多元发展性评价实际上是要建构一套形成性评价与终结性评价、相对性评价与绝对性评价、定量评价与定性评价相结合的综合评价体系和机制（见图4-1）。从目前来看，实施多元发展性评价的地区虽然在逐步扩大，但多流于形式因而并未取得应有的效果。因此，扩展多元发展性评价在体育中考中的应用，应着力从以下几个方面入手。

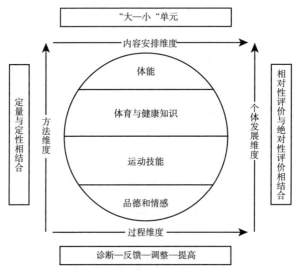

图4-1　多元发展性评价策略与路径

第一，多元发展性评价应做好与教学的衔接。多元发展性评价与传统终结性评价相比最大的优势在于它既便于教师和学生及时获得学习效

---

① 赵德成：《教学中的形成性评价：是什么及如何推进》，《教育科学研究》2013年第3期。

果的反馈，还便于教师和学生在追求教学目标达成的过程中发现自身的优势和不足。这就在客观上要求评价的内容与教育教学活动紧密结合。具体而言，教师评价应立足于课堂，以课标和教材为依据，将教材内容划分为若干教学单元，针对每个单元进行及时的评价，做到"学评共进"。初中体育与健康教材内容以运动项目为核心（见表4-1），因此，在划分教学单元时可采用"大—小"单元相结合的方式。例如，在安排学期教学内容时首先按运动项目划分为若干大单元，再按照单个项目的技术传授顺序将内容划分为若干小单元。在完成每个小单元的教学之后，教师应及时给予每名学生相应的评价，并向学生进行反馈。如果小单元评价更多针对的是运动技能的掌握情况，那么在对大单元学习进行评价时，教师要尽可能地创造一定情景，考查学生运动技能的综合运用能力，在这个过程中可采用学习团队或小组的形式，以便于对学生体育品德和情感方面的状态和发展进行评价。

表4-1　人教版初中《体育与健康》教学内容与课时分配示例

单位：节

教学内容	课时安排		
	七年级	八年级	九年级
体育与健康基础知识	8	8	6
田径类	20	18	20
球类	28	30	30
体操类	23	20	20
游泳、冰雪类	8	8	8
武术类	10	10	10
民族传统体系	5	8	6
机动	6	6	8
合计	108	108	108

第二，多元发展性评价应关注学生个体的发展。长期以来，我国学校体育教学评价过多地强调甄别和选拔，工具理性色彩突出，作为教学

评价价值根源的教育性往往被忽略。① 究其原因，除了评价工具的缺乏，还有教师群体对"促进个体充分发展"的理念认识不足。推动多元发展性评价在体育中考中的应用一定要关注学生的个体成长，通过评价增强学生参与体育锻炼的获得感。具体而言，在每个学习阶段开始前要对学生进行诊断性评价，让教师和学生自己更加清晰准确地了解学生的初始水平，以便为后期的形成性评价和学期终结性评价提供依据。评价指标的选取要以定量为主、定性为辅的方式。定量指标能让学生明白自己的能力水平在群体中所处相对位置，以便为自己设定后续努力的绝对目标。2020 年，云南开始探索将学生体重指数和肺活量体重指数变化计入体育中考总成绩。具体来说，以学生在初一入校时的数据为基准数据，如果学生在学期末的测量结果处于合理的区间或有向好转变的趋势则获得相应的分数。昆明某初中教师反映，该项举措得到了学校教师的一致认可，有效提高了家长和学生合理膳食和控制体态的意识。相较于"一刀切"的绝对性评价，针对学生个体的增值性评价无疑更有意义和价值。而定性指标的选取要结合坚实的客观材料，例如留下学生参加测试的视频作为评分依据。云南在制定新方案时还提出了"一部手机考体育"的口号，通过向体育教师配发信息化教学终端和建立云平台，实现对学生所有测试影像资料的保存，较好地消解了家长、学生对评价公平的质疑。

第三，多元发展性评价应依托于一定的制度基础。根据前文的调查，各地体育中考过程性评价实施中最为基层教育部门、体育教师、家长和学生诟病的一点就是评价缺乏相对统一的标准和透明度。要解决上述问题，首先要在市级层面制定统一的教学大纲和清晰度较高的评分细则。教学内容安排的同步使评分标准统一成为可能，只有评分标准统一才能确保学生之间的成绩具有一定的可比性，才能使体育中考作为录取

---

① 舒宗礼、王华倬：《我国高校体育教学中生命教育缺失现象透视及其回归》，《西安体育学院学报》2015 年第 4 期。

依据具备相应的合理性。其次要推进信息化进校园。随着研制和生产信息化测试设备的企业增多，信息化测试设备在小型化、便捷化方面取得了长足进步，这为信息化测试设备进入学校创造了条件。有了信息化测试设备的支持，不仅能有效解决以往学校在上报体测数据过程中弄虚作假的问题，而且能为过程性评价提供准确客观的依据。2021 年 6 月，上海发布了学生体育素养评价智能化平台，该系统平台能在学校范围内高效地完成对学生体育素养的测评，而且目前上海已经启动将其应用在体育中考中的探索。随着技术的迭代和测试设备的普及，体育中考多元发展性评价一定会更加完善和客观。

体育中考多元发展性评价机制的创新构建
——湖南省汨罗市初中学业水平考试体育考核方案

2021 年 8 月，湖南省汨罗市教育体育局公布了当地体育中考改革方案。新方案除了将体育分值提高到 100 分，还从促进学生个体发展的角度出发，建立了全面、综合的多元评价机制。

汨罗市体育中考（满分 100 分）由过程性评价（50 分）和终结性评价（50 分）两部分组成。为了防止过程性评价"送分"和不同学校评分差异大的问题，汨罗市教育体育局专门出台了《关于进一步规范、完善初中体育过程性考核办法的通知》，对过程性评价的标准和组织要求进行了统一的规范。汨罗市体育中考过程性评价指标主要分为引导性指标和发展性指标两大类。引导性指标包括"体育锻炼保障程度""学生体育活动出勤""参与体育活动表现"3 个方面；发展性指标包括"学生体质健康水平""身体素质提高幅度""特长爱好发展水平"3 个方面（见表 4-2）。

汨罗市体育中考方案中有三大创新之处值得其他地区参考借鉴：①设立了身体素质提高幅度评价指标。②将运动技能等级达级情况计入体育中考总分。汨罗市委托市中学生体育协会和其他具有资质的全国体教联盟单位开展常态化的运动技能等级测试，学生可根据自身兴趣爱好自由选择参加测试的项目和时间，而后由市教育体育局对证书认证，给予学生相应的分数。③精简基本运动技能考试，增加专项运动技能项目。

表4-2　汨罗市体育中考过程性考核评价方案

一级指标	二级指标	评价细则
引导性指标	体育锻炼保障程度（10分）	该项由"在校锻炼"及"日常锻炼"两部分组成，分别由学校和家长评分。"在校锻炼"根据锻炼时长赋分，达1小时则计满分（7分）；"日常锻炼"由家长就课余、节假日子女锻炼情况，根据表现等第计分，满分为3分
	学生体育活动出勤（5分）	考查学生上体育课及参加早锻炼、课间操、体育活动的出勤情况，由班主任、体育教师及体育委员共同统计。出勤率达98%以上计满分，低于85%记0分
	参与体育活动表现（10分）	考查学生参加早锻炼、课间操、体育课、体育竞赛等活动的认知、情感、态度等行为表现，由班主任、体育教师及体育委员共同评定等级，并在班级公示。表现最高为10分，最低可记0分
发展性指标	学生体质健康水平（30分）	每年9~10月，根据《国家学生体质健康标准》对学生体质健康水平进行测试
	身体素质提高幅度（15分）	每年4~5月，随机选择《国家学生体质健康标准》测试项目中的一项进行测试，测试成绩与学年初该项测试得分进行比对（第4项指标原始数据），其提高幅度计算公式为：（学年末得分－学年初得分）/（满分标准－学年初得分），提高幅度为40%以上，即可获得该项评价满分15分。学年初成绩为满分，学年末也是满分者，评价计满分
	特长爱好发展水平（30分）	①特长爱好发展水平认定包括运动竞赛成绩、运动技能等级水平、俱乐部成员角色三类，其中运动竞赛包括地市级以上比赛、市级比赛、俱乐部比赛、片区比赛、校级比赛。②各级各类赛事活动组织机构认定，凡由上级及本级教育体育部门组织、指导和监督的体育竞赛以及在校级比赛中取得的成绩均予以认定；俱乐部成员角色由学校确认

注：过程性考核满分为100分，在最终中考计分时按满分50分计入。

由于过程性评价包含学生体质健康测试，因此，汨罗市将终结性考试基本运动技能项目精简到一项，考前两个月从《国家学生体质健康标准》中的 1000 米（男）/800 米（女）跑、立定跳远和 1 分钟跳绳三个项目中随机抽取一项，有效减轻了学生负担。从运动技能向运动能力的角度出发，将专项运动技能项目增加到七项，并且丰富了专项运动技能考试内容。

二　因地制宜地推动一元终结性评价方式的改革

通过前文对各地体育中考方案的分析发现，目前大部分地区体育中考仍然采用一元终结性评价方式。通过调研得知，基层教育部门之所以仍然采用传统的评价方式主要出于两点考虑：①便于组织实施。能在较短的时间内完成大规模学生的测试。②有利于确保公平。统一和标准的测试环境和流程能最大限度地减少考试舞弊现象的发生。然而，统一组织的考试形式同时也存在一些弊端。具体而言主要存在以下两个突出问题：①增加应试焦虑，加剧体育应试现象。前文针对体育教师、学生、家长的调查充分印证了这一观点。②易受不可抗力因素影响。有不少学生和家长在问卷的开放性问题中反映天气对成绩有重要影响。在过程性评价尚不能完全取代终结性评价的情况下，要解决上述问题最有效的举措是增加学生参加考试的机会。事实上，教育部体卫艺司的历任领导都曾提出，体育中考不是目的，是促进青少年积极参与体育锻炼的手段。因此，笔者认为在考试设备自动化水平越来越高，对考务人员需求减少的情况下，可探索在统一组织考试之外以预约考试的形式进行补充的模式。具体来说就是由教育主管部门或具有一定资质的第三方主体在假期按照体育中考的标准设置考场组织考试。学生可按照规定的考试次数和自身情况自主地选择参加考试的时间。目前，杭州、西宁已经开始尝试让学生参加两次考试。此外，湖南省汨罗市开始尝试将学生参加《青少年运动技能等级标准》测试的达级情况计入中考总分，学生可根据自身兴趣爱好参加具有测试资质的机构举办的技能测试。这些做法都是解决一元终结性评价弊端的针对性举措，值得其他地区根据具体情况借鉴和推广。

体育中考一体化评价机制的创新构建
——《北京市义务教育体育与健康考核评价方案》

2021 年 12 月，北京市教委公布了《北京市义务教育体育与健康考核评价方案》，该方案从 2021 年公布之日开始分学段过渡、逐步推开，将体育中考总分提升到 70 分，评价方式采用过程性考核+现场考试的方式进行。

北京市体育中考新方案在原方案的基础上进行了一系列政策创新，除了增加现场考试运动项目类别和数量，其最大的创新之处是将学生小学体测成绩计入体育中考总分，建立了贯穿义务教育整个阶段的评价机制。北京体育中考新方案中的过程性评价内容由《国家学生体质健康标准》测试和体育与健康知识测试两部分组成。《国家学生体质健康标准》测试是指学生在四、六、八年级上学期参加由区教育局统一组织的测试，根据测试情况获得对应的分数，每次测试满分 10 分，总分 30 分。体育与健康知识测试是由各区按照全市统一要求，通过机考方式组织考核（开卷），在八年级上学期进行，分值为 10 分。北京体育中考过程性评价部分要求在全市范围内统一考核流程、统一考核时限、统一考核仪器设备标准、统一同一年级考核场地标准，从制度上最大限度确保成绩的公平、可信。

北京市体育中考新方案是在事实上践行"体育课程一体化"的学校体育发展理念，对激发学校体育提升青少年体育素养的叠加效应具有重要意义。同时，增加考试次数也更有利于引导学生养成良好的体育锻炼习惯，有效激发青少年参与体育的内在动力，提高其参与体育锻炼的获得感，从而有针对性地解决"应试体育"带来的"不考不练""以考定教"等弊端。

三　优化考试模块配置，促进模块之间功能弥合

如前文所述，各地体育中考模式的差异主要在于考试模块之间的组合不同。关于过程性评价模块的相关问题笔者已在评价方式部分进行了讨论。因此，本部分着重对必考、选考和抽考模块的功能价值、组合进行讨论。

从模块的功能价值来看，必考模块突出的是规定性，表现为地方对国家课程标准以及《国家学生体质健康标准》的贯彻和落实。选考模块突出的是灵活性和自主性，通过多样化的内容设置给予学生自主选择的权利，以达到培养学生运动兴趣和爱好的目的。抽考模块相较于前两种模块功能内涵更为丰富，从一定意义上来说是为了寻求考试规定性与灵活性的平衡，同时也是为了降低体育中考对学校体育"应试教育教学"的影响。因此，笔者认为有必要对现行考试模块配置进行调整，以实现不同模块功能上的弥合，图4-2为笔者对体育中考终结性评价实施方案的构想。

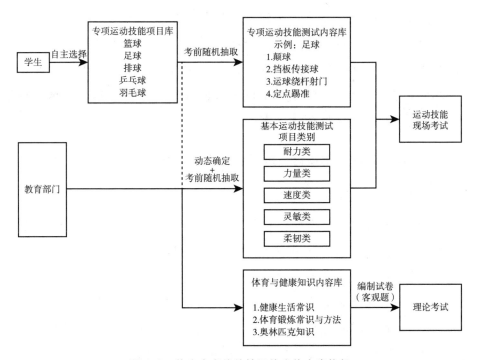

图 4-2　体育中考终结性评价实施方案构想

首先，针对终结性评价的特点可将原有不同模块的功能进行合理的配置和嵌套。比如，基层教育部门可根据近年来本地体测数据发现学生体质健康的突出短板，然后有针对性地设置1~2项基本运动技能考试项目。再将《国家学生体质健康标准》中其他的测试内容组合为抽考或选考模块，考前从中抽取1~2项作为学生的考试项目。专项运动技能测试可以采用选考和抽考模块相结合的方式，由学生根据自身运动兴趣选择相应的运动项目。将两个模块进行组合，既达到了国家的要求，又保证了学生个性发展的需要。其次，进一步扩展抽考模块在体育中考中的应用。抽考模块实质是通过增加测试项目的不确定性对应试体育现象进行遏制。但结合对各地体育中考方案的分析来看，抽考的范围和内容仍以基本运动技能为主，再加上一些地区降低评分标准，实际实施效果并不理想。笔者认为，深化抽考模块对扭转应试体育教育的作用，应从专项运动技能测试入手，对每一项专项运动技能测试的内容进行多样化设计。具体来讲，学生可根据自身兴趣选择专项运动技能类项目，教育部门可根据项目特点通过将核心技术动作进行组合实现测试内容的多样化，具体的考试内容由教育部门或考生自己在考前抽签决定。例如，足球项目下可设置颠球、挡板传接球、运球绕杆射门、定点踢准等具体测试内容。

四 科学设计测试项目，目标引导逐步实现多元

1.基本运动技能类项目设置要坚持全面性原则

体能是通过力量、速度、耐力、协调、柔韧、灵敏等运动素质表现出来的人体基本运动能力。[①] 体能对于人之所以重要在于其基础性，缺乏良好的体能甚至会影响一个人基本的生活和劳动能力。就青少年来说，没有一定的体能基础，运动技能学习的效果就会大打折扣，在运动竞赛中享受到乐趣的可能性也微乎其微，进而可能影响其终身体育意识

---

① 田麦久、刘大庆主编《运动训练学》，人民体育出版社，2012。

和体育锻炼习惯的养成。从《准备劳动与卫国体育制度》到《国家体育锻炼标准》再到《国家学生体质健康标准》，这些文件的发布反映了国家对青少年基本体能的重视，因此，体育中考应当也必须把体能作为评价的重要内容。由于体育中考在项目设置上需要满足可测量和大规模组织的要求，在实施层面需要借助发展较为成熟的测评工具。

国际上针对学生体育素养或体质健康较有代表性的测评工具有美国 Fitness Gram 评估、加拿大体育素养评价（CALP）、俄罗斯的《劳卫制》、日本的"新体力テスト"以及新加坡的国家全民健身奖章（NAPFA）等。笔者希望通过对国内和一些国际测评工具内容的分析为我国体育中考体能项目的设置提供一些参考和借鉴（见表4-3）。通过表4-3可以看出，五个国家在学生体能测评指标的选取上具有一定的趋同性，都较为重视学生在耐力、力量、速度、柔韧性等方面的发展。在耐力类项目设置方面，中国的距离最短，美、日除了设置长跑项目外还将20米往返耐力跑作为长跑的替代性项目，这是因为近年来的相关研究表明，在测量和发展青少年耐力素质方面，20米往返耐力跑优于1000米（男）/800米（女）跑。[1] 在力量类项目设置方面，选用立定跳远、引体向上和仰卧起坐的国家较多。在速度类、柔韧性类项目设置方面，各国基本选用了短距离跑和坐位体前屈进行测试。值得注意的是，灵敏类项目只有日本设置了20秒反复横跨，相关研究表明，反复横向跨跳与青少年的灵敏性和协调性有较高的相关性，能有效地区分各年龄段儿童、青少年的灵敏协调素质差异，并且有较高的安全性和趣味性，对场地要求不高，适合组织大规模测试。[2] 对五个国家测评工具的分析还应结合其具体用途。美、日两国的测评结果通常不与学生切身利益挂钩，更多是反馈给学校、家长和学生，帮助其了解测试者的体质健

---

① 叶心明、尹小俭、季浏等：《青少年心肺耐力测试方法的研究》，《成都体育学院学报》2014年第12期。

② 季浏、尹小俭、吴慧攀等：《"体教融合"背景下我国儿童青少年体质健康评价标准的探索性研究》，《体育科学》2021年第3期。

康状况和为后续运动干预提供依据。而中、新、俄三国测评结果对于学生来讲具有一定的利害性。除中国的体育中考、高中体育学业水平测试之外，新加坡也会组织面向全体学生的体能测试，学生所获成绩会被记入档案，作为升学和求职时的参考，而且由于新加坡是义务兵役制，体测成绩不合格者在参军前还要额外参加8周的体能训练。[1] 俄罗斯学生参加《劳卫制》测评如果获得金质奖章就可以获得国家提供的奖学金奖励。[2] 笔者通过将我国与其他四国的青少年体能测评工具的对比发现，我国《国家学生体质健康标准》缺乏对学生灵敏素质的测评，而且力量类测评缺少对男生腰腹力量、女生上肢力量的考查，全面性有所欠缺。

表 4-3　中、美、俄、日、新青少年体能测评指标

项目类型	中国	美国	俄罗斯	日本	新加坡
耐力类	1000 米（男）/800 米跑（女）	① 20 米往返耐力跑②1 英里跑	①5000 米（男）/3000 米（女）越野滑雪②3000 米（男）/2000 米（女）跑	①1500 米（男）/1000 米（女）跑②20 米往返耐力跑	2400 米跑
力量类	① 引体向上（男）/1 分钟仰卧起坐（女）②立定跳远	①俯卧背伸②仰卧前屈③俯卧撑	①助跑跳远/立定跳远②引体向上③悬垂臂屈伸/俯卧撑④1 分钟仰卧起坐⑤150 克球掷远	①握力②30 秒仰卧起坐③立定跳远④手球投掷	① 引体向上（男）/斜身引体向上（女，低龄男）②立定跳远③1 分钟仰卧起坐
速度类	50 米跑	—	60 米跑	50 米跑	4×10 米往返跑

①　Ministry of Defence. Pre-Enlistee IPPT and Body Mass Index，https：//www.cmpb.gov.sg/web/portal/cmpb/home/before－ns/pre－enlistment－process/pre－enlistee－ippt－and－bmi.

②　孙双明、叶茂盛：《美、俄、日和欧盟学生体质健康测试概述》，《北京体育大学学报》2017 年第 3 期。

续表

项目类型	中国	美国	俄罗斯	日本	新加坡
柔韧性类	坐位体前屈	单足坐位体前屈	站位体前屈	坐位体前屈	坐位体前屈
灵敏类		—	—	20秒反复横跨	—

除了测评工具的有效性和客观性，体育中考基本运动技能项目的设置还需要考虑与体育教学的衔接问题。如果一项运动技能不能通过体育课堂教学和练习活动得到提升，那么其就失去了其促进学生体质健康的价值意义。因此，在分析了国际、国内体能测评工具以及各地现行体育中考项目设置的基础上，从指标的全面性以及基层教育部门组织体育中考的实际需要出发，笔者对我国体育中考基本运动技能项目库进行了尝试性的构建（见表4-4）。

表4-4　体育中考基本运动技能项目库

性别	耐力类	力量类	速度类	柔韧性类	灵敏类
男	①1000米跑 ②20米往返耐力跑 ③4分钟跳绳 ④200米游泳	①引体向上 ②立定跳远 ③立定三级跳 ④仰卧起坐 ⑤俯卧撑 ⑥仰卧前屈 ⑦掷实心球	①50米跑 ②4×15米往返跑 ③短距离游泳	坐位体前屈	20秒反复横跨
女	①800米跑 ②20米往返耐力跑 ③4分钟跳绳 ④200米游泳	①斜身引体向上 ②立定跳远 ③立定三级跳 ④仰卧起坐 ⑤俯卧撑 ⑥仰卧前屈 ⑦掷实心球	①50米跑 ②4×15米往返跑 ③短距离游泳	坐位体前屈	20秒反复横跨

2. 专项运动技能考核要奉行系统的理念

芬兰学者 T. Tammelin 等人在一项针对 7000 多人的研究中指出，青少年时期经常参加对抗性球类运动与成年后继续经常进行体育锻炼高度相关。[①] 然而，我国青少年运动技能掌握情况一直不容乐观。有学者指出，"贪多求全"的课程教学理念导致的低水平重复教学是造成这种现象的主要原因。例如，篮球双手胸前传接球技术反复出现在小学、中学、大学体育教材中。[②] 通过前文的调查发现，体育中考对学校体育教学、体育教师和学生的体育行为具有较强的导向作用，那么在课程标准和教材对学校体育教学、体育教师、学生缺乏硬性约束力的情况下，通过科学设计体育中考专项运动技能考试内容来促进学校体育教学活动的改善也不失为一种选择。然而，由前文对各地体育中考运动技能考试的分析以及调研信息的反馈可知，目前，我国大多数地区体育中考专项运动技能考试存在项目种类少，考核技术单一、割裂的问题。因此，在制定体育中考专项运动技能测评方案时要奉行全面、系统的理念。

测评方案的全面主要体现在以下两点。一是涵盖项目全面。结合地方具体实际情况，除了传统"三大球"，还应酌情考虑将学生基础较好的乒乓球、羽毛球、游泳纳入考试范围。二是测评内容全面。不能仅局限于对单一技术动作的考核，应综合考察多种技术和组合技术的运用。测评方案的系统要着重突出运动技能学习内容之间的层次性、关联性以及实用性。层次性和关联性主要针对过程性评价模块，具体而言，层次性是指测试内容要尊重运动技能学习的规律，从易到难、从分解到组合，呈现阶梯递进的特征。关联性是指要以核心技术动作为元素，以实际运动场景为主线，注重对多个技术动作元素的串联和组合。实用性是

---

① Tammelin, T., Näyhä, S., Hills, A. P., et al., "Adolescent Participation in Sports and Adult Physical Activity," *American Journal of Preventive Medicine*, 2003, 24 (1): 22-28.

② 毛振明：《新中国 70 年的学校体育成就与新时代的发展方向》，《天津体育学院学报》2019 年第 6 期。

指所安排的测试内容要尽可能贴近实际运动情景,要有利于学生参加课外体育活动和运动竞赛,提高其解决实际问题的能力。此外,由于过程性评价和终结性评价组织要求不同,在设计专项运动技能考核项目和内容时要根据过程性评价和终结性评价的不同用途因情施策。

过程性评价运动技能考核项目设置参考示例
——云南省初中学生学业水平体育科目考试技能方案

云南省 2020 年颁布的体育中考方案中设置了 8 个专项运动技能类项目考试,针对不同年级设置了复杂程度和难度递增的考试评价标准,而且实施前在昆明市 8 所初中进行了测试,具有一定的信效度,可为其他地区的过程性评价内容设置提供一定的参考和借鉴。受篇幅限制,且涉及的测试项目和内容细节较为繁杂,故本书仅对测试内容进行简单的列举,如需详细的测试方法和评分标准可登录云南省教育厅网站进行查询。

表 4-5 云南省初中学生学业水平体育科目考试运动技能类项目测试内容

项目	七年级	八年级	九年级
足球	①颠球 ②1 分钟正面挡板传接球 ③运球绕杆射门	①定点踢远 ②挡板传接球转身运球绕杆射门	①1 分钟正反挡板传接球 ②定点踢准 ③两侧挡板传接球运球绕杆射门
篮球	①30 秒原地定点双手胸前传球 ②1 分钟篮下任意区域自投自抢 ③14 米距离直线绕杆 2 次往返运球	①30 秒原地两点双手胸前传接球 ②1 分钟篮下 2.5 米外区域自投自抢投篮 ③14 米绕障碍往返运球	①30 秒移动双点双手胸前传球 ②1 分钟篮下 3 米外区域自投自抢投篮 ③全场体前变向、换手运球
排球	①正面双手连续传球 ②正面双手连续垫球	①自传隔网向前传球 ②自垫隔网向前垫球 ③发球	①发球 ②行进间正面双手连续传垫球
乒乓球	①正手攻球 ②反手拨球 ③正手平击发球	①1 分钟连续正手攻球 ②1 分钟连续反手推(拨)球 ③右 1/2 正手平击发球	①1 分钟连续左推(拨)右攻 ②侧身正手发急长球

续表

项目	七年级	八年级	九年级
羽毛球	①正手击后场高远球 ②10 次左右横向两侧跑	①正手击后场高远球 ②10 次左右横向两侧跑	①正手击后场高远球 ②10 次左右横向两侧跑
网球	①正手、反手原地击球 ②下手发球	①正手、反手击直线球 ②上手发球	①正手、反手击斜线球 ②上手发球
武术	套路： ①10 秒左、右仆步抢拍 ②五步拳 散打： ①10 秒左、右直拳 ②10 秒左、右鞭腿	套路： ①10 秒左、右仆步抢拍 ②一段拳 ③10 秒左、右正踢腿 散打： ①10 秒左、右直拳 + 左、右鞭腿 ②10 秒俯卧撑 + 左、右直拳 + 左、右鞭腿	套路： ①10 秒左、右仆步抢拍 ②二段拳 ③10 秒左、右正踢腿 散打： ①10 秒钟俯卧撑 + 左、右直拳 + 深蹲 + 左、右鞭腿 ②10 秒钟左、右正蹬腿
体操	①燕式平衡 5 秒（男/女） ②肩肘倒立 5 秒（女） ③慢起头手倒立 5 秒（男） ④团身前滚翻 3 次（男/女）	①单杠悬垂摆动 5 次（男/女） ②山羊：分腿腾越（男/女）	①双杠：支撑摆动 5 次（男/女） ②跳箱（横箱）：屈腿腾越（男/女）

注：云南省新方案将体育中考放在学校组织实施，与其他地区教育行政部门统一组织的形式有较大区别，因此，采用一元终结性评价的地区可以参考云南省新方案中九年级各项目测试内容进行方案设计。

终结性评价技能考核项目设置参考示例
——《青少年运动技能等级标准与测试办法》

2018 年，上海体育学院发布了涵盖 11 个运动项目的《青少年运动技能等级标准与测试方法》。2020 年，又修订并发布了包括足球、篮球、排球、羽毛球、高尔夫等 5 项运动的第二版标准。第二版标准在第一版标准的基础上标明了不同项目的难度，采用了百分制，以及在提高测试效率方面进行了改进。[1]《青少年运动技能等级标准》确立了 4 等

---

① 全国青少年运动技能等级标准研制组组编《青少年篮球运动技能等级标准与测试方法》，科学出版社，2020。

12 级的体系架构,其中 1~3 级为入门级,主要进行"从不会到会的"评定①,测试难度适中,容易组织实施,具有较高的可操作性和科学性。笔者以篮球、足球、排球 3 级测试为例进行呈现(见表 4-6,图 4-3~图 4-6),以期为各地终结性评价运动技能考核设置提供借鉴的思路。

表 4-6　青少年篮球、足球、排球运动技能等级标准与测试方法概览

项目	测试内容	测试方法
篮球	体前变向跑篮	1. 听到考官计时哨声后,被测试者从右侧中线后出发区出发,左手运球至 1 号障碍物做体前变向。 2. 右手运球跑篮,如跑篮未进需补篮,直到投进为止。 3. 抢到篮球后,右手运球跑至左侧中线转身区,转身后右手运至 2 号障碍物做体前变向。 4. 左手运球跑篮,如跑篮未进需补篮。补篮不中,直至测试评分表的最低标准时间,测试终止。 5. 进球后左手运球回到起点,计时结束,完成测试
足球	快速运球、短距离传接球、运球过障碍、射门	1. 被测试者将球放在起点线上,举手与考官确认测试可以开始后,运球向前滚动,球离开起点线的瞬间开始计时。测试开始前被测试者身体的任何部位不能越过起点线。 2. 快速直线运球至短传区内,在短传区域内将球传向木板墙 1 或 2,完成短距离传接球。被测试者必须从短传区进口处进入;传出去的球没有接触木板墙(踢飞)的,此次测试即告失败。木板墙反弹球停在木板墙与短传区之间,应该将球带回短传区,重新完成接球。 3. 在短传区内接木板墙 1 或 2 反弹回来的球后,快速运球向前出短传区出口,从①号标志杆任何一侧开始连续绕杆运球。被测试者必须从短传区出口处运球穿出,不得漏标、撞杆,否则应将球运回,从出错处继续开始。 4. 完成运球绕杆后,在罚球区线前将球射向球门。球的整体越过球门线的瞬间停止计时,此次测试结束;球从球门框内侧反弹进球门内的,成绩有效;球直接踢出球门外(踢飞)的或击中球门门框弹回场地内或场地外的,成绩无效。 5. 每名被测试者有 2 次测试机会
排球	1. 对墙垫球 2. 对墙传球 3. 正面上手发球	对墙垫球测试方法: 　　听到考官口令后,被测试者站在地面标示线后的测试区内,对墙面进行连续垫球,球须落于墙面标示线以上区域。要求垫球技术动作规范、用力协调。连续对墙垫球 30 次及以上为合格,每人有 2 次测试机会,记录最佳成绩

---

① 唐炎:《〈青少年运动技能等级标准〉的研制背景、体系架构与现实意义》,《上海体育学院学报》2018 年第 3 期。

项目	测试内容	测试方法
排球	1. 对墙垫球 2. 对墙传球 3. 正面上手发球	对墙传球测试方法： 　　听到考官口令后，被测试者站在地面标示线后的测试区内，对墙面进行连续传球，球须落在墙面标示线以上区域。要求传球技术动作规范、用力协调。连续对墙传球 20 次及以上为合格，每人有 2 次测试机会，记录最佳成绩。场地布置同垫球一致 正面上手发球测试方法： 　　听到考官口令后，被测试者在标示线后的测试区内采用正面上手发球技术，连续发球 10 次，球发过网且落在对方场区内即为有效，6 次及以上为合格，每人有 2 次测试机会，记录最佳成绩

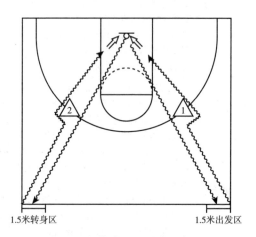

图 4-3　篮球项目测试示意图

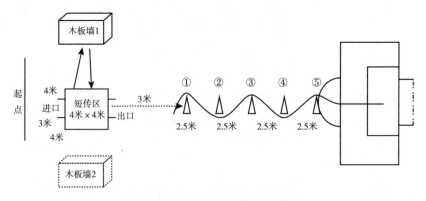

图 4-4　足球项目测试场地示意图

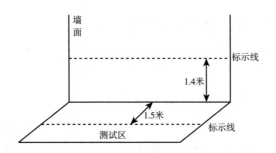

图 4-5　排球对墙垫球、对墙传球测试场地示意图

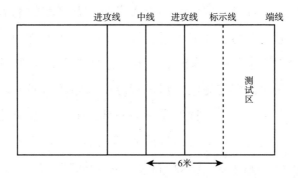

图 4-6　排球正面上手发球测试场地示意图

3. 体育与健康知识应被纳入考核范围

促进全民健康是党和国家以人民为中心的发展思想的重要内涵，也是一切学校体育活动开展的根本宗旨和目标。2016 年，中共中央、国务院印发的《"健康中国 2030" 规划纲要》中指出，要加大学校健康教育力度，将健康教育纳入国民教育体系，以中小学为重点，将其作为所有教育阶段素质教育的重要内容，并且要求体育教师职前教育和职后培训都要将其作为重要内容。① 在后续出台的《健康中国行动（2019—2030 年）》中也提道，学校向学生教授健康行为与生活方式、疾病防控、心理健康、生长发育与青春期保健、安全应急与避险等知识，提高学生健康素养，积极利用多种形式对学生和家长开展健康教育。由

---

① 《中共中央 国务院印发〈"健康中国 2030" 规划纲要〉》，www.gov.cn。

此可见，对青少年开展健康教育的重要性与日俱增，是建设健康中国、体育强国的应有之义。

对学生开展体育与健康教育要从体育素养发展的层面来考量。英国学者 Whitehead 最早从学术层面提出了体育素养这一概念，随后引发了国内外学者持续的讨论和研究。Whitehead 将体育素养界定为："个体在一生中维持适当水平身体活动所需的动机、信心、身体能力、知识和理解。"在体育素养的知识维度方面，他指出："能够识别并阐述影响自身参与体育运动效果的因素是一个人具备体育素养的基本特征，并且还要有理解在运动参与、睡眠和营养等方面体现的基本原理的能力。"① 美国学者 Ennis 同样认为，体育素养不仅包括外在运动表现和技能，还包括对自身掌握的体育与健康知识进行应用和创新的能力，而这种能力建立在对知识本身具有一定程度掌握的基础之上。如果缺乏对知识本身的掌握，知识的应用和创新就无从谈起。② 我国《义务教育体育与健康课程标准（2011 年版）》在课程目标的部分同样提到，要让学生掌握体育与健康的基础知识，学会学习和锻炼，发展体育与健康实践和创新能力。③ 由此可见，体育与健康知识具有重要的基础性作用。青少年体育与健康知识主要通过学校、家庭和社会三个渠道获得，而这三者之中学校传授的知识和内容在理论体系上应是最为完整和有序的，因此，学校也应是青少年接受体育与健康知识教育的主阵地。然而，当下在中小学体育与健康知识传授过程中，仍然存在"不清楚教什么"、"不清楚怎么教"、"教师工作懈怠"以及"外界因素干扰"等问题，④ 产生这

---

① Whitehead M. *Physical Literacy：Throughout the Life - course*. London：Routledge，2010：12-14.

② Ennis，C. D.，"Knowledge，Transfer，and Innovation in Physical Literacy Curricula，" *Journal of Sport and Health Science*，2015，4（2）：119-124.

③ 中华人民共和国教育部制定《义务教育体育与健康课程标准（2011 年版）》，北京师范大学出版社，2012。

④ 付晓蒙、毛振明：《中小学体育与健康知识传授问题的调查研究》，《武汉体育学院学报》2015 年第 7 期。

些问题的原因可能是多方面的，笔者认为相应评价机制的缺失是导致体育与健康知识缺乏的关键所在。因此，在"应试教育"的大环境下，通过体育中考制度建构，从外部推动体育与健康知识的教与学也不失为一项创新举措。

回答了"要不要评"的问题，我们还要解答"评什么"的问题。通过对《义务教育体育与健康课程标准（2011 年版）》的研读，笔者发现该标准对体育与健康知识的内涵和外延未予以充分的廓清。有学者从教材入手，通过对现行 12 个版本的《体育与健康》教材内容进行分析，将体育与健康知识分为运动项目知识、健康促进知识、体育锻炼知识和体育文史知识①（见表 4-7）。

表 4-7　《体育与健康》教材的知识类别及内容简介

知识类别	内容简介
运动项目知识	各运动项目的起源、概况、技术、战术、练习方法、安全措施、规则与比赛方法、场地设施、重大比赛、相关运动员队伍等
健康促进知识	包括生活中的健康知识与运动中的健康知识,其中每种健康知识又有身体健康与心理健康两个方面
体育锻炼知识	体育锻炼的各种指导理论,以锻炼方法、规律为主
体育文史知识	主要有奥林匹克、国际重大体育比赛、运动员、体育制度、体育价值、体育精神、体育道德等相关知识(不包括其他类知识中的文史知识部分,如运动项目知识中对运动员、比赛的介绍等)

从域外来看，美国健康与体育教师协会在其颁布的《K-12 年级教学目标》中对青少年所要掌握的体育知识进行了结构化的处理和较为细致的分类，具有一定的参考价值。美国体育与健康国家标准将青少年体育素养划分为以下五个方面。①在各种运动技能和运动模式方面表现出能力。②运动有关的概念、原则、策略和战术的知识和表现。③实现和保持以增强健康的体育活动和提高健身水平为目的的知识和技能。

---

① 付晓蒙、毛振明：《中小学体育与健康知识教学内容体系的研究：Ⅰ. 通过〈中国大百科全书〉分析探讨体育知识量》，《首都体育学院学报》2015 年第 1 期。

④表现出对自己和他人负责任的个人和社会行为。⑤认识到体育活动对健康、享受、挑战、自我表达和（或）社交互动的价值。①

本书将美国初中阶段体育素养五个方面中涉及体育与健康知识的学习条目和目标进行了归纳整理（见表4-8）。

表4-8　美国初中阶段体育素养五个方面中涉及体育与健康知识的学习条目和目标

条目	六年级目标	七年级目标	八年级目标
体力活动知识	能够阐述体力活动给身体带来的益处	能够发现阻碍坚持经常性体力活动生活方式的因素，并找到解决的办法	能够识别与健康有关的体适能的五个组成部分，并解释体适能与身心整体健康之间的联系
健身知识	①能够识别运动技能促进体适能的要素 ②能够根据目前的体能水平，自主设置提高耐力和力量素质的目标并自我监控 ③能够采用正确的技术和方法进行拉伸 ④区分有氧能力和无氧能力，以及肌肉力量和耐力 ⑤确定不同类型的体育活动（有氧运动、肌肉健身和灵活性训练）的超负荷原则（FITT公式：频率、强度、时间和类型）的每个组成部分 ⑥能够描述体育活动前后热身和放松的作用 ⑦能够阐明静息心率与有氧运动和博格运动疲劳感知量表的关系 ⑧能够确定在运动中使用的主要肌肉	①能够分辨健康体适能和运动体适能 ②根据最低健康标准或当前体能水平的最佳表现所需的运动量来调整体育活动 ③能够描述并演示动态和静态拉伸之间的区别 ④能够描述运动和营养在体重管理中的作用 ⑤能够描述不同类型体育活动的超负荷原则（FITT公式），以及该原则（公式）如何影响体适能 ⑥为一项自选的体育活动设计热身和放松方案 ⑦能够了解并阐明如何用博格运动疲劳感知量表来确定运动强度 ⑧能够描述肌肉如何通过放松和收缩来拉动骨骼，形成协同作用	①能够比较和发现与健康相关体适能的不同组成部分及差异 ②利用现有技术，根据目前的体能水平，自我监控达成最低健康标准或最佳表现所需的运动量 ③能够对所有主要肌肉群采用各种适当的静态拉伸技术 ④能够描述柔韧性在预防运动损伤中的作用 ⑤能够以超负荷原则指导自己进行锻炼 ⑥能够为自己选择的体育活动设计并实施热身和放松方案 ⑦能够阐明如何用博格运动疲劳感知量表调整锻炼强度 ⑧能够解释身体系统在体育活动中如何相互作用（例如，血液从消化系统输送营养，从呼吸系统输送氧气）

① "Shape America-Society of Health and Physical Educators", *National Standards & Grade-level Outcomes for K-12 Physical Education*, Human Kinetics, Incorporated, 2014：47-49.

续表

条目	六年级目标	七年级目标	八年级目标
营养知识	能够对基本食物有一定的了解,并能根据个人的年龄和体力活动水平选择适当的分量和比例	制定策略,平衡健康食品、零食和水的摄入,以及安排日常的体育活动	能够描述营养不良与健康风险因素之间的关系
安全知识	能在教师的指导下适当地、安全地使用体育器材	能够独自适当地、安全地使用体育器材	独自适当使用体育器材,并能识别与活动相关的安全问题
健康知识	能够描述体育活动如何促进身体健康	识别不同类型的体育活动,并描述每种活动如何对健康产生积极影响	能够辨别与健康有关的健身的5个组成部分(肌肉力量、肌肉耐力、灵活性、心肺耐力和身体成分),并解释健身与整体身体和精神健康之间的联系
规则和礼仪	能够认识体育活动、游戏和舞蹈活动的规则和礼节	能够展示出对运动项目规则和舞蹈进行创新的能力	能够在自己创新规则的运动项目和舞蹈活动中承担裁判的角色

资料来源：National Standards & Grade-level Outcomes for K-12 Physical Education。

通过对美国初中阶段体育与健康知识学习目标的梳理和归纳可以发现如下特征：①内容安排递进。在同一个条目下，三个年级的内容具有较强的联系，遵循了从表象到本质、从简单到复杂的认识事物的顺序，较好地顺应了学生能力培养的规律。②科学特征明显。注重学生对运动人体科学素养的发展，鼓励学生运用运动人体科学知识对健康促进和体育活动进行解构和分析。③突出应用性。几乎每个条目都强调将知识与实践相结合，注重对"理论—实践"知识闭环的打造。

通过对前人研究的借鉴，结合我国的具体国情，笔者认为我国初中体育与健康知识内容体系应围绕运动人体科学知识、健康促进、体育课程思政知识、运动实践领域知识四大板块展开（见图4-7）。

运动人体科学知识部分应将重点放在促进学生掌握一些运动人体科学基础知识上，如健康和运动能力增强的原理，提高学生自我测量和监控能力以及运动心理调节的重要性和方法。

健康促进部分应涵盖营养知识、健康生活方式养成以及对不健康行为的规避等内容。

体育课程思政知识部分应着重对中华体育精神的传承和弘扬，阐明体育在实现中华民族伟大复兴历史道路上的价值和意义；通过培养青少年规则与公平意识彰显学校体育培根、铸魂、启智、润心的教育功能。

运动实践领域知识要注重对发展体能、技能以及战术能力知识的传递，同时要结合具体运动项目让学生掌握运动项目的发展历史、规则和裁判法。此外，要提高学生防止运动伤害的能力，辨别安全运动的环境。

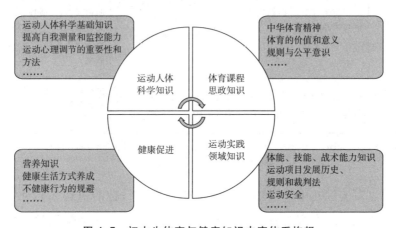

图 4-7　初中生体育与健康知识内容体系构想

将体育与健康知识纳入体育中考还要解决评价方式的问题。笔者认为，在实施初期应采用客观题的形式，突出基础性，尽量不增加学生额外的学习负担，减少家长和学生的抵触心理。在具体实施上宜采用与其他科目同场考查的方式，不额外增加基层教育部门的资金和人力支出。例如，福建省将道德与法治科目考试原有的时间增加了 10 分钟，用来对体育与健康知识进行测评。内蒙古呼和浩特市在多年前就开始将体育与健康知识与生物科目合卷进行考试。上述地区的做法也说明对学生体育与健康知识进行测评具有可行性，值得各地实施和进一步推广。

第二节　高位推动完善政策顶层设计，健全教育部门上下联动机制

一　完善政策体系，自上而下提高政策的系统性、清晰度

当前，体育中考已经成为新时代学校体育工作的关键领域，然而，从教育发展的规律来看，周期长、效果呈现慢同样也是体育中考政策执行需要面对的问题。为了进一步发挥体育中考对提升学生体育素养、改进学校体育工作的引领作用，必须从全面、系统的层面出发，从高位入手，加强政策体系的建设，不断提高政策的清晰度以确保政策的高质量落地。

首先，教育部应以《关于全面加强和改进新时代学校体育工作的意见》为基本依据，在体育中考主政策之外在国家和省级层面制定相应的支撑配套政策或标准。具体而言，应从保障性政策、规范性政策和基准性政策三方面入手。其中，保障性政策旨在为体育中考政策的落地提供基本的物质保障，包括体育教师配备标准，学校场地、器材配备标准，教师职前、职后培训要求，专项资金投入标准。规范性政策旨在在全国或者省级层面明确相关执行标准。如，信息化测试设备建设标准，体育中考分数在中考总分占比，考试内容结构要求，执行效果评估标准，考前体检制度，意外伤害保险覆盖制度，考场专业医护人员和器材的配备标准，残病免学生赋分标准。基准性政策旨在在政策实施层面为基层教育部门提供考试方案设计的基本依据。如，《国家学生体质健康标准》、青少年运动技能评定标准、过程性评价内容结构及具体评价标准等（见图4-8）。

其次，应自上而下地提高政策的清晰度。政策的清晰度是影响政策执行的关键变量。从体育中考政策的演进历程来看，在政策实施初期，中央政策的模糊给予了基层教育部门一定的自由裁量空间，有效地促进了基层政策创新，但在体育中考制度日趋完善的今天，有必要逐渐提高

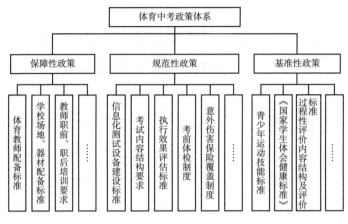

图 4-8 体育中考政策体系

中央政策的清晰度以防止由政策模糊造成的政策执行的走形和变样。笔者认为，提高体育中考政策的清晰度应从以下几个方面着手。①明确体育中考的权威地位，统一体育中考在中考总分中的占比。如前文所述，体育中考是一项地位性考试，如果分值过低显然不能引起相关利益主体的重视。在调研中，S 省 W 市在中考改革中虽然将体育分值提高了 10分，但其在中考总分中的占比却有所下降，背离了国家的整体要求。②明确国家标准的基准性地位，为地方体育中考方案的制定提供基本依据和准绳。在国家层面出台的有关体育中考的政策文件中数次指出要将《国家学生体质健康标准》作为考核的重要依据，但由调研得知许多地区体育中考评分标准和要求仍低于《国家学生体质健康标准》。虽然体育中考不是以选拔为目的的考试，但从"以评促学""以评促练"的角度来看，标准太低必然导致对学生的外部推动不足。

二 加强主体协作，强化各级教育部门的职能履行

从前文的调研和讨论可以发现，体育中考政策执行过程中的"异化"、政策目标偏离的产生在一定程度上是政策主体的利益存在偏差、政策主体之间的沟通与协调不足导致的。因此，优化体育中考改革要加

强政策主体之间的沟通与协调，形成政策执行的动态调整机制。

　　强化教育部在体育中考政策执行过程中的领导地位。第一，应将体育中考纳入《中华人民共和国义务教育法》，从国家层面提供体育中考政策执行的法理依据。第二，恢复体育中考经验总结交流制度，在总结和交流中凝聚基层智慧，基层政策执行主体只有对相应的政策内容，特别是对政策本身蕴含的价值、整体利益、长远利益有了清晰和全面的认知，才能在政策执行过程中采取积极的态度，激发执行政策的内在动力。第三，将体育中考改革落实情况作为评价省级教育部门职能履行的考核指标，从高位推动确保政策层层落实。第四，继续完善基准性政策。通过分析各地《国家学生体质健康标准》抽测数据调整其测试项目和评分。通过权威渠道加快《青少年运动技能等级标准与测试办法》在全国的应用。制定体育与健康知识教学大纲，开发相应的教材。第五，推动体育中考政策评估体系的应用，采用第三方评估的方式对各省级教育主管部门的政策执行质量和政策落实情况进行合理的评价，依据反馈的结果有的放矢，及时实现对考试方案的调整与修正。

　　促进省级教育部门在体育中考政策执行中的职能履行。第一，推动体育中考省域统一命题，明确体育中考的"省考"地位。由省级教育主管部门召开专家论证会，制定统一的考试内容、评分标准和工作要求。云南省体育中考方案中部分项目的评分标准就是由省各单项体育协会负责制定，有效利用了专业团队的技术资源。第二，在省级层面推动有关体育中考的立法，出台地方性法规完善体育中考的法律保障。第三，应加强对各地体育中考工作的督导，组织人员对省内各地体育中考政策执行情况进行巡视和动态考核，并根据对相关工作的落实情况进行奖惩。第四，积极落实《教育部关于加强新时代教育管理信息化工作的通知》，根据地方实际情况探索将基于5G、生物识别、动作捕捉、人工智能等技术的体育素养测评系统融入"智慧校园"建设，尝试利用信息化设备在学校范围内组织部分考试内容（基本运动技能），减轻统一组织考试的工作压力。第五，制定竞赛名录，规范运动竞赛加分，防止运动竞赛加分政策被滥用、乱用。

市级、县级教育部门作为基层执行部门是决定体育中考政策目标能否达成的关键环节。地方教育行政部门首先应从提高体育中考政策公信力、影响力入手，建立多元主体参与的政策执行监督机制，邀请司法、公安、人大代表和公共媒体等参与体育中考的组织和监督工作，提高政策执行过程的透明度。其次应建立体育中考过程性评价数据平台，并建立针对过程性评价的巡视和督导机制。通过建立数据平台减轻体育教师记录、统计学生成绩的工作负担。通过建立巡视和督导机制确保过程性评价成绩的公平与公正。最后应建立一支高水平的考务人员队伍，特别是在专项运动技能类项目测试方面。选拔一批特、高级教师和优秀裁判员组建考官人才库，确保考务人员队伍具有一定的稳定性。同时，通过组织考务人员统一培训来确保评判尺度的相对统一。

改进体育中考政策执行还应建立"中央—省—市"三级教育部门的政策效果反馈机制，构建自下而上的政策传递通道。目前，我国体育中考政策总体呈现单向度的自上而下的执行特征，基层教育部门、学校、体育教师、学生只是政策的被动接受者。而上级主管部门对各地政策的执行过程和实施效果掌握的信息也不充分，缺乏信息反馈的渠道。因此，中央、省、市各级教育部门应建立相应的沟通与对话机制。国家政策和省级政策制定过程中要充分了解不同地区、教育体系内部各部门的利益诉求，并在政策的制定过程中重视和体现其利益诉求，寻求上下级之间形成统一的"目标函数"，坚定各级教育部门推动体育中考改革的信念。

第三节　加强体育中考政策宣传和引导，寻求
目标群体形成政策认同

政策执行是以政策参与者对政策的理解与认同为基础的，忽视目标

群体的利益诉求，机械地推动政策实施往往会造成目标群体的抵触和抗拒。[1] 因此，在推进体育中考实施中要高度重视针对目标群体的政策宣传和引导。

一 建立体育中考听证制度，形成政策参与和表达机制

目标群体对政策执行的过程和效果的感受最为真切，认知也更为准确，因此，建立体育中考听证制度既是国家治理体系和治理能力现代化建设的内在要求，也是使政策不断完善的必要之举。体育中考听证制度的建立，有利于充分了解目标群体对政策的核心关切点，进而发现学生的运动兴趣所在、家长对学生身心发展的期待、体育教师面临的具体操作性问题等，寻求目标群体之间利益的整合与协调，形成政策的"最大公约数"。体育中考听证制度的建立还有利于树立体育中考政策权威，有助于树立体育中考在社会大众心目中的地位，提高体育中考政策在目标群体中的认同度，发挥体育中考对社会公众形成正确体育观的促进作用，进而形成促进青少年体育参与的内部动力。例如，云南省在体育中考改革方案发布之前，召开了由学生家长、体育教师、中学校长以及人大代表参加的听证会，广泛听取了各方的意见和建议，这些意见和建议为正式方案的形成发挥了重要作用。

二 营造良好政策舆论环境，做好政策解释和说明工作

调研结果显示，仍有不少家长和学生对实施体育中考的原因和目的不甚理解，而政策认知上的偏差可能带来较低的政策认同度，因此，做好政策解释和说明工作也是改进体育中考政策执行的重要一环。首先，应向社会全面呈现学生体质健康状况面临的严峻形势，让社会各界充分认识到在青少年体质健康促进方面，个人利益与国家利益休戚与共。其

① 邹小江、林向阳：《我国体教融合新政执行的潜在制约因素与调适策略——基于马兹曼尼安-萨巴蒂尔政策执行过程模型的分析》，《武汉体育学院学报》2021年第4期。

次，应建立青少年体质健康数字化平台。一方面，通过常态化反馈机制向家长及时汇报学生体质健康变化情况，让家长能从纵向上看到孩子个体体质健康的变化趋势，从横向上了解孩子的短板与不足。另一方面，利用平台的精准化投送能力对体育中考方案进行详细的解读，包括但不限于实施体育中考的目的、体育中考取得的政策效果、各类项目设置的依据及能力发展目标、课下练习方法指导、监督与安全措施等。

将"双减"政策的精神贯穿于体育中考政策执行，以体育中考是水平性考试的性质为基点，构筑学校体育主阵地，确保不增加学生额外的学习压力、不增加家长额外的经济支出，从营造良好的社会体育氛围入手，真正唤醒学生和家长体育意识，使其理解提升学生体育素养对其全面发展的重要性，形成内源性的参与动力。此外，推进体育中考改革还要坚持精微变革的理念，政策要在新生入学前颁布，留存一定的政策缓冲期。同时，考试项目和评分标准宜采用渐进的调整方式，防止目标群体产生强烈的抵触情绪。

第四节　加大体育中考政策的资源投入，改善政策执行的环境

一　配齐、配强体育教师，发挥教师在评价过程中的主体作用

近年来，随着国家对学校体育重视程度的提高，我国体育教师队伍建设取得了长足的发展。按照教育部、卫生部、财政部 2008 年出台的《国家学校体育卫生条件试行基本标准》，全国体育教师配备已大大超过该标准中 6~7 个班配备 1 名体育教师的要求。然而，体育教师配备短缺的现实依然是困扰我国学校体育高质量发展、限制体育中考改革的主要因素。体育中考测试内容多元化改革一定是建立在课程多元化基础之上的，而课程多元化则需要学校有一支数量充足的体育教师队伍。2021 年 6 月，教育部办公厅印发的《〈体育与健康〉教学改革指导纲要（试行）》中提出，要打破传统的体育课堂教学组织形式的局限性，大

力推广"体育选项走班制"教学。"体育选项走班制"教学是解决体育教学泛化、促进青少年运动技能掌握的针对性举措。然而，就现实情况来看，大多数初中仍然不具备实施"体育选项走班制"教学的基本条件。问卷调查显示，参与调研的体育教师周课时量在 12 节以上的比例接近 68%，如实施"体育选项走班制"教学，教师课时量会进一步增加，以现在的教师配备标准注定难以实现。因此，推进体育中考改革，促进学校体育高质量发展应以配齐体育教师为前提。首先，国家层面应修改《国家学校体育卫生条件试行基本标准》，提高体育教师配备基本标准。其次，省级、市级教育主管部门应加大对体育教师队伍建设的政策倾斜，根据地区发展实际情况，学校层次统筹安排学校体育教师数量，增岗扩编，特别是增加乡村学校体育教师的配备，同时加大巡视和督导力度，杜绝体育教师编制被挪用的现象。最后，应拓宽师资来源，加快建立教练员、退役运动员和其他社会主体参与学校体育发展的相关制度。

除了补充体育教师数量，推进体育中考改革还要将提升体育教师专业素养作为重要抓手。从一定意义上来说，体育教师队伍专业能力是否过硬决定体育中考改革的良图善意能否落地。笔者认为，体育教师专业素养提升应围绕教学能力提升展开。具体而言，包括运动技能教学能力、科学评价能力以及体育与健康知识授课能力。提升体育教师的上述能力首先应从提升体育教师的专项技术能力入手，这一方面因为让青少年掌握 1~2 项运动技能是新时代学校体育育人的核心旨要，另一方面因为教师专项运动技能的掌握情况决定了体育中考在项目和评分标准设置上的多元化、综合化程度。有调查指出，我国体育教育专业学生在入学之前普遍缺乏专项训练经历，专项运动技能基础较差。[①] 然而，现实是各高校对学生专项运动技能提升重视程度依然不足，具体表现为专项

---

① 唐炎：《现行体育教育本科专业课程方案存在的问题与改进建议》，《体育学刊》2014 年第 2 期。

运动技能选修、辅修开始时间晚、课时安排数量少。因此，笔者认为，提高教师专项技术能力应将体育教育专项运动技能选修授课提前，增加课时量，同时提高辅修项目技能水平要求。其次，应提高体育教师教学评价能力。相较于终结性评价，过程性评价更能全面、科学地反映学生体育素养发展的实际情况，也更能从根本上解决当前体育中考普遍存在的"应试化"现象。然而，设计再周全的标准和方案，没有相应的教学评价能力也注定是"空中楼阁"。提升体育教师教学评价能力一方面要在体育教育专业本科教育中增加相应的理论和实践课程，另一方面要提高对体育教师职后培训的重视程度。体育教师教学评价能力具体包括教学信息的收集和归纳能力、运动技能的分析和判断能力以及评价工具的运用能力。再次，应提升体育教师群体对体育与健康知识重要性的认识，将授课情况纳入对体育教师的考核指标；组织体育与健康知识授课竞赛活动，完善相应的激励机制，激发教师的积极性。最后，应变革体育教师配置方式，尝试将体育教师归口在县（区）教育主管部门，按照年龄、学历、专项运动技能等在域内学校间进行统筹配置，确保学校间的平衡配置。

此外，还要重视针对体育教师的法治教育工作，通过组织体育教师学习《中华人民共和国教育法》《中华人民共和国义务教育法》《国家教育考试违规处理办法》等增强其法律意识，增强其职业责任感和使命感，树立优良的工作作风，确保其在评价过程中忠于职守。

二 加强学校场地、器材配备，做好政策执行的基础工程

资源是一切政策实施的依托。一个地区的学校体育场地资源越丰富，运动器材配备越完善，学校之间配置越均衡，其可采用的考试内容和形式也就越丰富。就实际情况来看，目前我国大部分地区中小学体育场地、器材配备实现了从无到有的转变，满足了学校体育活动开展的基本要求。然而，想要实现体育中考与课标、课程的衔接还需要将场地、器材配备向"多"的方向努力。"多"既指数量又指种类，要不断提高

运动场地和器材的人均拥有量，以课标、课程内容为依据，充分满足体育教师进行体育教学和学生参与阳光体育活动的实际需求。此外，还应根据城乡学校的差异，有的放矢地解决城乡在运动场地、器材配备上的具体困难。城市学校应着力对现有运动场地进行升级改造，充分利用楼顶和地下资源。广州第十中学、朝天小学、华侨中学根据现实条件，因地制宜地进行了空间开拓，在楼顶开辟了足球场、网球场，有效缓解了学校运动场地紧张的情况。乡村学校的场地、器材要注重配备结构的合理，加快完善球类项目场地以及室内场馆建设，力争实现城乡学生接受学校体育教育的起点公平、过程公平。

三　建立体育中考专项经费，加快普及和优化信息化测试设备

从体育中考组织的现实情况来看，体育中考政策虽然是在国家统一要求下实施的，但考试经费仍然主要靠地方财政自主筹措。由于经济发展情况存在差异，一些经济落后的地区在考场标准化、测试设备信息化建设方面存在滞后的情况。经前文的分析得知，在没有新资源注入的情况下，基层政策执行者有可能选择敷衍塞责，致使政策难以得到有效落实。因此，笔者认为，在省、市层面应建立体育中考专项经费，强化省级、市级政府教育经费统筹职能。专项经费首先应保障域内信息化测试设备配备标准一致。其次，从考生参加考试的便捷性出发，专项经费应用于建设一批标准化的考场，特别是要求所有考场配备自动体外除颤仪等安全设备。再次，专项经费应用于提高学生意外伤害保险覆盖率，消除基层教育部门组织体育中考的后顾之忧。最后，专项经费还可用于向第三方公司购买服务，邀请专业的团队负责测试工作。

信息化测试设备对确保考试组织过程公平、公正的作用至关重要，是体育中考政策执行过程中重要的外部保障条件。然而，通过上文的调查和分析可知，信息化测试设备的功能和应用仍有进一步拓展的空间。具体而言主要包括三个方面：一是丰富系统应用场景。研发专项运动技能测试系统，将动作捕捉和图像识别等技术用于分析和技术评

定，提高评价的客观性。推广信息化测试设备在过程性评价环节的应用，将学生体质测试、日常考勤、校内测试影像存储、体育与健康知识测评、学生成绩分析、体育素养报告单的生成与推送等功能融入系统，在为过程性评价提供评分依据的同时还要减轻体育教师的工作负担。二是增强系统扩展能力，力求实现一次建设长期使用，减轻基层教育部门的财政负担。三是提高设备智能化、小型化水平。以人工智能实现系统功能自动化，同时紧贴体育教师的实际工作需求，减轻体育教师的工作负担。

信息化测试设备应用案例
——上海市学生体育素养评价系统

2021年6月，上海市教委联合上海体育学院召开了上海市体育素养评价系统发布会。构建了"市—区—校"三级互联共管的学生体育素养评价系统，为我国体育中考改革、新时代学校体育的高质量发展提供了一套具有可操作性的方案。

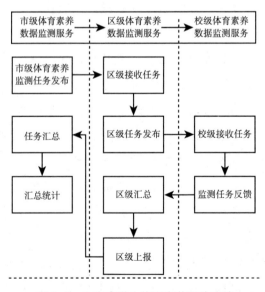

图 4-9　上海市学生体育素养评价系统

该评价系统可实现区、校测试数据的收集汇总、业务工作开展、综合评分、动态数据采集、智能化设备分布和使用、数据质量管理等功能，从而实时全方位掌握全市学生体育素养相关动态数据，以数据驱动教育治理现代化。在与体育中考系统对接方面，通过在学校构建学生体育素养评价系统可以实现全体学生在校内完成基本运动技能、专项运动技能测试，具有较高的安全性和可靠性。并且，借助标准化考场的可视监控可以实现智能化巡考，以及对考场运行信息的全面汇集和分析，从而掌握全市体育中考运行状态。

第五节　研究结论与展望

一　研究的结论

（1）体育中考是党和国家从全面提升学生体育素养和改进学校体育工作的角度出发，以考试为手段使政策所蕴含的国家利益、公共利益和个人利益得以实现的教育政策执行活动。从实施范围、政策执行方式和内容特征可以将体育中考40多年的演进历程分为启动探索阶段、完善与推广阶段、改革酝酿阶段以及创新与深化改革阶段四个阶段。体育中考在演进过程中权威性不断提高，政策体系构建逐渐完善，目标导向从改善体质转变为提升体育素养，组织形式也逐渐复合多样。

（2）通过对85个城市考试方案的内容分析后得出，目前我国体育中考的评价方式主要分一元终结性评价和多元发展性评价两种类型。两种类型下包含了7种考试模式，分别由过程性、必考、选考、抽考等考试模块组合而成。体育中考分值在中考总分中占比仍然较低，且更多侧重于对学生基本运动技能的考核。不同地区在考试项目、评分标准设置上差异较大。政策执行主体仍以市级、县级教育部门为主。通过对7个城市的调查得出，政策目标群体对政策认知和实施的认可程度较高，但存在差异。从全国整体层面来看，基本具备了可供政策执行的资源和环境。

（3）在制度发展逐渐完善的同时，体育中考在基层执行场域仍然存在照搬式执行、残缺式执行和观望式执行的问题。具体表现在：①考试内容主导教育教学活动的开展，运动实践课、学期评价以及课外体育活动被体育中考内容所占据，体育与健康知识理论课开展情况较差；②执行效果与政策目标一致性程度较低，除在基本运动技能方面，体育中考对学生专项运动技能、体育与健康知识掌握以及课外体育参与方面的促进作用并不显著；③地方教育部门存在执行的路径依赖，对推进体育中考改革的积极性、主动性不强。

（4）通过对多个城市体育中考政策执行现状的实地调查和分析，结合政策执行过程模型的分析框架，笔者认为影响体育中考政策执行的因素主要有五个方面：①政策方案自身的科学性、合理性存在欠缺影响多元政策目标的实现。政策体系的全面性、系统性不足掣肘改革推进的持续动力。表现为评价方式的落后、单一，考试项目设置背离学生运动兴趣和特长发展的需要，考试模块配置与评价标准失衡加剧"逐利"现象，专项运动技能标准、过程性评价细则缺位，保障性、规范性政策配套与衔接不足。②政策主体之间存在利益分歧，且上下互动与协同不畅，造成顶层推动乏力，政策转换断档。同时，基层政策主体人员配备与专业能力不足。评价和激励机制缺失。③政策的目标群体对政策价值认知存在偏差，青少年参与体育活动的内驱动力不足。④体育教师数量配备不足且城乡分配不均衡，场地、器材短缺且结构不合理，体育中考专项经费缺乏且区域差异大。⑤体育中考还受到政治环境、教育环境以及社会文化环境的影响。

（5）采用德尔菲法，构建了包含 4 个一级指标、12 个二级指标、44 个三级指标的体育中考政策执行评估指标体系。运用综合评价的方法对 J 省 S 市体育中考政策执行情况进行了实证分析。评估结果显示，S 市在政策方案维度的得分较低，政策效果和执行机制表现一般，执行保障水平较高。

（6）结合对影响体育中考政策执行因素的分析和实证评估的结果，笔者认为优化我国体育中考政策执行应从四个方面入手：①确立提升学生体育素养的目标导向，优化体育中考政策自身效能，改革终结性评价方案，优化考试模块配置，因地制宜地推广多元发展性评价的应用。②高位推动完善政策顶层设计，完善体育中考政策体系，提高政策系统性和清晰度。健全教育部门的上下联动机制，加强政策主体间的协作。③加强政策的宣传和引导，寻求目标群体形成政策认同，建立政策参与和表达机制，营造良好的政策舆论氛围。④加大对体育中考政策执行的资源投入，全面改善政策执行环境，配齐、配强体育教师，加快学校体育场地、器材配备，建立体育中考专项经费，普及和优化信息化测试设备。

二　研究的展望

体育中考改革是新时代我国学校体育高质量发展的重点工程。通过对当下我国体育中考政策执行问题的研究，笔者从以下几个方面开展后续的研究。

（1）进一步缩小研究范围，运用田野调查法，深入典型地区，通过对当地体育课堂的观察，对教育部门工作人员、体育教师、学生和进行家长深入访谈，运用科学的量表工具更有针对性地对体育中考政策执行进行深入的剖析。

（2）在有关考试项目设置方面，笔者在后续的研究中可深入一线教学，结合教育学理论、运动技能控制理论设计出更为科学和系统的评价工具。

（3）将体育中考政策执行置于具有中国特色的政策执行理论框架下分析，从而使研究更贴合中国实际，研究结果更令人信服。

附　录

附录一　体育中考政策认知与态度调查问卷（体育教师问卷）

体育中考政策认知与态度调查问卷（体育教师问卷）

尊敬的同仁：

您好！

感谢您抽出宝贵的时间参与《我国体育中高考重大意义及其基础理论研究》的调查。本问卷为匿名调查，您无须填写姓名。您的填写结果仅用于进行学术上的统计分析与研究，任何答题情况和个人信息都将严格保密，不会泄露给学术研究之外的任何人，请您放心作答。本问卷的目的是了解体育中考政策执行和政策效果，您的选择没有对错之分，请您如实独立作答，不要同他人讨论。您在填写问卷时，请首先细心阅读各部分的提示语，真实、直接地表达您的感受，衷心地感谢您的支持与合作！

请选择与您情况最相符的唯一选项并将其填写在题目右侧"□"内。

A 部分：基本信息

A1. 您的性别：　　　　　　　　　　　　　　　　□

1. 男　　　2. 女

A2. 您所工作的学校为：＿＿＿＿省＿＿＿＿市＿＿＿＿区/县＿＿＿＿镇。　学校名称：＿＿＿＿（例如：苏州市第十中学）

A3. 您学校属于_____中学。　　　　　　　　　　　　　　　☐

1. 城镇　　　　2. 农村

A4. 您的年龄_____。　　　　　　　　　　　　　　　　　☐

1. 25 岁及以下　　　　2. 26～35 岁　　　　3. 36～45 岁

4. 46～55 岁　　　　　5. 56 岁及以上

A5. 您的学历_____。　　　　　　　　　　　　　　　　　☐

1. 中师　　　2. 大专　　　3. 本科　　　4. 研究生

A6 您一周的课时量为_____。　　　　　　　　　　　　　☐

1. 8 节以下　　　2. 8～12 节　　　3. 12～16 节

4. 16～20 节　　　5. 20 节以上

A7. 您的税前年工资为_____。　　　　　　　　　　　　　☐

1. 3 万元以下　　　2. 3 万～6 万元　　　3. 6 万～9 万元

4. 9 万～12 万元　　　5. 12 万元以上

A8. 您所带班级体育中考成绩是否与您年终考评或评优、评先挂钩?

☐

1. 是　　　2. 否

A9. 您是否担任教学以外的行政或管理工作?　　　　　　　　☐

1. 是　　　2. 否

A10. 您在接受体育师范教育时所主修的运动项目。　　　　　☐

1. 田径　2. 足球　3. 排球　4. 篮球　5. 乒乓球　6. 羽毛球

7. 武术　8. 健美操　9. 网球　10. 游泳

11. 其他_____（请填写）

A11. 您在接受体育师范教育时所辅修的运动项目。　　　　　☐

1. 田径　　2. 足球　　3. 排球　　4. 篮球　　5. 乒乓球

6. 羽毛球　7. 武术　　8. 健美操　　9. 网球　　10. 游泳

11. 其他_____（请填写）

A12. 在工作中您担任哪些运动项目的教学?

（可多选，并按照掌握程度从高到低排序）　　☐☐☐☐☐☐☐

1. 田径　2. 足球　3. 排球　4. 篮球　5. 乒乓球　6. 羽毛球

7. 武术　8. 健美操　9. 网球　10. 游泳　11. 其他_____（请填写）

B 部分：与体育中考有关的教学工作

B1. 您对所授课班级初次进行体育中考考试项目教学与练习的时间。　☐

1. 初一上学期　2. 初一下学期　3. 初二上学期

4. 初二下学期　5. 初三上学期

B2. 体育中考考试项目练习时间占体育课总时间的比例。　☐

1. 20%以下　　　2. 21%~40%　　　3. 41%~60%

4. 61%~80%　　5. 80%以上

B3. 您是否对所授课班级学生进行过体育健康知识理论教学？（如选"是"请回答第 B4 题，如选"否"请直接回答第 B5 题）　☐

1. 是　　　2. 否

B4. 您进行体育健康知识理论课教学的频率。　☐

1. 每月 1 次及更多　2. 半学期 1 次　3. 每学期 1 次　4. 每学年 1 次及更少　5. 从不

B5. 《国家学生体质健康测试》内容占体育课总时间的比例。　☐

1. 20%以下　　　2. 21%~40%　　　3. 41%~60%

4. 61%~80%　　　5. 80%以上

B6. 您是否会在课下给学生布置体育中考考试项目的练习任务？　☐

1. 是　　　2. 否

B7. 学校领导是否对您所带班级的体育中考成绩有满分率或及格率要求？　☐

1. 是　　　2. 否

B8. 贵校是否有针对体育中考的专项教学与训练安排？（如选"是"请回答第 B9 题，如选"否"请直接回答第 B10 题）　☐

1. 是　　　2. 否

B9. 贵校中考体育专项教学训练安排在什么时间？ □

1. 初一上学期　　2. 初一下学期　　3. 初二上学期

4. 初二下学期　　5. 初三上学期　　6. 初三下学期

B10. 贵校中考体育专项教学训练是否计入工作量？ □

1. 是　　　　2. 否

B11. 您所在的地区体育中考是否有考前体检？ □

1. 是　　　　2. 否

B12. 您所在的地区体育中考是否包含过程性评价？（如选"是"
请回答第 B13 题，如选"否"请直接回答 C 部分） □

1. 是　　　　2. 否

B13. 教育局是否下发统一的过程性评价标准？ □

1. 是　　　　2. 否

B14. 学校内部是否统一制定过程性评价标准？ □

1. 是　　　　2. 否

B15. 过程性评价的结果是否有向学生公示？ □

1. 是　　　　2. 否

C 部分：与体育中考相关的观念与态度

C1. 贵学校期末体育考试与体育中考考试项目的关联度如何？ □

1. 非常强　　2. 强　　3. 一般　　4. 不强　　5. 完全没联系

C2. 您是否支持将过程性评价标准纳入体育中考？（如选"是"请
直接回答第 C4 题，如选"否"请回答第 C3 题） □

1. 是　　　　2. 否

C3. 您不同意将学生每学期期末考试计入中考总分的原因？（可
多选） □□

1. 担心增加自己的工作负担

2. 缺乏统一组织和要求，过程公平性难保证

3. 没有统一的评分标准，评价缺乏依据

4. 担心体育课变成考试训练课，降低学生学习兴趣

5. 担心承受来自学校领导和家长的压力

6. 其他_____（请填写）

C4. 如果将学生初中三年每学期期末成绩作为过程性评价计入中考体育总分，您认为多大的比例是合适的？ □

1. 10%以下　　　2. 10%～30%　　　3. 31%～50%

4. 51%～70%　　　5. 70%以上

C5. 您认为体育中考分数占中考总分比例为多少是合理的？ □

1. 5%以下　2. 5%～8%　3. 8%～12%　4. 12%～15%　5. 15%以上

C6. 请对学生体育中考成绩影响因素的重要性排序_____（可多选，并根据重要性从大到小排序）。

1. 体育教师的教学能力　　2. 学习场地设施和器材　　3. 项目设置是否让学生感兴趣　　4. 家长的重视程度　　5. 课上练习时间　6. 校外练习时间　　7. 学校领导重视程度　　8. 体育课能否开足、开齐　　9. 学生先天身体　　10. 学生学习态度　　11. 考试当天天气　　12. 其他_____（请填写）

以下每项题目的答案依据个人认知和感受从划分的五个等级中做出选择，请首先仔细阅读每道题目，仅依据您目前所在学校的情况以及您个人的主观意愿，在最符合您自身感受的选项方框内打钩"√"，请不要遗漏。

一、对体育中考政策了解情况

序号	选项内容	非常了解	基本了解	一般	了解很少	完全不了解
C7	你是否了解实施体育中考的原因					
C8	你是否了解实施体育中考的目的					

二、对体育中考政策实施过程和实施效果的认知和态度，尽量不选择中性答案

序号	选项内容	非常同意	基本同意	不确定	较不同意	不同意
C9	体育中考成绩能准确反映学生体质健康水平					

序号	选项内容	非常同意	基本同意	不确定	较不同意	不同意
C10	体育中考成绩能准确地反映学生运动技能发展水平					
C11	实施体育中考政策是必要的					
C12	体育中考项目设置是合理的					
C13	体育中考分数占中考总分比例是合理的					
C14	体育中考的考试模式是合理的					
C15	体育中考的评分标准是合理的					
C16	体育中考政策的实施是合理的					
C17	体育中考考试项目的设置能满足学生运动爱好兴趣需要					
C18	体育中考考试项目的设置能满足学生运动爱好兴趣需要					
C19	体育中考帮助学生提高了体质测试成绩					
C20	体育中考促进了学生对运动技能的掌握					
C21	体育中考促进了学生对体育与健康知识的掌握					
C22	体育中考让学生认识到了参加体育锻炼的重要性					
C23	体育中考促进了学生体育锻炼习惯的养成					
C24	我对体育中考实施的效果是满意的					
C25	学校领导对体育中考比较重视					
C26	班主任对体育中考比较重视					
C27	学生家长对体育中考比较重视					
C28	学校的场地设施能够满足我进行体育中考考试项目教学的需要					
C29	学校的运动器材能够满足我进行体育中考考试项目教学的需要					
C30	体育课的课时分配能够满足我进行体育中考项目教学与练习的需要					
C31	体育中考考场工作组织有序					
C32	信息化、智能化的考试设备能保证考试过程的公正、公平、公开					

续表

序号	选项内容	非常同意	基本同意	不确定	较不同意	不同意
C33	本地区体育中考考试设备信息化、智能化水平高					
C34	将体育与健康知识列入体育中考内容是有必要的					
C35	体育中考应给予学生多次考试机会					
C36	把每学期体育课成绩纳入体育中考总成绩当中是必要的					
C37	体育中考应增加运动技能考试项目数					
C38	应把每学年体质健康测试成绩纳入体育中考总成绩当中					
C39	应把学生参与各级体育竞赛活动的成绩纳入体育中考总成绩当中					
C40	提高体育中考分值是必要的					

（有过程性评价地区题项）

序号	选项内容	非常同意	基本同意	不确定	较不同意	不同意
C41	过程性评价有利于激发学生课堂学习的积极性					
C42	过程性评价有利于学生对运动技能的掌握					
C43	过程性评价有利于学生体育意识的培养					
C44	体育中考促进了学生体育锻炼习惯的养成					
C45	我对采用过程性评价取得的效果是满意的					

D 部分：你对当前体育中考有什么建议？

附录二　体育中考政策认知与态度调查问卷（学生问卷）

体育中考政策认知与态度调查问卷（学生问卷）

同学：

你好！

感谢你抽出宝贵的时间参与《我国体育中高考重大意义及其基础理论研究》的调查。本调查旨在了解我国学生对体育中考的认知与态度。本问卷为匿名调查，结果仅用于研究，答题情况和个人信息都将严格保密，不会泄露给学术研究之外的任何人。在填写问卷时，请首先仔细阅读各部分的提示语，真实、直接地表达你的感受，不要同他人讨论。衷心地感谢你的支持与合作！你的回答将会为我们提供宝贵的信息，这些信息将成为进一步推进我国体育中考改革的重要依据。

请选择与你情况最相符的选项并将其序号填写在右侧"□"内，本问卷共6页。

A部分：个人情况

A1. 你的性别：1. 男　　　　2. 女　　　　　　　　　　　　□

A2. 你就读的初中：_____省_____市_____区/县

B部分：与体育中考有关的学校体育工作开展现状调查

B1. 你所在的学校初三阶段每周安排多少节体育课？　　　　□

1. 1节　　　2. 2节　　　3. 3节　　　4. 4节　　　5. 5节以上

B2. 你所在的学校初三阶段是否安排课外体育活动？

（如选"是"请你回答第B3题，如选"否"直接回答第B4题）　□

1. 是　　　　2. 否

B3. 初三课外体育活动是否有体育教师统一安排体育中考考试项目练习？　　　　　　　　　　　　　　　　　　　　　　　　　□

1. 是　　　　2. 否

B4. 你所在的学校是否有体育与健康知识理论课的学习？ □

1. 是　　　2. 否

B5. 体育课是否存在被其他课挤占的情况？ □

1. 从不　　　2. 很少　　　4. 经常　　　5. 总是

B6. 初中阶段你在体育课上学习过哪些运动项目？（可多选）

□□□

1. 田径　　　2. 足球　　　3. 排球　　　4. 篮球

5. 乒乓球　　　6. 羽毛球　　　7. 武术　　　8. 体操

9. 健美操　　　10. 网球　　　11. 其他_____（请填写）

B7. 你最希望在体育课中进行哪些运动项目的学习？（可多选，并按喜爱程度排序）

□□□□□

1. 田径　　　2. 足球　　　3. 排球　　　4. 篮球

5. 乒乓球　　　6. 羽毛球　　　7. 武术　　　8. 体操

9. 健美操　　　10. 网球　　　11. 游泳

12. 其他_____（请填写）

B8. 经过初中阶段的学习你熟练掌握的运动技能（可多选，最多3项）

□□□

1. 田径　　　2. 足球　　　3. 排球　　　4. 篮球

5. 乒乓球　　　6. 羽毛球　　　7. 武术　　　8. 体操

9. 健美操　　　10. 网球　　　11. 游泳

12. 其他_____（请填写）

B9. 体育中考考试项目练习占体育课总时间的比重 □

1. 非常小　　2. 较小　　3. 一般　　4. 较大　　5. 非常大

B10. 你认为学校日常体育教学内容与体育中考考试项目的关联度如何？ □

1. 非常强　　　2. 强　　　3. 一般　　　4. 不强

5. 完全没联系

B11. 你认为学校期末体育考试与体育中考考试项目的关联度如何？ □

1. 非常强　　　2. 强　　　　3. 一般　　　　4. 不强

5. 完全没联系

B12. 体育中考前，学校是否会统一安排体育课外的针对性训练？
（如选 1 请回答第 B14 题，如选 2 请直接回答第 B15 部分题） □

1. 有　　　　2. 没有

B13. 你所在的学校是从哪个学段开始进行体育中考针对性训练的？
□

1. 初一上学期　　　　2. 初一下学期　　　　3. 初二上学期

4. 初二下学期　　　　5. 初三上学期　　　　6. 初三下学期

B14. 你的文化课成绩在班级属于_____。 □

1. 优等　　　2. 中上等　　　　3. 中等　　　4. 待进步

C 部分：与体育中考有关的家庭、社会参与情况

C1. 你是否会在校外进行体育中考考试项目的练习？ □

（如选 1 或 2 请回答第 C2 题，如选 3 或 4 请直接回答第 C3 题）

1. 从不　　　2. 很少　　　　3. 经常　　　4. 总是

C2. 你不在校外进行体育中考考试项目练习的原因。（可多选，并
根据影响从大到小排序） □□□

1. 家长不重视　　　　2. 没有合适的场地、器材

3. 主课学习压力大，没有时间

4. 体育中考难度不大，不需要进行课外练习

5. 对体育活动没兴趣　　　　6. 没有同学朋友一起

7. 学校没要求　　　　8. 其他_____（请填写）

C3. 你在校外进行体育中考项目练习的时长？ □

1. 15 分钟以内　　　　2. 15~30 分钟

3. 30~45 分钟　　　　4. 45 分钟以上

C3. 家长在校外陪你一起练习体育中考项目的情况。 □

1. 从不　　　　2. 很少　　　　3. 有时　　　　4. 经常　　　　5. 总是

C4. 你是否参加过校外体育中考培训机构的培训？　　　　□

1. 是　　　　2. 否

D 部分：与体育中考相关的认知与态度

D1. 你认为实施体育中考的目的是什么？　　　　□

1. 提升我的体质健康　　　　2. 促进我对运动技能的掌握

3. 确保体育课开足、开齐　　　　4. 其他_____（请填写）

D2. 你认为体育中考分数设置在多少分是合理的？　　　　□

1.20 分及以下　　　　2. 21~40 分　　　　3. 41~60 分

4.61~80 分　　　　5. 81~100 分

D3. 请对影响你体育中考成绩的因素的重要性排序。（可多选，并根据重要性从大到小排序）　　　　□□□□

1. 体育教师的教学能力　　　　2. 学校场地设施和器材

3. 项目设置是否感兴趣　　　　4. 家长的重视程度

5. 课上练习时间　　　6. 校外练习时间　　　7. 学校领导重视程度

8. 自己的学习态度　　　9. 先天身体素质　　　10. 考试当天天气

11. 考场设施、器材　　　　12. 其他_____（请填写）

请首先仔细阅读以下每项题目，依据你个人了解程度和真实感受从划分的五个等级中做出选择，在最符合你自身感受的一个选项框内打"√"，请不要遗漏题项。

一、对体育中考政策的认知情况

序号	选项内容	非常了解	基本了解	一般	了解很少	完全不了解
D1	你是否了解体育中考的考试项目					
D2	你是否了解体育中考的评分标准					
D3	你是否了解体育中考违纪、舞弊行为的举报途径和方式					

二、对体育中考政策实施现状的认知和态度，尽量不选择中性答案

序号	选项内容	非常同意	同意	不确定	较不同意	不同意
D4	体育中考成绩反映了我的体质健康水平					
D5	体育中考成绩反映了我的运动技能发展水平					
D6	体育中考项目设置是合理的					
D7	体育分数占中考总分的比例是合理的					
D8	体育中考的评分标准是合理的					
D9	体育中考的考试模式是合理的					
D10	体育教师对我体育中考成绩的提高作用很大					
D11	体育教师对我运动技能的掌握作用很大					
D12	体育教师对我体育与健康知识的掌握作用很大					
D13	体育教师对体育中考比较重视					
D14	学校领导对体育中考比较重视					
D15	班主任对体育中考比较重视					
D16	体育中考考场考官认真负责					
D17	体育中考考试过程安排得井然有序					
D18	体育中考考试成绩是公开、公正的					
D19	我对体育中考考试现场的场地和器材配备质量感到满意					
D20	学校的场地设施能够满足我进行体育中考考试项目学习与练习的需要					
D21	学校的运动器材能够满足我进行体育中考考试项目学习与练习的需要					
D22	实施体育中考是必要的					

三、对体育中考实施效果的认知与态度

序号	选项内容	非常同意	基本同意	不确定	较不同意	不同意
D23	体育中考促进了我体质测试成绩的提高					
D24	体育中考促进了我对运动技能的掌握					
D25	体育中考促进了我对体育与健康知识的掌握					
D26	体育中考让我认识到了参加体育锻炼的重要性					
D27	体育中考促进了我体育锻炼习惯的养成					
D28	我对体育中考实施的效果是满意的					

四、对体育中考改革的认知和态度

序号	选项内容	非常同意	基本同意	不确定	较不同意	不同意
D29	体育中考应采取一年多次考试,让学生灵活选择参加的考试组织方式					
D30	把每学期期末体育课成绩计入体育中考总成绩当中是合理的					
D31	体育中考应增加运动技能考试项目数					
D32	体育中考运动技能项目(如:球类)的分数应多于体能项目(如:耐久跑,立定跳远)的分数					
D33	把每学年体质健康测试成绩计入体育中考总成绩当中是合理的					
D34	把参与各级体育竞赛活动的成绩纳入体育中考总成绩当中是合理的					

E 部分：

E1. 你认为当前体育中考存在哪些问题？有哪些需要改进的地方？

附录三 体育中考政策认知与态度调查问卷（家长问卷）

体育中考政策认知与态度调查问卷（家长问卷）

尊敬的家长：

您好！

感谢您抽出宝贵的时间参与《我国体育中高考重大意义及其基础理论研究》的调查。本问卷为匿名调查，您无须填写姓名。您的填写结果仅用于进行学术上的统计分析与研究，任何答题情况和个人信息都将严格保密，不会泄露给学术研究之外的任何人，请您放心作答。本问卷的目的是了解体育中考政策执行和政策效果，您的选择没有对错之分，请您如实独立作答，不要同他人讨论。您在填写问卷时，请首先细心阅读各部分的提示语，真实、直接地表达您的感受，衷心地感谢您的支持与合作！

请选择与您情况最相符的选项并将其填写在右侧"□"内。

A 部分：基本信息

A1. 您的性别：1. 男　　　　2. 女　　　　　　　　　　　□

A2. 您孩子就读的学校：_____ 省 _____ 市 _____ 区/县 _____ 镇

学校名称：_____ （例如：苏州市第十中学）

A3. 您的年龄 _____

A4. 您的文化程度　　　　　　　　　　　　　　　　　　　□

1. 初中及以下　　　2. 高中及中专　　　3. 大专　　　4. 本科

5. 研究生及以上

A5. 您有几个孩子？　　　　　　　　　　　　　　　　　　□

1. 1 个　　　2. 2 个　　　3. 3 个及以上

A6. 您的孩子是否和你生活在一起？　　　　　　　　　　　□

1. 是　　　2. 否

B 部分：体育中考的政策认知与家庭参与情况

B1. 您是通过何种途径了解体育中考方案的？（可多选）□□□□□

1. 教育局网站　　　2. 微信公众号　　　3. 电视　　　4. 报纸

5. 朋友　　　6. 学校家长会或中考告知书　　　7. 其他_____（请填写）

B2. 您在假期是否陪孩子进行体育中考项目的练习？（如选"是"请回答第 B3~B5 题，如选"否"请直接回答第 A7 题）　　　　□

1. 是　　　2. 否

B3. 您从什么学段开始陪孩子进行体育中考项目练习？　　　□

1. 初一上学期　　　　2. 初一下学期　　　　3. 初二上学期

4. 初二下学期　　　　5. 初三上学期　　　　6. 初三下学期

B4. 您陪孩子进行体育中考项目练习的频率。　　　　□

1. 每周 1 次　　2. 每周 2 次　　3. 每周 3 次　　4. 每周 4 次

5. 每周 4 次以上

B5. 您每次陪孩子进行体育中考项目练习的时间。　　　　□

1. 15 分钟以下　　　2. 15~30 分钟　　　3. 30~45 分钟

4. 45 分钟~1 小时　　　5. 1 小时以上

B6. 您没陪孩子进行体育中考项目练习的原因。（可多选，并根据影响从大到小排序）　　　　□□□□□

1. 工作忙没时间　　　2. 体育中考分值低，不重要　　　3. 缺乏科学训练的知识　　　4. 身边缺乏合适的场地　　　5. 学校体育已经满足了孩子体育中考的需要　　　6. 其他_____（请填写）

B7. 您是否会为孩子报名校外体育中考培训机构？　　　　□

1. 是　　　2. 否

C 部分：家长对体育中考相关的认知与态度

C1. 您认为体育中考分数占中考总分的比例多大是合理的？　　□

1. 5% 以下　　　2. 5%~8%　　　3. 8%~12%　　　4. 12%~15%

5. 15% 以上

C2. 您是否支持将每学期期末体育考试成绩按一定比例计入体育中考总分？（如选"是"请直接回答第 C4 题，如选"否"请回答第 C3 题） □

1. 是　　　2. 否

C3. 您不同意将每学期期末考试计入中考总分的原因？（可多选）

□□□□

1. 担心增加孩子学习负担　　　2. 缺乏统一组织和要求，过程公平性难保证　　　3. 各学校评分标准不同，影响成绩客观性

4. 其他_____（请填写）

C4. 如果将孩子初中三年学期成绩作为过程性评价计入中考体育总分您认为多少的比例是合适的？ □

1. 10% 以下　　　2. 10%~30%　　　3. 31%~50%

4. 51%~70%　　　5. 70% 以上

C3. 您是否愿意作为家长代表对体育中考考试现场进行监督？ □

1. 是　　　2. 否

以下每项题目的答案依据个人认知和感受从划分的五个等级中做出选择，请首先仔细阅读每项题目，仅依据您孩子目前所在城市体育中考开展情况以及您个人主观意愿，在最符合您自身感受的选项方框内打"√"，每题都做，请不要遗漏题项。

一、对体育中考政策了解情况

序号	选项内容	非常了解	基本了解	一般	了解很少	不了解
C4	你是否了解实施体育中考的原因					
C5	你是否了解实施体育中考的目的					
C6	你是否了解体育中考违纪、舞弊行为举报途径和方式					

二、对体育中考政策实施过程和实施效果的认知和态度，尽量不选择中性答案

序号	选项内容	非常同意	基本同意	不确定	较不同意	不同意
C7	实行体育中考是合理的					
C8	体育中考项目设置是合理的					
C9	体育中考的考试模式是合理的					
C10	体育中考分数占中考总分的比例是合理的					
C11	体育中考增加了孩子的学习负担					
C12	体育中考提高了孩子的体质健康水平					
C13	体育中考促进了孩子对运动技能的掌握					
C14	体育中考促进了孩子对体育与健康理论知识的掌握					
C15	体育中考让孩子认识到了参加体育锻炼的重要性					
C16	体育中考促进了学生体育锻炼习惯的养成					
C17	我对体育中考实施的效果是满意的					
C18	作为家长我重视体育中考					
C19	学校领导对体育中考比较重视					
C20	班主任对体育中考比较重视					
C21	我的孩子对体育中考比较重视					
C22	体育中考考试组织有序					
C23	体育中考考试成绩是公开、公正的					
C24	信息化、智能化的考试设备能保证考试过程的公正、公平、公开					
C25	体育中考应给予学生多次考试机会					
C26	提高体育中考分值是必要的					
C27	我担心孩子在体育中考备考和考试过程中出现运动安全和伤害事故					

D 部分：您对当前体育中考的工作和改革有什么建议？

问卷到此结束，您辛苦了！请检查一下问卷，看看有没有遗漏对某些问题的回答。

我们非常感谢您的合作，祝您工作顺利！身体安康！

附录四　教育部门访谈提纲

教育部门访谈提纲

访谈编号		受访者姓名	
访谈日期		访谈地点	
职务		联系方式	
单位/职务			

1. 采用现行的体育中考模式基于何种原因？

2. 您如何评价本省（市）体育中考现行的模式？请您简要评价一下模式。

3. 在省（市）级层面体卫艺处（科）对各地体育中考开展过哪些具体工作？与地方部门是如何协同的？

4. 贵省（市）设施的体育中考分数的依据是什么？所制定的考试项目、评分标准是基于哪种考虑？

5. 贵省（市）体育中考政策执行中面临的困难有哪些？您认为哪些因素对推进改革造成的阻力最大？

6. 贵省（市）是否有推进体育中考改革的具体时间安排？已经在进行的有哪些工作？您认为体育中考改革应在哪些具体方面做出变革？

7. 贵省（市）在制定中考方案时是否组织过专家论证会？如果有，讨论过哪些关键内容？您认为是否有必要考虑家长和学生的诉求，实行公众听证制度？

8. 贵省（市）体育中考（未）采用过程性评价的原因是什么？如何确保过程性的评价公平、公正？是否有具体的方案和措施？方案制定的依据是什么？

9. 国家学生体质健康标准实施情况如何？学生优良率如何？如何确保上报数据真实客观？

10. 贵省（市）体育中考设备信息化水平如何？建设资金怎样解决？选定设备供应商基于何种标准？

11. 是否有专项的学校体育经费支出？

12. 在中考前是否有体检和购买意外伤害保险？

附录五　专家访谈提纲

专家访谈提纲

访谈编号		受访者姓名	
访谈日期		访谈地点	
职务		联系方式	
单位/职务			

1. 请您谈谈我国体育中考政策执行现状、存在问题及影响的因素有哪些。

2. 您认为体育中考政策执行过程中的利益相关者有哪些？他们的利益诉求是什么？哪些诉求最为重要？

3. 您认为我国体育中考政策执行中不同利益相关者之间存在什么样的利益关系？利益的矛盾和冲突集中在哪些方面？如何解决或缓解？

4. 您认为体育中考对提升学生体育素养是否起到了作用？如果有，表现在哪些方面？如果没有，您认为原因在哪儿？

5. 您认为体育中考成绩在中考总成绩中占多大比例是合适的？

6. 您认为目前体育中考在考试模式、项目设置和评分标准上存在哪些问题？

7. 您认为是否有必要将过程性评价纳入体育中考成绩中？（如果"是"，应如何确保过程性评价的公平性和客观性；如果"否"，原因是什么？）

8. 您是否支持将体育与健康理论知识纳入体育中考总成绩中？

9. 为了更好地促进青少年体质健康，您认为当下的体育中考改革应在哪些方面做出变革？

10. 要对我国体育中考执行效果的进行综合评估，您认为应从哪些维度来进行一级指标的建构？

附录六 体育中考政策评估指标体系专家调查问卷

体育中考政策执行评估体系指标专家调查问卷（第一轮）

尊敬的专家：

您好！

我是××大学体育学院体育教育训练学的博士研究生，我们正在进行我国体育中考政策执行评估的研究工作。发放本次问卷的目的是咨询各位专家对构建我国体育中考政策执行评估指标体系的意见和建议。根据您的学术和工作背景，特邀请您作为本次调查的专家。请您根据自身的专业知识和相关工作经验对指标体系的建构做出专业的判断，您的意见将作为我们建立指标体系的重要依据。答案没有对错之分，仅供本书研究所用，烦请您不吝赐教。在此对您的帮助和支持致以诚挚的感谢。

顺祝安康！

一、问卷填写说明

1. 本研究构建的指标体系共分三级，A 表示一级指标第一项；A_1 表示该指标是第一项一级指标下的第一项二级指标；A_{11} 表示该指标是第一项一级指标下第一项二级指标下的第一项三级指标，以此类推。

2. 请您根据自身专业知识和实际工作经验对各个指标的重要程度进行判断，并在相应的空格内打"√"。

3. 对有异议的指标您可以进行删减、修改、新增，并简单说明理由。

二、基本部分

1. 请根据您对指标的熟悉程度在相应的空格内打"√"

指标	熟悉程度				
	非常熟悉	熟悉	比较熟悉	不太熟悉	很不熟悉
A 政策方案					
B 执行机制					
C 执行保障					
D 政策效果					

2. 指标判断依据

您对本评估指标体系中的指标判断依据主要是源于：（请在符合您实际情况地方打"√"）

指标	判断依据											
	理论分析			实践经验			同行了解			直观选择		
	大	中	小	大	中	小	大	中	小	大	中	小
A 政策方案												
B 执行机制												
C 执行保障												
D 政策效果												

（1）一级指标重要程度判断

指标	重要性				
	非常重要	较重要	一般	较不重要	很不重要
A 政策方案					
B 执行机制					
C 执行保障					
D 政策效果					

补充与修改意见：

（2）二级指标重要程度判断

指标	重要性				
	非常重要	较重要	一般	较不重要	很不重要
A_1政策制定权威性					
A_2政策方案合理性					

补充与修改意见：

B_1政策宣传					
B_2主体行为					

补充与修改意见：

C_1经费保障					
C_2师资保障					
C_3场地、器材保障					
C_4安全保障					
C_5监督保障					

补充与修改意见：

D_1利益相关者的认可与重视					
D_2体育素养提升					
D_3学校体育工作促进					

补充与修改意见：

（3）三级指标重要程度判断

指标	重要性				
	非常重要	较重要	一般	较不重要	很不重要
A_{11} 省级体育中考方案制定情况					
A_{12} 方案制定过程中的调查与论证情况					
A_{13} 基本运动技能项目评分标准与《国家学生体质健康标准》的契合度					

补充与修改意见：

指标	重要性				
A_{21} 体育中考分数在中考总分中的占比情况					
A_{22} 学生的可选择性					
A_{23} 过程性评价方案清晰度					
A_{24} 专项技能包含核心技术动作组合					
A_{25} 体育与健康知识测试					
A_{26} 男女生评分标准的公平度					
A_{27} 考试方案的动态调整机制					
A_{28} 考点设置的便捷性					

补充与修改意见：

指标	重要性				
B_{11} 政策解读与听证制度					
B_{12} 权威平台发布					
B_{13} 公共媒体报道					

补充与修改意见：

指标	重要性				
B_{21} 市级、县级教育主管部门的沟通与协作					
B_{22} 考务人员考前培训情况					
B_{23} 考试工作总结与反馈制度					
B_{24} 考务人员专业能力水平					

补充与修改意见：

续表

指标	重要性				
	非常重要	较重要	一般	较不重要	很不重要
C_{11}体育中考专项经费设立情况					
C_{12}学校体育场地、器材建设经费投入					

补充与修改意见：

C_{21}城乡体育教师均衡情况					
C_{22}班级数与体育教师比例					
C_{23}中级以上职称体育教师比例					
C_{24}本科以上学历体育教师比例					

补充与修改意见：

C_{31}运动场地达标率					
C_{32}运动器材配备达标率					
C_{33}生均运动场地面积					
C_{34}学校体育场（馆）假期向学生开放情况					

补充与修改意见：

C_{41}考前健康状况确认					
C_{42}考场专业医护人员配备					
C_{43}体外除颤仪配备					
C_{44}意外伤害保险覆盖					

补充与修改意见：

续表

指标	重要性				
	非常重要	较重要	一般	较不重要	很不重要
C_{51} 信息化测试设备					
C_{52} 现场考试监督质量					
C_{53} 过程性评价监督机制					

补充与修改意见：

D_{11} 教育行政部门工作人员的认可与重视					
D_{12} 体育教师的认可与重视					
D_{13} 学生的认可与重视					
D_{14} 家长的认可与重视					
D_{15} 学校领导的认可与重视					

补充与修改意见：

D_{21} 基本运动技能发展					
D_{22} 专项运动技能掌握					
D_{23} 体育与健康知识掌握					
D_{24} 课外体育参与情况					
D_{25} 家长陪同参与体育锻炼情况					

补充与修改意见：

D_{31} 体育课开足、开齐率					
D_{32} 大课间和课外体育活动情况					

补充与修改意见：

体育中考政策执行评估体系指标专家调查问卷（第二轮）

尊敬的专家：

您好！

在您的鼎力帮助下，我国体育中考政策执行评估指标体系第一轮专家征询工作已经顺利完成，在此对您的支持表示衷心的感谢。

经过第一轮专家征询，依据专家提出的意见，对体育中考政策执行评估指标体系进行了修改，并形成第二轮专家调查问卷，恳请您对本次问卷提供宝贵意见与建议。在此对您致以诚挚的感谢！

顺祝安康！

一、问卷填写说明

1. 本研究构建的指标体系共分三级，A 表示一级指标第一项；A_1 表示该指标是第一项一级指标下的第一项二级指标；A_{11} 表示该指标是第一项一级指标下第一项二级指标下的第一项三级指标，以此类推。

2. 请您根据自身专业知识和实际工作经验对各个指标的重要程度进行判断，并在相应的空格内打"√"。

3. 本次问卷中依据上一轮专家意见修改、增添的指标进行了加黑处理以便您查阅。

4. 对有异议的指标您可以进行删减、修改、新增，并简单说明理由。

二、基本部分

1. 一级指标重要程度判断

重要性指标	重要性				
	非常重要	较重要	一般	较不重要	很不重要
A 政策方案					
B 执行机制					
C 执行保障					
D 政策效果					

补充与修改意见：

2. 二级指标重要程度判断

指标	重要性				
	非常重要	较重要	一般	较不重要	很不重要
A₁政策的权威性					
A₂政策的合理性					

补充与修改意见：

指标	重要性				
B₁政策宣传					
B₂组织实施					

补充与修改意见：

指标	重要性				
C₁经费保障					
C₂师资保障					
C₃场地、器材保障					
C₄安全保障					
C₅监督保障					

补充与修改意见：

指标	重要性				
D₁利益相关者的态度					
D₂体育素养提升					
D₃学校体育工作促进					

补充与修改意见：

3. 三级指标重要程度判断

指标	重要性				
	非常重要	较重要	一般	较不重要	很不重要
A₁₁省级体育中考方案制定情况					

续表

指标	重要性				
	非常重要	较重要	一般	较不重要	很不重要
A$_{12}$方案制定过程中的调查与论证情况					
A$_{13}$基本运动技能项目评分标准与《国家学生体质健康标准》的契合度					

补充与修改意见：

A$_{21}$体育中考分数在中考总分中的占比情况					
A$_{22}$学生的可选择性					
A$_{23}$过程性评价方案清晰度					
A$_{24}$专项技能包含核心技术动作组合					
A$_{25}$体育与健康知识测试					
A$_{26}$考试方案的动态调整机制					
A$_{27}$运动竞赛加分与成绩认定细则					

补充与修改意见：

B$_{11}$政策解读与听证制度					
B$_{12}$多渠道宣传					
B$_{13}$学生体质健康数据向社会公布情况					

补充与修改意见：

B$_{21}$市级、县级教育主管部门的沟通与协作					
B$_{22}$考务人员考前培训情况					
B$_{23}$考试工作总结与反馈制度					
B$_{24}$考务人员专业能力水平					

补充与修改意见：

续表

指标	重要性				
	非常重要	较重要	一般	较不重要	很不重要
C_{11} 体育中考专项经费设立情况					
C_{12} **生均学校体育工作专项经费占生均经费比例**					

补充与修改意见：

C_{21} 城乡体育教师均衡情况					
C_{22} 班级数与体育教师比例					
C_{23} **体育教师专业能力**					

补充与修改意见：

C_{31} 运动场地达标率					
C_{32} 运动器材配备达标率					
C_{33} 生均运动场地面积					
C_{34} 学校体育场（馆）假期向学生开放情况					

补充与修改意见：

C_{41} 考前健康状况确认					
C_{42} 考场专业医护人员配备					
C_{43} 体外除颤仪配备					
C_{44} 意外伤害保险覆盖					

补充与修改意见：

C_{51} **测试设备信息化水平**					
C_{52} 现场考试监督质量					
C_{53} 过程性评价监督机制					

补充与修改意见：

续表

指标	重要性				
	非常重要	较重要	一般	较不重要	很不重要
D_{11} 教育行政部门工作人员的认可与重视					
D_{12} 学校领导的认可与重视					
D_{13} 体育教师的认可与重视					
D_{14} 学生的认可与重视					
D_{15} 家长的认可与重视					

补充与修改意见：

指标	重要性				
D_{21} 基本运动能力发展					
D_{22} 专项运动技能掌握					
D_{23} 体育与健康知识掌握					
D_{24} 课外体育参与情况					

补充与修改意见：

指标	重要性				
D_{31} 体育课开足、开齐率					
D_{32} 大课间和课外体育活动情况					

补充与修改意见：

附录七 体育中考政策执行评估指标体系评价指标专家赋权问卷

尊敬的专家：

您好

在您的鼎力帮助下，我国体育中考政策执行评估指标体系的专家征询工作已经结束，在此对您的付出表示衷心的感谢。

本次问卷采用层次分析法，目的是确定各指标权重系数，诚邀您继续提供宝贵的意见和建议。再次对您致以诚挚的感谢！

填写说明：

1. 本问卷采用的是层次分析法，对各级指标相互之间的重要程度进行比较，并依据重要程度判断表进行打分，从而确定各级指标的权重系数。

表 1 重要程度判断

程度	说明	程度	说明
1	A 指标与 B 指标同等重要	1	B 指标与 A 指标同等重要
3	A 指标比 B 指标稍微重要	1/3	B 指标比 A 指标稍微重要
5	A 指标比 B 指标重要	1/5	B 指标比 A 指标重要
7	A 指标比 B 指标重要得多	1/7	B 指标比 A 指标重要得多
9	A 指标比 B 指标绝对重要	1/9	B 指标比 A 指标绝对重要
2、4、6、8	重要程度介于两相邻判断的中值	1/2\1/4\1/6\1/8	重要程度介于两相邻判断的中值

2. 示例

一级指标	A 政策方案	B 执行机制	C 执行保障	D 政策效果
A 政策方案	1			
B 执行机制		1		
C 执行保障	3		1	
D 政策效果		1/5		1

在对角线下方的区域进行打分即可，如表中"3"表示执行保障比政策方案稍微重要；"1/5"则表示执行机制比政策效果重要。

3. 一级指标重要程度比较

一级指标	A 政策方案	B 执行机制	C 执行保障	D 政策效果
A 政策方案	1			
B 执行机制		1		
C 执行保障	3		1	
D 政策效果		1/5		1

4. 二级指标重要程度比较

（1）A 政策方案下二级指标重要性排序

A 政策方案	A_1政策的权威性	A_2政策的合理性
A_1政策的权威性	1	
A_2政策的合理性		1

（2）B 执行机制下二级指标重要性排序

B 执行机制	B_1政策宣传	B_2主体行为
B_1政策宣传	1	
B_2组织实施		1

（3）C 政策保障下二级指标重要性排序

C 执行保障	C_1经费保障	C_2师资保障	C_3场地、器材保障	C_4安全保障	C_5监督保障
C_1经费保障	1				
C_2师资保障		1			
C_3场地、器材保障			1		
C_4安全保障				1	
C_5监督保障					1

5. 三级指标重要程度比较

(1) A₁政策的权威性下三级指标重要性排序

A₁政策的权威性	A₁₁	A₁₂	A₁₃
A₁₁省级体育中考方案制定情况	1		
A₁₂方案制定过程中的调查与论证情况		1	
A₁₃基本运动技能项目评分标准与《国家学生体质健康标准》的契合度			1

注：由于三级指标字数较多，出于格式的美观对表头指标进行了省略。

(2) A₂政策的合理性下三级指标重要性排序

A₂政策的合理性	A₂₁	A₂₂	A₂₃	A₂₄	A₂₅	A₂₆	A₂₇
A₂₁体育中考分数在中考总分中的占比情况	1						
A₂₂学生的可选择性		1					
A₂₃过程性评价方案清晰度			1				
A₂₄专项技能包含核心技术动作组合				1			
A₂₅体育与健康知识测试					1		
A₂₆考试方案的动态调整机制						1	
A₂₇运动竞赛加分与成绩认定细则							1

(3) B₁政策宣传下三级指标重要性排序

B₁政策宣传	B₁₁	B₁₂	B₁₃
B₁₁政策解读与听证制度	1		
B₁₂多渠道宣传		1	
B₁₃学生体质健康数据向社会公布情况			1

(4) B₂执行机制下三级指标重要性排序

B₂执行机制	B₂₁	B₂₂	B₂₃	B₂₄
B₂₁市级、县级教育主管部门的沟通与协作	1			
B₂₂考务人员考前培训情况		1		
B₂₃考试工作总结与反馈制度			1	
B₂₄考务人员专业能力水平				1

（5）C_1 经费保障下三级指标重要性排序

C_1 经费保障	C_{11}	C_{12}
C_{11} 体育中考专项经费设立情况	1	
C_{12} 生均学校体育工作专项经费占生均经费比例		1

（6）C_2 师资保障下三级指标重要性排序

C_2 师资保障	C_{21}	C_{22}	C_{23}
C_{21} 城乡体育教师均衡情况	1		
C_{22} 班级数与体育教师比例		1	
C_{23} 体育教师专业能力			1

（7）C_3 场地、器材保障下三级指标重要性排序

C_3 场地、器材保障	C_{31}	C_{32}	C_{33}	C_{34}
C_{31} 运动场地达标率	1			
C_{32} 运动器材配备达标率		1		
C_{33} 生均运动场地面积			1	
C_{34} 学校体育场（馆）假期向学生开放情况				1

（8）C_4 安全保障下三级指标重要性排序

C_4 安全保障	C_{41}	C_{42}	C_{43}	C_{44}
C_{41} 考前健康状况确认	1			
C_{42} 考场专业医护人员配备		1		
C_{43} 体外除颤仪配备			1	
C_{44} 意外伤害保险覆盖				1

（9）C₅监督保障下三级指标重要性排序

C₅监督保障	C₅₁	C₅₂	C₅₃
C₅₁测试设备信息化水平	1		
C₅₂现场考试监督质量		1	
C₅₃过程性评价监督机制			1

（10）D₁利益相关者的态度下三级指标重要性排序

D₁利益相关者的态度	D₁₁	D₁₂	D₁₃	D₁₄	D₁₅
D₁₁教育行政部门工作人员的认可与重视	1				
D₁₂学校领导的认可与重视		1			
D₁₃体育教师的认可与重视			1		
D₁₄学生的认可与重视				1	
D₁₅家长的认可与重视					1

（11）D₂体育素养提升下三级指标重要性排序

D₂体育素养提升	D₂₁	D₂₂	D₂₃	D₂₄
D₂₁基本运动技能发展	1			
D₂₂专项运动技能掌握		1		
D₂₃体育与健康知识掌握			1	
D₂₄课外体育参与情况				1

（12）D₃学校体育工作促进下三级指标重要性排序

D₃学校体育工作促进	D₃₁	D₃₂
D₃₁体育课开足、开齐率	1	
D₃₂大课间和课外体育活动情况		1

参考文献

1. 著作类

［1］ Dunn, W. N., *Public Policy Analysis: An Integrated Approach*, Routledge, 2017.

［2］ Freeman, R. E., *Strategic Management: A Stakeholder Approach*, Cambridge University Press, 2010.

［3］ Whitehead, M., *Physical Literacy: Throughout the Life-course*, London: Routledge, 2010.

［4］ Shape America – Society of Health and Physical Educators, *National Standards & Grade-level Outcomes for K–12 Physical Education*, Human Kinetics, Incorporated, 2014.

［5］ Charles O. Jones, *An Introduction to the Study of Public Policy*, California: Brooks Coles Publishing Company, 2005.

［6］ 张国庆主编《公共政策分析》，复旦大学出版社，2004。

［7］ 张金马主编《政策科学导论》，中国人民大学出版社，1992。

［8］ 宁骚主编《公共政策学（第三版）》，高等教育出版社，2018。

［9］ 莫勇波主编《公共政策学》，格致出版社，2013。

［10］ 陈学飞主编《教育政策研究基础》，人民教育出版社，2011。

［11］ 袁振国主编《教育政策学》，江苏教育出版社，1996。

［12］ 张乐天主编《教育政策法规的理论与实践》，华东师范大学出版社，2002。

［13］李允杰、丘昌泰：《政策执行与评估》，北京大学出版社，2008。

［14］徐晨编著《公共政策》，对外经济贸易大学出版社，2015。

［15］〔美〕冯·贝塔朗菲：《一般系统论：基础、发展和应用》，林康义等译，清华大学出版社，1987。

［16］冯国瑞：《系统论、信息论、控制论与马克思主义认识论》，北京大学出版社，1991。

［17］陈善平、潘秀刚、张中江等：《学校体育政策态度与测量》，西安交通大学出版社，2017。

［18］陈振明主编《政策科学》，中国人民大学出版社，1998。

［19］李晋裕、滕子敬、李永亮主编《学校体育史》，海南出版社，2000。

［20］国家体育总局：《中国青少年体育发展报告（2018）》，社会科学文献出版社，2020。

［21］〔美〕詹姆斯·E. 安德森：《公共政策制定（第五版）》，谢明等译，中国人民大学出版社，2009。

［22］张国庆：《现代公共政策导论》，北京大学出版社，1997。

［23］严强、王强：《公共政策学》，南京大学出版社，2002。

［24］中共中央文献研究室、中共湖南省委《毛泽东早期文稿》编辑组编《毛泽东早期文稿》，湖南人民出版社，2008。

［25］中华人民共和国教育部制定《义务教育体育与健康课程标准（2011 年版）》，北京师范大学出版社，2012。

［26］田麦久、刘大庆主编《运动训练学》，人民体育出版社，2012。

［27］全国青少年运动技能等级标准研制组组编《青少年篮球运动技能等级标准与测试方法》，科学出版社，2020。

2. 期刊类

［1］Durlak, J. A., DuPre, E. P., "Implementation Matters: A Review of Research on the Influence of Implementation on Program Outcomes and the Factors Affecting Implementation", *American Journal of Community Psychology*, 2008, 41 (3-4).

［2］ Malen, B. , "Revisiting Policy Implementation as a Political Phenomenon", *New Directions in Education Policy Implementation*, 2006.

［3］ Van Meter, D. S. , Van Horn C. E. , "The Policy Implementation Process", *The Science of Public Policy*：*Policy Process*, part Ⅱ, 2000.

［4］ Tosun, C. , "Host Perceptions of Impacts：A Comparative Tourism Study", *Annals of Tourism Research*, 2002, 29（1）.

［5］ Tammelin, T. , Näyhä, S. , Hills, A. P. , et al. , "Adolescent Participation in Sports and Adult Physical Activity", *American Journal of Preventive Medicine*, 2003, 24（1）：22-28.

［6］ Ennis, C. D. , "Knowledge, Transfer, and Innovation in Physical Literacy Curricula", *Journal of Sport and Health Science*, 2015, 4（2）：119-124.

［7］ 张磊：《维护、巩固、完善与发展中考体育制度》，《中国学校体育》2011 年第 7 期。

［8］ 王琼：《关于我国青少年健康工作的研究和思考》，《中国医药导报》2018 年第 27 期。

［9］ 季浏、马德浩：《新时代我国学校体育改革与发展》，《体育科学》2019 年第 3 期。

［10］ 王登峰：《新时代体教融合的目标与学校体育的改革方向》，《上海体育学院学报》2020 年第 10 期。

［11］ 余芳梅、施国庆：《西方国家公共政策评估研究综述》，《国外社会科学》2012 年第 4 期。

［12］ 林小英：《理解教育政策：现象、问题和价值》，《北京大学教育评论》2007 年第 4 期。

［13］ 张新平：《简论教育政策的本质、特点及功能》，《江西教育科研》1999 年第 1 期。

［14］ 李晓强：《论超国家教育政策的功能——以欧盟的教育政策为例》，《比较教育研究》2007 年第 11 期。

［15］ 王阳：《教育政策执行过程中多元利益主体的交锋与制衡》，《清华大学教育研究》2010 年第 6 期。

［16］ 衣华亮、李北群：《教育政策执行偏离的利益分析》，《教育理论与实践》2010 年第 16 期。

［17］ 潘凌云、王健、樊莲香：《我国学校体育政策执行存在的问题与应对策略》，《体育学刊》2017 年第 2 期。

［18］ 唐大鹏：《我国学校体育政策执行过程审视——以史密斯模型为理论框架》，《广州体育学院学报》2019 年第 1 期。

［19］ 陈福亮、杨剑、季浏：《学校体育政策执行力影响因素模型的构建》，《沈阳体育学院学报》2015 年第 5 期。

［20］ 樊莲香、孙传方、庄巍：《治理视域下学校体育政策执行过程机制研究》，《体育学刊》2020 年第 6 期。

［21］ 王春福：《试论政策评估和政策评价的区别》，《理论探讨》1992 年第 3 期。

［22］ 肖远军、李春玲：《政策评价概念探析》，《理论探讨》1995 年第 2 期。

［23］ 白贝迩、司晓宏：《教育政策评估的困境及其超越》，《教育理论与实践》2016 年第 1 期。

［24］ 严文蕃、韩玉梅：《教育政策评估研究国际前沿进展及方法借鉴——严文蕃教授专访》，《苏州大学学报》（教育科学版）2020 年第 3 期。

［25］ 檀慧玲、王发明：《教育政策评估研究的关键词共现可视化分析》，《华南师范大学学报》（社会科学版）2017 年第 4 期。

［26］ 白贝迩、司晓宏：《教育政策评估的困境及其超越》，《教育理论与实践》2016 年第 1 期。

［27］ 冯海波、杨国庆、平易：《体育中考研究》，《体育文化导刊》2011 年第 8 期。

［28］ 施文海：《2017 年全国中考体育测试全景研究》，《北京体育大学

学报》2018 年第 8 期。

[29] 朱琳、徐烨、刘礼国：《体育中考制度对学校体育的影响及对策研究》，《成都体育学院学报》2012 年第 4 期。

[30] 徐烨、朱琳：《体育中考的公平诉求及因应之策》，《武汉体育学院学报》2013 年第 11 期。

[31] 彭纪生、仲为国、孙文祥：《政策测量、政策协同演变与经济绩效：基于创新政策的实证研究》，《管理世界》2008 年第 9 期。

[32] 周志忍、蒋敏娟：《整体政府下的政策协同：理论与发达国家的当代实践》，《国家行政学院学报》2010 年第 6 期。

[33] 刘惠：《教育政策执行研究：内容、理论及发展趋势——基于文献综述的分析》，《教育科学研究》2015 年第 6 期。

[34] 邓凡：《教育政策执行的网络模式研究》，《教育学术月刊》2012 年第 1 期。

[35] 蔡炯、田翠香、冯文红：《利益相关者理论在我国应用研究综述》，《财会通讯》2009 年第 12 期。

[36] 李北群：《论教育政策的利益分析：必要性、框架及应用》，《江苏社会科学》2008 年第 6 期。

[37] 张磊：《〈国家学生体质健康标准〉执行 15 年来的评估：多维障碍与多角度破解——基于政策评估的利益相关者模式》，《天津体育学院学报》2021 年第 5 期。

[38] 吴向东：《对人的全面发展内涵的解释》，《教学与研究》2004 年第 1 期。

[39] 李有强、龚正伟：《体育与人的全面发展：基于马克思主义身体哲学视角的考察》，《西安体育学院学报》2021 年第 4 期。

[40] 陈静漪、宗晓华：《农村义务教育财政体制改革与发展——改革开放四十年回顾与展望》，《教育经济评论》2018 年第 6 期。

[41] 买佳、金光辉、董国永：《利益相关者视角下体育中考执行现状及实施对策》，《体育学刊》2020 年第 3 期。

[42] 聂永成：《新制度主义社会学视域下的中小学"阴阳课表"现象治理》，《教育科学》2019 年第 4 期。

[43] 毛振明、邱丽玲、杜晓红：《中国学校体育改革与发展若干重大问题解析——从当下学校体育改革 5 组"热词"说起》，《上海体育学院学报》2021 年第 4 期。

[44] 俞文东、刘德鑫：《中考体育的价值思考与区域实践——以山东省潍坊市体育中考为例》，《中国学校体育》2021 年第 5 期。

[45] 黄生垒、娄晓民、王晓琳等：《河南省中学生身体素质现况及影响因素分析》，《中国学校卫生》2019 年第 9 期。

[46] 王阳、樊莲香：《"条块关系"视角下我国学校体育政策执行问题研究》，《广州体育学院学报》2019 年第 4 期。

[47] 谢业琪：《更精确些，更严密些——对〈关于进一步建立、健全"体质、健康卡片"，进行全国学生体质、健康调查研究的实施方案〉形态测试项目的几点商榷意见》，《沈阳体育学院学报》1985 年第 2 期。

[48] 曲宗湖：《"扬州会议"的回忆与思考》，《中国学校体育》2019 年第 6 期。

[49] 倪振良：《崇明中学招生加试体育》，《人民教育》1981 年第 4 期。

[50] 教育部体育司调查组：《关于上海市崇明中学在录取新生时实行体育加试的调查报告》，《中国学校体育》1981 年第 1 期。

[51] 本刊记者：《要抓好中学招生体育考试的试点工作——国家教委印发〈中等学校招生体育考试座谈会纪要〉》，《学校体育》1990 年第 6 期。

[52] 《全国继续试行初中毕业生升学考试体育工作方案》，《中国学校体育》1995 年第 2 期。

[53] 《初中毕业生升学体育考试工作实施方案》，《中国学校体育》1998 年第 1 期。

[54] 刘海元、李小伟：《初中毕业升学体育考试：30 年迎来可喜新局

面》，《体育教学》2009 年第 5 期。

[55] 尚虎平、韩清颖：《我国政府独特绩效产生的原因及其价值——面向 2007～2017 年间我国 172 个政府独特绩效案例的探索》，《政治学研究》2019 年第 3 期。

[56] 李小伟、宋尽贤：《中国学校体育 30 年所经历的那些事儿历史法规篇——不断完善学校体育卫生法制政策 为青少年学生健康成长打牢基础》，《中国学校体育》2011 年第 4 期。

[57] 邓书读：《1995 年全国学生体质健康调研结果》，《中国学校卫生》1996 年第 3 期。

[58] 杨贵仁：《2000 年全国学生体质健康状况调研结果》，《中国学校卫生》2002 年第 1 期。

[59] 包海芹：《教育政策执行中的委托代理问题》，《江苏高教》2004 年第 3 期。

[60] 任弢、黄萃、苏竣：《公共政策文本研究的路径与发展趋势》，《中国行政管理》2017 年第 5 期。

[61] 于红妍：《中国学生体质测试的演进历程及阶段特征》，《北京体育大学学报》2014 年第 10 期。

[62] 石火学：《教育政策评估的障碍分析与思考》，《当代教育论坛》2006 年第 17 期。

[63] 王智超：《制度变迁理论视野下教育政策执行滞后问题的思考——以师范生免费教育政策为例》，《现代教育管理》2012 年第 9 期。

[64] 朱明仕：《社会政策的有效性分析：利益表达与公众参与》，《社会科学战线》2017 年第 5 期。

[65] 李辉、陶叡、陶学荣：《治理视野下公共领域的伦理嬗变》，《中国行政管理》2014 年第 6 期。

[66] 专家组：《"双减"政策与学校体育发展》，《上海体育学院学报》2021 年第 11 期。

［67］陈长洲、王红英、项贤林等：《改革开放 40 年我国青少年体质健康政策的回顾、反思与展望》，《体育科学》2019 年第 3 期。

［68］唐炎：《深度参与体育的路径》，《质量与标准化》2018 年第 6 期。

［69］陈华卫、吴雪萍：《体质健康知识促进青少年体力活动的角色、价值与路径》，《中国体育科技》2021 年第 8 期。

［70］张加林、唐炎、胡月英：《我国儿童青少年体育环境特征与存在问题研究》，《体育科学》2017 年第 3 期。

［71］潘凌云、王健、樊莲香：《我国学校体育政策执行的逻辑辨识与推进策略——基于"观念·利益·制度"的分析框架》，《体育科学》2017 年第 3 期。

［72］丁煌：《政策制定的科学性与政策执行的有效性》，《南京社会科学》2002 年第 1 期。

［73］朱丽：《从"选拔为先"到"素养为重"：中国教学评价改革 40 年》，《全球教育展望》2018 年第 8 期。

［74］范卉颖、唐炎、张加林等：《我国青少年运动意愿及影响因素研究》，《中国体育科技》2019 年第 6 期。

［75］钟启泉：《建构主义"学习观"与"档案袋评价"》，《课程·教材·教法》2004 年第 10 期。

［76］柴娇：《近 20 年国内外体育学习兴趣研究综述》，《体育学刊》2014 年第 6 期。

［77］廖彦昭、陈子奇、张焕基：《自动体外除颤仪的研究及应用进展》，《中国心脏起搏与心电生理杂志》2018 年第 1 期。

［78］仇叶：《县级政策转换与有效治理——对中国公共政策过程的反思》，《经济社会体制比较》2021 年第 3 期。

［79］陈佳、高洁玉、赫郑飞：《公共政策执行中的"激励"研究——以 W 县退耕还林为例》，《中国行政管理》2015 年第 6 期。

［80］丁煌：《浅谈政策有效执行的信任基础》，《理论探讨》2003 年第 5 期。

[81] 刘昕、杨雅晰、江娟：《体育纳入高考的现实审思与推进路径》，《北京体育大学学报》2021 年第 9 期。

[82] 丁煌：《利益分析：研究政策执行问题的基本方法论原则》，《广东行政学院学报》2004 年第 3 期。

[83] 闫士展、傅建、王若光：《从"提高体质"到"立德树人"：扬州会议的历史回顾与学校体育改革的新转向——熊斗寅、曲宗湖、李习友和施永凡学术访谈录》，《体育与科学》2019 年第 4 期。

[84] 邹小江、林向阳：《我国体教融合新政执行的潜在制约因素与调适策略——基于马兹曼尼安-萨巴蒂尔政策执行过程模型的分析》，《武汉体育学院学报》2021 年第 4 期。

[85] 杨成伟、唐炎：《学校体育设施服务社会政策的执行困境与路径优化》，《体育学刊》2013 年第 6 期。

[86] 戎乘阳：《我国农村义务教育经费投入研究》，《经济问题》2022 年第 1 期。

[87] 潘凌云、王健、樊莲香：《我国学校体育政策执行的制约因素与路径选择——基于史密斯政策执行过程模型的分析》，《体育科学》2015 年第 7 期。

[88] 杨小微：《中国家长教育焦虑的问诊、探源与开方》，《人民论坛》2019 年第 34 期。

[89] 许弘：《以全国教育大会精神推进新时代学校体育的改革与发展》，《首都体育学院学报》2019 年第 2 期。

[90] 丁煌、汪霞：《"关系运作"对地方政府政策执行力的影响及思考》，《新视野》2012 年第 6 期。

[91] 乔玉成：《中国公民体育意识调查报告（2018）》，《武汉体育学院学报》2019 年第 10 期。

[92] 高晓峰、杨贵仁、孙葆丽：《少子化背景下我国学校体育面临的挑战与机遇》，《天津体育学院学报》2015 年第 5 期。

[93] 王书彦、周登嵩：《学校体育政策执行力的评价指标体系》，《体

育学刊》2010 年第 6 期。

[94] 彭张林、张爱萍、王素凤等：《综合评价指标体系的设计原则与构建流程》，《科研管理》2017 年第 S1 期。

[95] 杜占江、王金娜、肖丹：《构建基于德尔菲法与层次分析法的文献信息资源评价指标体系》，《现代情报》2011 年第 10 期。

[96] 肖瓅、程玉兰、马昱等：《Delphi 法在筛选中国公众健康素养评价指标中的应用研究》，《中国健康教育》2008 年第 2 期。

[97] 崔娜、孙静、王亚东等：《社区卫生应急预案评价指标体系的构建研究》，《中国全科医学》2013 年第 34 期。

[98] 卫萍、任建萍、张琪峰等：《德尔菲法在医学科技计划绩效评价指标体系构建中的应用》，《卫生经济研究》2013 年第 4 期。

[99] 张学会、王礼力：《农民专业合作社纵向一体化水平测度：模型与实证分析》，《中国人口·资源与环境》2014 年第 6 期。

[100] 邓雪、李家铭、曾浩健等：《层次分析法权重计算方法分析及其应用研究》，《数学的实践与认识》2012 年第 7 期。

[101] 深圳市龙华区政务服务数据管理局政务公开工作课题组：《基层政务公开创新路径》，《开放导报》2019 年第 6 期。

[102] 马向阳：《微博互动中的关注流、情感流和符号流》，《新闻与写作》2012 年第 5 期。

[103] 李少惠、王婷：《多元主体参与公共文化服务的行动逻辑和行为策略——基于创建国家公共文化服务体系示范区的政策执行考察》，《上海行政学院学报》2018 年第 5 期。

[104] 赵德成：《教学中的形成性评价：是什么及如何推进》，《教育科学研究》2013 年第 3 期。

[105] 舒宗礼、王华倬：《我国高校体育教学中生命教育缺失现象透视及其回归》，《西安体育学院学报》2015 年第 4 期。

[106] 叶心明、尹小俭、季浏、刘笑：《青少年心肺耐力测试方法的研究》，《成都体育学院学报》2014 年第 12 期。

[107] 季浏、尹小俭、吴慧攀、杨小芳、刘媛：《"体教融合"背景下我国儿童青少年体质健康评价标准的探索性研究》，《体育科学》2021 年第 3 期。

[108] 孙双明、叶茂盛：《美、俄、日和欧盟学生体质健康测试概述》，《北京体育大学学报》2017 年第 3 期。

[109] 毛振明：《新中国 70 年的学校体育成就与新时代的发展方向》，《天津体育学院学报》2019 年第 6 期。

[110] 唐炎：《〈青少年运动技能等级标准〉的研制背景、体系架构与现实意义》，《上海体育学院学报》2018 年第 3 期。

[111] 付晓蒙、毛振明：《中小学体育与健康知识传授问题的调查研究》，《武汉体育学院学报》2015 年第 7 期。

[112] 付晓蒙、毛振明：《中小学体育与健康知识教学内容体系的研究：Ⅰ. 通过〈中国大百科全书〉分析探讨体育知识量》，《首都体育学院学报》2015 年第 1 期。

[113] 唐炎：《现行体育教育本科专业课程方案存在的问题与改进建议》，《体育学刊》2014 年第 2 期。

[114] 马军：《新中国 70 年学校卫生发展的光辉历程》，《中华疾病控制杂志》2019 年第 8 期。

[115] 智耀徵、陈平水：《我国义务教育教师绩效工资政策执行研究——基于霍恩—米特模型的分析》，《教育理论与实践》2019 年第 1 期。

[116] 王慧玲、唐胜杰：《义务教育阶段学校年度教育经费收支预算细化管理》，《财会通讯》2014 年第 2 期。

[117] 周坤、王华倬、高鹏：《中国共产党建党百年来学校体育的发展历程及经验研究》，《首都体育学院学报》2021 年第 3 期。

[118] 吴云勇、姚晓林：《中国教育发展的政策环境影响与未来改革的总体要求》，《现代教育管理》2021 年第 5 期。

3. 学位论文类

[1] 程亚飞:《普通高校体育工作综合评价研究》,河南大学,博士学位论文,2016。

[2] 丁建彪:《提升公共政策效能的路径研究》,吉林大学,博士学位论文,2013。

[3] 刘辉:《我国外语教育政策执行研究》,上海外国语大学,博士学位论文,2018。

[4] 白贝迩:《师范生免费教育政策评估研究》,陕西师范大学,博士学位论文,2016。

[5] 王龙:《利益相关者理论视域下中国高考制度的演进》,南京师范大学,博士学位论文,2016。

[6] 倪华强:《政策执行与利益相关者的行动策略》,上海大学,博士学位论文,2019。

[7] 张心悦:《基于协同理论的我国科技计划资金监管政策研究》,中国科学技术大学,博士学位论文,2018。

[8] 邱林:《利益博弈视域下我国校园足球政策执行研究》,北京体育大学,博士学位论文,2015。

[9] 李慧:《农民工随迁子女城市普通高中就学政策研究》,东北师范大学,博士学位论文,2014。

[10] 王远旭:《人的全面发展理论视域下工科大学生工程伦理教育研究》,武汉理工大学,博士学位论文,2017。

[11] 门燕丽:《人的全面发展理论视野下的高职教学模式研究》,天津大学,博士学位论文,2013。

[12] 刘留:《论美国学校体育课程的生命关怀——兼谈我国体育课程改革》,北京体育大学,博士学位论文,2012。

[13] 郑程月:《我国考试招生政策演进研究（1977-2017）》,天津师范大学,博士学位论文,2018。

[14] 吴香芝:《我国体育服务产业政策研究》,上海体育学院,博士学

位论文，2012。

[15] 万正艺：《数字网络空间视域下知识产权的政策分析：环境-价值-行动者的维度》，南京师范大学，博士学位论文，2021。

[16] 杨志成：《新中国基础教育政策价值取向研究》，东北师范大学，博士学位论文，2013。

[17] 邱林：《利益博弈视域下我国校园足球政策执行研究》，北京体育大学，博士学位论文，2015。

[18] 盖洋：《我国青少年体育政策评估研究》，上海体育学院，博士学位论文，2019。

[19] 程华：《大众体育政策执行效果评估研究》，上海体育学院，博士学位论文，2018。

后　记

夜深搁笔时，耳机里恰好循环到蔡琴的《渡口》，歌声悠长，恍然惊觉又要与一段人生郑重作别。窗外的夜静谧如水，那句"思念从此生根"的歌词，恰似我此刻的心绪——万千感慨沉在心底，最终化作纸页间的温度。

一　缘起

2019年秋日的那幅画面依然清晰：苏州大学东门口，"欢迎新同学"的横幅在风里轻扬。33岁的我攥着录取通知书，站在人群中显得那么局促。辞职读博的忐忑、圆梦的欣喜、对未来的迷茫，像打翻的调味瓶，个中滋味，唯有自知。重返学术之路远比想象中艰难。离校多年，我像迷失在学术海洋中的孤舟，困顿迷惘之际是恩师王家宏教授为我点燃了科研路上的明灯。"英男，你做过六年中学体育教师，为什么不把研究扎根在学校体育一线？"这句话如石子入潭，激起了我心底的涟漪，更是在坎坷的求学道路上让我心中充满了坚定与热情。彼时，各省体育中考改革拉开大幕，相关话题也成为社会关注的热点。有人拍手称快，也有人嗤之以鼻，面对种种质疑与非议，我深感有责任和义务去探究体育中考改革的真谛。于是，在王老师的悉心指导下，我开始了对体育中考改革的深入研究。从文献资料的搜集整理，到实地调研的奔波劳碌，再到资料数据分析的夜以继日，每一步都凝聚着我的心血与汗水。在这个过程中，我深刻体会到了科研的艰辛，也更加珍惜每一次来之不易的突破与进展。

二　畅想

站在学术旅程的中途回望，我还有许多未竟的思考，那些尚未踏足的领域，呼唤着更深入的探索。当虚拟现实（VR）技术开始进入体育课堂，在苏州某中学的实验室里，我目睹了学生们通过 VR 设备模拟滑雪训练。科技带来的可能性令人振奋，却也引发新的思考：数字化测评如何避免加剧教育的"内卷"？元宇宙时代的体育素养该如何界定？这或许需要让教育学家与算法工程师展开对话。我还记得在河南某中学的会议室里，与几位教师激烈讨论过程性评价的公平性难题，他们的讨论声恰似政策理想与现实困境的纠葛。这提醒我们，下一步需要建立"阳光评价共同体"，通过区块链存证和多方监督机制保障公平。这些未尽的话题或许正是未来研究的起点——建立更包容的评价体系，让每个孩子的汗水都被温柔"丈量"。

三　感恩

首先要将最深沉的谢意献予恩师王家宏先生。十六年前初闻先生治学风范，便心向往之。硕士时阴差阳错未能拜入门下，这份遗憾竟在而立之年后得以弥补。师恩浩浩，在今后的人生之路上我将永怀感恩之心，永记恩师"做人、做事、做学问，有品、有格、有境界"的箴言。

感恩张宏成教授始终如父如友的关怀，感谢陶玉流、陆阿明、樊炳有、宋元平、钟华、李燕领诸位教授的谆谆教导。特别致谢邱林副教授，从中原到江南，二十载亦师亦友的缘分，是我人生最珍贵的行囊。

感谢我的父母、岳父母，是你们无私的奉献让我能抛开家庭琐事安心求学。感谢我的爱妻张淼，相爱、相守 19 年，你的温柔与体贴为我提供了不断奋进的勇气和动力。感谢我的孩子许赫宸，是你让我认识到了父亲应有的责任与担当。摇篮里的小念希，请允许爸爸把这本书送给你，愿书中的墨香伴你成长。

　　纸短情长，唯以拙作献予所有为体育教育耕耘的人——愿我们守护的每颗种子，终将长成撑起未来的树。

许英男

2025 年 4 月

图书在版编目（CIP）数据

当运动成为必答题：体育中考政策研究 / 许英男著.
北京：社会科学文献出版社，2025.6. --（创新教育文
库）. -- ISBN 978-7-5228-5575-2

Ⅰ. G633.963；G632.474

中国国家版本馆 CIP 数据核字第 20256QF293 号

创新教育文库
当运动成为必答题：体育中考政策研究

著　　者 / 许英男

出 版 人 / 冀祥德
组稿编辑 / 王玉霞
责任编辑 / 郭　峰
责任印制 / 岳　阳

出　　版 / 社会科学文献出版社·生态文明分社（010）59367143
　　　　　地址：北京市北三环中路甲 29 号院华龙大厦　邮编：100029
　　　　　网址：www.ssap.com.cn
发　　行 / 社会科学文献出版社（010）59367028
印　　装 / 三河市龙林印务有限公司

规　　格 / 开本：787mm×1092mm　1/16
　　　　　印张：18　字数：254 千字
版　　次 / 2025 年 6 月第 1 版　2025 年 6 月第 1 次印刷
书　　号 / ISBN 978-7-5228-5575-2
定　　价 / 88.00 元

读者服务电话：4008918866